017

宋毅
主编

中国人最早接触的日本英雄时代

平安时代末期的两大贵族混战

悲剧英雄源义经 一代枭雄平清盛 朝日将军木曾义仲

这是胜者为王的舞台 亦是属于战神的时代

开启“镰仓幕府”的前夜——源平合战

源平合战：日本武士的崛起

伊势早苗——著

TopBook
磐书客

陕西新华出版传媒集团
陕西人民出版社

图书在版编目（CIP）数据

源平合战：日本武士的崛起 / 伊势早苗著 . —西安：陕西人民出版社，2020.9（战争特典）
ISBN 978-7-224-13373-8

Ⅰ. ①源… Ⅱ. ①伊… Ⅲ. ①武士 - 历史 - 研究 - 日本
Ⅳ. ①K313.03

中国版本图书馆CIP数据核字（2019）第199480号

出 品 人：宋亚萍
总 策 划：刘景巍
出版统筹：关 宁 韩 琳
策划编辑：王 凌 晏 藜
责任编辑：王 倩 张启阳
封面设计：侣哲峰
内文设计：蒲梦雅

微信扫一扫
关注馨书客

源平合战：日本武士的崛起

作　　者　伊势早苗
主　　编　宋 毅
出版发行　陕西新华出版传媒集团 陕西人民出版社
　　　　　（西安北大街147号 邮编：710003）
印　　刷　陕西金和印务有限公司
开　　本　787毫米×1092毫米 1/16
印　　张　19.5
字　　数　270千字
版　　次　2020年9月第1版
印　　次　2020年9月第1次印刷
书　　号　ISBN 978-7-224-13373-8
定　　价　65.00元

Preface

谈到日本历史上的重要时期，离不开“源平合战”“战国时代”与“幕末维新”这三个典型的英雄时代。因为《平家物语》早有译本在中国流传，所以中国人对“源平合战”这段历史并不陌生。如今，随着日本NHK大河剧等影视作品和热门游戏的引进，“源平合战”时代活跃的诸如平清盛、源赖朝、源义经、木曾义仲等武将也被更多中国当代年轻人所了解。

源义经是其中最广为人知的名将。他是“镰仓殿”源赖朝的弟弟，早年经历不详，富士川合战后，加入其兄长领导的镰仓政权，作为源赖朝的代官活跃于政坛，在镰仓政权统一天下的过程中立下了汗马功劳。可是，在战场上纵横无敌的源义经，最终却倒在了京都与镰仓的斗争以及自己的政治野心之下，并没有看到自己亲手参与开创的镰仓幕府开幕。

早年的编纂史料与军记物语①只着重刻画了源、平两家之间的矛盾与合战，因而这个时代习惯被称为“源平合战”。“源平合战”中的“源”指的是清和源氏河内一脉②出身的武士家族，“平”指的是桓武平氏伊势流出身的平清盛一家。但军记物语虽取材于历史，却经过了文学加工，因而与史实多有出入。例如，让平家大败的“富士川合战”的参战方并非是军记物语中记载的源赖朝，而是武田信义为代表的甲斐源氏；“一之谷合战”时从鹎越奇袭平家阵地的并非是源义经，而是当时后白河法皇③的院厅下属的摄津源氏武士多田行纲；名将源义经之死，也绝非传

① 日本的一种文学体裁，通常指成书于日本平安时代到中世时期，以日本历史上几次著名内乱为题材的文学作品。

② 清和源氏的一支，当时以河内国作为根据地。

③ 日本天皇逊位后称太上天皇，简称上皇，出家（在日本或称“入道”）为僧的上皇则称为太上法皇，简称法皇。

说中的功高震主，而是想脱离镰仓自立，最终招致灭亡……

如今史学界一般将“源平合战”称为“治承·寿永内乱”，因为这是一场几乎波及全日本的战争，参战的武士来自日本各地，立场也并非以源氏或平家划分。例如同为清和源氏出身的佐竹氏、新田氏就站在了平氏一方，反过来，桓武平氏出身的北条氏、千叶氏等家族又站在了源氏一方。此外，同时期并立的势力还有甲斐国的武田信义、信浓国的木曾义仲、陆奥国的藤原秀衡、“南都”“北岭”的僧兵、熊野神社等等，因而编纂史料与军记物语单纯地将这场内乱划分为“源氏”“平氏”双方，其实是一种极度偷懒的做法。

早期介绍“源平合战”的书籍，大多仍以《平家物语》《吾妻镜》等编纂史料与军记物语为参考，这样虽然可读性强，但可信度上却大打折扣。本书剥开《平家物语》《吾妻镜》的“源平对立史观”外壳，依据日本史学界的最新研究成果，并参考《玉叶》《山槐记》等日记、书信资料，首次将“治承·寿永内乱”的实像展示给读者们。

YUAN PING
HE ZHAN

目录

contents

| 源平合战 |

——日本武士的崛起

YUAN PING HE ZHAN

目录

contents

| 源平合战 |

——日本武士的崛起

第五章　诸国内乱　/ 137

第六章　义仲上洛　/ 173

YUAN PING
HE ZHAN

目录
contents

| 源平合战 |
——日本武士的崛起

第一章

／源平登场

DI-YI-ZHANG

YUANPING DENGCHANG

YUAN PING
HE ZHAN

| 源平合战 |

——日本武士的崛起

第一节　平安时代

遣唐使盛行之时，佛教经唐朝传入日本，受到日本贵族的欢迎，并兴建大量寺院，这些佛教寺院拥有广阔的良田与大量的贵族信徒，到了奈良时代末期，奈良京附近的佛教势力已经形成了“尾大不掉”的局面。这些佛教寺院以大寺院兴福寺为首，积极介入朝廷的政治斗争——“藤原广嗣之乱”“法王道镜乱政”等事件中，闹事的主角里都有这些和尚的影子。

天应元年（781），光仁天皇之子桓武天皇继承了皇位。桓武天皇当政时期，朝中旧贵族们的钩心斗角不减反增，受够了政治斗争的桓武天皇决意要迁都他处，摆脱奈良京附近的寺院大地主以及贵族大地主势力。桓武天皇首先看中的是位于山城国的长冈，为了营建长冈京，桓武天皇下令将古京城难波京拆除，而拆下来的材料则直接运往长冈。然而，长冈京的修建并不一帆风

鉴真东渡图

顺，在这段时间里先后发生了“藤原种继暗杀事件”以及“早良亲王事件”。藤原种继是桓武天皇宠信的大臣，而早良亲王则是当时的皇太弟，这两人在朝廷的政治斗争中死去，给当时的政治局势造成了不小的影响。

相传早良亲王遭到桓武天皇的诬陷含冤而死，结果化作怨灵诅咒桓武天皇。这段时间里京城灾祸不断，异象频生。最终，不堪骚扰的桓武天皇于延历十三年（794）再度迁都“新都平安”，平安京的落成，象征着日本“平安时代”的到来。

日本的平安时代，是一个优雅而又神秘的时代，传说在这段时间里，除了冒出了早良亲王、平将门等怨灵，还出现了如安倍晴明这样名震天下的阴阳师、藤原道长这般杰出的政治家以及赫赫有名的讨鬼将军源赖光等贤能之人，他们个个身怀绝技，保卫国土平安，使国家太平。然而，这“太平”的背后，其实是一个混乱而又肮脏不堪的纲常伦理丧失、贵族骄奢淫逸、朝廷制度崩坏的时代，而最终推翻腐朽贵族政治的，则是被贵族们瞧不上的两个低级的武士家族——河内源氏与伊势平氏。

在奈良时代前后，日本天皇为了打击贵族势力，加强国家与天皇的权威，颁布了《大宝律令》等法令，实施“班田收授法”，严格制定官制。然而，日本进入平安时代之后，因为天皇外戚藤原氏的干政，使得原本维持朝廷运转的律令制走向衰弱。外戚藤原氏出任“关白”以及“摄政”把持朝政，年轻的天皇不甘心受到藤原氏外戚的控制与折磨，在壮年便宣布退位，成为上皇，并于朝廷之外开设“院厅”，政治中心逐渐由朝廷转移至上皇的院厅之中。在相当长的一段时间内，院厅颁布的命令“院宣”的权威与执行力大大高于朝廷颁布的天皇的命令“纶旨[①]”，原本应该以天皇为首的“国家政治”也变成了由上皇统治的“家族政治”。

“摄关政治”与“院厅政治”均是无视朝廷律令的产物，这些统治者们，为了争权夺利，不顾朝廷律令，大量任命律令制以外的官职，使得原本只是

① 诏敕。

临时替补的令外官常设化，大大打击了天皇以及律令制的权威。在摄关与院厅当政的时期，令外官职能与原本的律令官职能重复时，往往是以依赖藤原氏或院厅为主的令外官占据上风，令外官的盛行，加速了朝廷律令制的崩坏。

与此同时，皇族与贵族们也不断给自己"挖掘坟墓"。

首先是日本义务兵制度的解体。

原本按照律令制的要求，日本的各个令制国内均设有常备军团，平时维护国内治安，战时调往前线参加对虾夷人[①]的战争。到了平安时代中后期，因为对虾夷战争的减少，各国的常备军团成为沉重的负担。为了减轻经济压力，朝廷宣布废除诸国的军团制度，代之以人数相较军团制减少的"健儿制"。健儿制的推行，使得各国的经济压力大大减小，但是军事力量的削弱，却让治安问题成为各地的一大主要问题。

与军团制同时崩溃的，还有律令制下的班田制，原本班田制应该是由国家班地给百姓耕种，百姓死后将土地交由国家重新班田。可是到了平安时代，许多百姓私下买卖交易国有土地，再加上徭役沉重，又有许多百姓出逃开垦新田自己耕种，使得国家无田可班，班田制在延喜二年（902）名存实亡。许多拥有新垦田地以及靠私人买卖得来田地的人，变成了拥有庞大庄园的庄园主。这些庄园主通过开垦新田，买卖土地，甚至武力吞并土地扩大自己的势力。他们建立私人武装，保卫庄园，而这些庄园的保镖，便是武士的原型。

班田制与军团制的解体，标志着朝廷地方政权的瓦解，地方势力根本就不把朝廷派来的文弱官员放在眼里，朝廷在地方的征税也难以为继。为了解决这个问题，出现了"国司请"制度。该制度将一国赐给某个国衙[②]作为受领领地，国司为朝廷在地方征税，再上缴给国家。国司一般由在地方上有兵有粮的武士担任。

即便如此，还是有许多庄园主们想要逃避征税。正好平安京里的皇族

① 虾夷，为北海道古称，虾夷人为古代日本族群之一。因其不修毛发，胡须头发长如虾须，故得名。

② 日本古代律令制国家地方行政区划国的政厅。其所在地称国府。官员有守、介、掾、目四等官，总称国司。

与贵族们需要大量的收入来支撑奢靡的生活，庄园主们便将庄园名义上“寄进[①]”至皇族与贵族名下，再以私人关系向皇族或贵族缴纳足够的年贡，进而拥有了“不输不入”的特权。“不输”，表示庄园主享有不向国家缴纳田地赋税的权利；“不入”，表示庄园主有权不让检田使进入自己的庄园内丈量土地、征收赋税、行使警察权。统治者们一马当先地破坏律令制制度，使得国家对地方的控制力越来越弱。

在律令制崩溃、庄园制兴起的大背景下，武士团体渐成气候，其中最主要的便是清和源氏与桓武平氏这两个武士家族。

第二节　承平·天庆之乱

最先登上历史舞台的是桓武天皇的后裔桓武平氏。在日本，天皇号称神的子孙，而神的子孙是没有姓氏的。但这些神的子孙，虽然不工作，却也要吃饭，很快，天皇就发现朝廷的收入不够子孙白吃白喝了。于是，他将一些出身低的皇族降为臣籍，将他们从没有姓氏的神变成有姓氏的凡人，源氏和平氏这两个家族都是这样出现的。

① 寄进型庄园是从十世纪开始出现的一种庄园，领主、庄同主形式上将领土土地寄出，而自己保留所有实质权力。

宽平元年（889），桓武天皇的孙子高望王被宇多天皇降为臣籍，赐姓平氏，平高望即是桓武平氏高望王流的始祖。平高望被降为臣籍并被派往关东担任“上总介[①]”，而平高望的子孙后代，后来分散到关东各地，形成关东大大小小的平氏武士集团，影响深远。

平高望死后，他的四个孩子平国香、平良将、平良兼、平良文分了家。兄弟四人中，平良将很早就过世了，留下了几个儿子。失怙的孩子在关东自然不好混，因此，其三子平将门便想去京都谋个差事。他自幼弓马娴熟，骁勇善战，工于心计，自以为只要去京都一定会成为贵族们的宠儿。但是，他虽然有能力，却低估了平安京官场的黑暗。

平将门抵达京都之后，先是侍奉当时在朝廷大红大紫的摄政藤原忠平。在侍奉藤原忠平的十几年间，他兢兢业业，尽心尽力地为摄政大人效命，希望藤原忠平能够提拔自己，让自己担任检非违使。可藤原忠平却拒绝了他的请求。一怒之下，平将门就天天称病在家，在被藤原忠平训斥后，他更是丢官弃职跑回东国占山为王了。《古事谈》中记录了这么一件事：

平将门在京都的时候，曾经与自己的堂兄弟平贞盛不期而遇。当时平贞

① 日本本州，太平洋侧中部的行政区，俗称“上总”，原为总国的一部分，大化改新后总国被拆分为上总国，下总国及安房国。上总国最高国司为“上总守”，代上总守处理国政的为次上总守一等的“上总介”。后文“国介”为对应“总国”级别，“城介”对应某城池，均为代“守”处理事务的官职，类似我国官职中的副职。

平将门像

盛刚好前往拜访敦实亲王，偶遇同样前来拜访的平将门。两人虽为堂兄弟，但是关系却并不和睦。平贞盛看着平将门带着几个随从大摇大摆地离开后，就向敦实亲王抱怨说："此人必定会惹出大乱，只恨我今天没有带随从前来，不然一定杀了这小子。"平贞盛一语成谶，日后平将门果真引起震惊日本的大乱。

平将门回到关东后，自称"相马小二郎"，在下总国的丰田郡落草为寇，结交豪杰，成为下总国、常陆国的一大刺儿头，经常在当地烧杀劫掠，祸害一方。各国的国司都不敢惹这个刺儿头，对他的所作所为睁一只眼闭一只眼。时任武藏介的源经基看不下去了——源经基是清和天皇的第六个皇子贞纯亲王的长子，也就是清和天皇的孙子，因此世人都称他为"六孙王"。源经基后来被赐姓源氏，成为清和源氏的始祖，后来的源义家、源赖朝，甚至室町幕府的足利将军，都是源经基的后人。源经基认为，放纵平将门在关东为所欲为，日后必成大患。他上奏朝廷，说平将门在关东聚集恶党，狂暴绝伦，现在要不把这股黑恶势力铲除，只怕日后会成为社稷之忧。

朝廷便把平将门召到平安京去问话，还告诉平将门，这小报告是源经基打的。平将门指着天地起誓，说源经基颠倒是非，所言不实。朝廷见此情形，便派人前往关东询问各国的国守。没承想，平将门早就派人打点过各国的国守。国守们见到朝廷的使者，都说平将门对朝廷忠心耿耿，绝无异心。

就这样，朝廷认定源经基与平将门有隙，故意诬告他，便赦免了平将门。

平将门难得上洛一次，既然获得赦免，他便留在洛中游玩。《神皇正统记》

中记载，有一天，平将门与好友藤原纯友相约一同前往平安京旁边的比睿山登高游览。藤原纯友乃是藤原北家出身，在家中也是排行老三，父亲藤原良范早亡，使得藤原纯友在朝廷里郁郁不得志。大概两个人的出身经历太过相似，便有了惺惺相惜之情。在比睿山上俯瞰壮观宏伟的平安京，平将门生出觊觎天下的野心。而《大镜》中更详细地记载了平将门与藤原纯友的对话——

平将门看着平安京说道：“整个平安京都被我尽收眼底了。”

藤原纯友悟出平将门话里有话，接话道：“将门公志向远大，我虽不才，但是得幸与将门公结交，岂会不赞同将门公的志向？在下愿意为将门公效犬马之劳。”

平将门听了藤原纯友的话，大喜不已：“我乃桓武天皇之后，皇孙也，他日我即帝位，公乃藤原氏之贵胄，可任摄政也。”相传二人在此时便已约定日后共同起事，图谋天下。

在平安京游玩数月后，平将门回到关东，又成了啸聚山林的匪寇。当时常陆国大掾、下总国国介分别是平将门的伯伯平国香与叔叔平良兼。平国香与平良兼对这个自幼没人管教的侄子感到十分头疼。承平五年（935），担

平将门之乱

任常陆国大掾的平国香首先站出来，想要好好管教管教平将门。结果一交战，平国香竟然兵败身亡。

接着与平将门交锋的是他的叔叔平良兼。平良兼与平将门积怨已久：平良兼娶了常陆国前大掾源护的女儿，而源护有三个儿子都死在平将门手上。但二人的矛盾不仅限于此——平良兼曾经欺平将门年幼，强行吞并了平将门父亲留下的田地。

平国香之死震惊了身在京都的平贞盛。得知父亲被杀，平贞盛辞去了官位，孤身一人回到关东。不过他长期身在京都，对关东环境不熟，不敢贸然与平将门交战，便依旧在常陆国担任平国香之前所任的常陆国大掾，隐忍不发。但平良兼却等不得，他写信教训了平贞盛一顿，质问他是不是忘了杀父之仇，是不是想委身事贼。

承平六年（936），平良兼发兵常陆国，攻打平将门，平贞盛也率军跟随叔父作战。拥有数千兵力的平良兼，与率领百余骑武士侦察敌情的平将门在下野国与常陆国的边境遭遇，仇人相见，分外眼红，平将门还未到战场，手下的先锋步卒就已经与平良兼交手，接连射杀了八十多名平良兼军中的武士。如此威猛的声势使得未做好心理准备的平良兼率部败走，平将门尾随其后追击，竟将其包围。

按《将门记》中的说法，此时的平良兼已经是平将门的瓮中之鳖。但是平将门考虑到：夫妻再怎么亲昵也像瓦片一样说分开就能分开，但亲戚再怎么疏远也都和芦苇丛一样紧紧叠在一起。如今我要是杀了他们，远近的武士必定会说我刻薄无情，六亲不认。于是，平将门下令解除对平良兼的包围圈，平良兼因此得以带着剩余的千余族人与士卒逃走。

平将门在关东与平氏族人激战之事传到了京都，前常陆国大掾源护重重地奏了平将门一本，说他在关东与平氏一族互相攻伐，侵扰百姓。朝廷下诏召平将门赴京问罪。此时平将门的实力还不算强，只得孤身上洛辩解。正好当年朱雀天皇行元服礼[1]，大赦天下，没多久平将门就得赦返回关东。

承平七年（937）八月六日，平良兼再度发兵攻打平将门。平将门军中预测当日不宜动兵，因此率军后撤，而平将门的据点丰田郡栗栖院、常羽御厩以及附近的百姓民家，遭到平良兼军的纵火焚毁。八月十九日，平良兼军甚至在幸岛郡苇津江边俘虏了平将门的妻子与七八艘装载着物资的船只。在躲避平良兼进攻的这段时间里，平将门也没闲着，他大肆购买武器，招募士卒，很快就将手下的军队壮大了一倍有余。

平良兼无法打败平将门，便贿赂平将门手下的驱使丈部子春丸，想令其谋害平将门，计划失败之后，平良兼又夜袭平将门，抢占了平将门的营地石井营。十二月二十四日，平良兼率军突袭平将门，而此时平将门身边士卒不满十人。平将门瞋眼大叫，率领手下骑马突袭平良兼军，更亲手挽弓搭箭射杀了平良兼手下的关东名将多治良利。多治良利死后，士卒溃散。平将门以十人不到的兵力杀死敌军四十余人，名震关东。而背叛者丈部子春丸，也于次年遭到平将门一党的袭击兵败身死。平良兼接连失利，让平贞盛意识到以一己之力无法征服平将门，便想要前往京都，利用自己在京都的关系网上奏朝廷，让朝廷下诏讨伐平将门。

承平八年（938 年，此年改元天庆元年）二月，平贞盛与叔叔平良兼告别，带着手下一族自东山道上洛。平将门知道平贞盛此行是上京告御状，便率领百余骑武士日夜兼程追赶平贞盛，终于在信浓国的小县郡赶上了。平贞盛与平将门于小县郡国分寺旁交战，很快大败，幸有其手下武士舍命奋战，平贞盛才获生机，孤骑逃入京都。

平贞盛在京都待了一年有余，天庆二年（939）时终于带着朝廷命令讨伐平将门的官符返回关东。当年六月，平贞盛的叔叔平良兼病逝，平良兼死后，他手下的武士以及土地遭到了平将门的攻伐吞并。

正当此时，常陆国的国人藤原玄明因为犯罪，遭到常陆国国介藤原维几

① 日本男子在成年时会举办一次成年典礼，称为元服之礼。举办了元服之礼，就意味着男子成年。

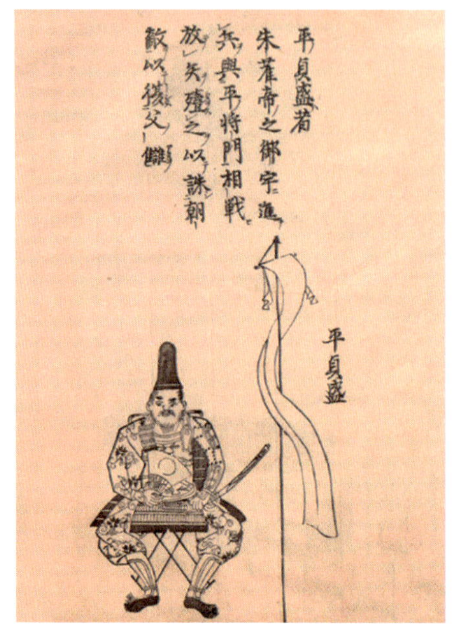

平贞盛像

的通缉，藤原玄明逃到下总国丰田郡躲藏。平将门认为这是个夺取常陆国的好机会，便率军千余人进军常陆国，并派人劝降藤原维几，要其赦免藤原玄明之罪。但藤原维几也不是毫无准备——他早已在常陆国设下了数千大军防备平将门。奈何平将门手下兵卒个个以一敌百，两军一交战战局便一边倒。平将门最终斩杀了三千多人，生擒常陆国国介藤原维几，不但夺取了藤原维几的官印，还将常陆国的国府一把火给烧了。

见此情形，与国内国司不和的武藏国权国守①兴世王便游说平将门：“公夺取一国，罪不容赦。不如就此夺取关东，以待时机窥伺天下。”平将门听了之后大以为然，认为时机已经成熟，便率领手下攻伐关东诸国。先是下野国国守藤原弘雅不战而降，随后平将门又杀入上野国，赶走了国介藤原尚范，进入国府，擅自任免官吏。

随后，有个巫女自称是八幡大菩萨的使者，说上天决定将皇位赐予平将门。平将门拜受领命，便在关东悍然举起反旗，自称新皇。

第三节　新皇败亡

平将门的弟弟平将平向平将门谏言：“帝王兴废，自有天命，兄长还是多谋划谋划，不要随便就自称新皇。”可平将门没把弟弟的话放在心上，他

① 权国守为国守的代理，属于临时性职位，和国介不同，国介为国守副职。

回答说："当今关东，能打仗的才可以做天子。然而弓马之事，又有谁能比得过我呢？"随后，平将门率军返回下总国，在老地盘猿岛郡石井乡修筑皇宫，设置文武百官，命弟弟平将赖担任下野国国守、平将文担任相模国国守、平将武担任伊豆国国守、平将为担任下总国国守，多治经明担任上野国国守兼常羽御厩别当[①]，兴世王担任上总国国守兼武藏国权守，藤原玄茂担任常陆国国守，文室好立担任安房国国守。

得知平将门在关东公然举起反旗后，关东的国司们或降或逃，并称其为"外都鬼王"。朝廷下令，在东山道、东海道修筑防御工事，防止平将门率军西进。此时，身处西国的藤原纯友原本在濑户内海落草，得知平将门反叛之后发兵攻打国司，在关西呼应平将门的作乱。

平将门还修书一封送给摄政藤原忠平，信上说："我乃是被源护以及平良兼、平贞盛等人逼上梁山的，实在是身不由己。常陆国国介藤原维几放纵自己的孩子藤原为宪伤害民众，其国人藤原维茂向我倾诉，我正想前往一探究竟，就遭到了平贞盛与藤原为宪的袭击。谁知道这俩人不禁打，我虽然是防御，却不小心把二人击破，实在不是我的本意。而我自己估量着既然已经夺取了一国，乃国法不容之事，为图生计，才夺取了关东诸国。我平将门乃是天皇后裔，就算统领半个天下又有何不可？靠兵威夺取天下的，史书里比比皆是。平将门的武功，乃是上天赐予我的，可是朝廷却不给我赏赐，反而屡屡谴责。想当年我侍奉摄政大人，却没被大人所推举，这也是我被逼迫的原因之一。"

平将门与藤原纯友一东一西，平安京被夹在当中，京中人心惶惶，盛传两人都准备发兵上洛，在京都会师。

天庆三年（940），朝廷以参议藤原忠文为征东大将军，率领诸国武士讨伐平将门。躲在常陆国的平贞盛也趁此机会私下招募忠于自己的武士，其中有个叫藤原秀乡的武士来到平贞盛军中。

① 别当，日本佛寺内职位名称，为掌管一山寺务的长官。

藤原秀乡像

藤原秀乡据说出自藤原氏鱼名流，祖上因为犯错被流放到了远离京都的关东担任国司。平将门起兵之时，藤原秀乡本想追随平将门，便前去拜谒。平将门当时正在洗头发，得知关东名士藤原秀乡前来，激动之下，戴上帽子便出来相见，并招呼藤原秀乡一起吃饭。席间，顶着湿漉漉头发的平将门吃相难看，不断把食物掉在衣服上。这次相见后，藤原秀乡认为平将门不过是一个乡下小子，行为举止轻佻，没有人君的气度，便打消了投靠平将门的打算。

平贞盛回到关东的消息很快传到平将门耳中。平将门亲自率军前往常陆国搜捕平贞盛，却没有发现平贞盛的踪迹。而平贞盛潜伏在山野之中，从暗处观察着平将门，因为他料定平将门这样粗糙的汉子迟早会露出破绽。

果不其然，平将门在常陆国搜索不到平贞盛，便以为平贞盛身在关东是个假消息，不足为虑。他遣散招募来的军队，只留千余人守备。平将门放松了警惕，平贞盛的机会来了。他与藤原秀乡率军攻向平将门。平将门仓皇应战，手下军队乱成一团。平将门想将平贞盛与藤原秀乡诱往自己熟悉的地方作战，便率领败军退往幸岛。

平将门在关东时，身边时常会有一支八千人左右的精锐武士护卫，但这次他在幸岛向关东诸国武士发去“勤王”命令，因为时间紧迫，只聚集了四百余人。平贞盛、藤原秀乡率军追击平将门，与平将门在幸岛北山大战。

大战之中，平将门一马当先，率领手下武士冲击平贞盛的军阵，将平贞盛杀得连连后退。平贞盛与藤原秀乡见平将门如此勇猛，也是吃了一惊，不过平贞盛很快就发现了敌军的破绽——平将门总是孤身一人冲锋在前。

平贞盛指着敌方大将大喊一声:“那人便是逆贼平将门！”随后引弓搭箭，朝着平将门所在射去。在两军交战之际射冷箭，一直为武士们所不齿，毫无防备的平将门脑门中了平贞盛一箭，跌落马下。藤原秀乡率领手下武士冲杀过去，轻易取下了平将门的首级。

平将门死后，朝廷下令追捕平将门一党，平将赖、藤原玄茂等人在相模国被斩首，兴世王在上总国被斩首，藤原玄明等人则在常陆国被斩首，关东平将门之乱宣告平定。而在关西呼应平将门作乱的藤原纯友呢？在藤原纯友与平将门作乱最严重的天庆二年，朝廷曾下旨招安藤原纯友，但藤原纯友不但不领情，反而日趋嚣张。平将门被讨平之后，朝廷下令以左近卫少将小野好古为追捕使、大宰少贰源经基为副追捕使，率领二百余艘战舰前往讨伐藤原纯友。官军还未到达，藤原纯友手下的大将藤原恒利便率军来降。藤原恒利熟知当地海况，充当官军的向导，打得藤原纯友大败。藤原纯友又逃至九州岛作乱，一度攻入大宰府。朝廷得知大宰府沦陷，又派遣藤原忠文为征西大将军，总领诸军讨伐藤原纯友。藤原忠文还未从京都出发，小野好古等人就击败了藤原纯友，在伊予国将其斩首，并将其首级送往京都

平将门枭首图

示众。藤原纯友死后，其残党曾在九州顽抗，但很快被官军讨平，源平两家初次登场的“承平·天庆之乱”，就此落下帷幕。

第四节　平忠常之乱

在平氏家族大闹特闹的“承平·天庆之乱”中，有一个人一直在默默地努力为自己的家族奋斗，此人便是时任武藏国武藏介的源经基。源经基是清和天皇的孙子，被赐姓源氏并下派到武藏国担任地方官。在“承平·天庆之乱”中，源经基大放异彩，先是跟随藤原忠文讨伐平将门，后又与小野好古讨伐藤原纯友，清和源氏自此开始崭露头角。

源经基的儿子源满仲，孙子源赖光、源赖信都因为战功在朝廷深受信任，在地方上受到众多武士的追捧。

在源赖信这一代，关东又爆发了“平忠常之乱”。

“承平·天庆之乱”后，桓武平氏在关东仍有很大的势力。平良文的孙子平忠常占据着上总国与下总国的大量地盘，拒绝向朝廷缴纳赋税以及服徭役，想要与朝廷对立，建立一个独立的关东王国。

长元元年（1028），平忠常举兵反叛，相继攻占了上总国的国府和安房国，朝廷派遣检非违使平直方、中原成道等人召集东海道、东山道的军队征讨平忠常，次年又加派了北陆道的军队。然而，平直方等人并没有完成朝廷的任务。长元三年（1030），安房国的国司藤原光业在平忠常的威胁下，弃官逃回京都，朝廷震动，召回平直方等人，重新派甲斐守源赖信前往东国。

源赖信得令之后立即前往东国，很快就率军在常陆国集结，左卫门尉平维基等人率军归附。平维基向源赖信进言说：“平忠常据险而守，兵势正盛，只怕一时半会儿无法强攻，不如在此地稍做停留，集结大军再前往讨伐。”源赖信却认为兵贵神速，当即便率军前往下总，平维基只得率军三千驻扎在鹿岛配合源赖信。

源赖光讨伐酒吞童子退治图

平忠常对源赖信的到来早有准备，当时下总国与常陆国正好发大水，水位高涨，平忠常便命人将船只藏起来，以此阻挡源赖信的进军。源赖信无法渡河，便派人前去对平忠常晓以利害，希望他能投降。平忠常回答：“我早就听闻公之大名，今日有幸相会。本当顺应天命前来归附，奈何听闻我的仇人平维基也在公帐下效力，我实在不愿在仇人前屈服。”平忠常此言明显是在打太极。源赖信见无法劝降，便召来诸将召开军议。

他说：“如今没有船，要是绕路前往，只怕旷日持久，敌人会准备更充分。不如现在趁敌人没有防备，直接渡水攻去，一战而下之。我认为强攻才是上策，之前听说这条河有个地方很浅，水只到马腹，我军中可有人知道这个地方？”

话音刚落，有个叫真发高文的武士便主动请命，请求作为先锋渡河。在真发高文渡河时，另有一名武士跟在他身后，一边走一边在水中插上芦苇作为标记。源赖信率领全军随标记渡河，杀到了平忠常帐前。

平忠常措手不及，不敢应战，只得投降，最终在被押送回京的路上病死。

源赖信像

源赖信因功担任美浓等国国司，最终出任河内守。他这一支脉清和源氏便又被称为“河内源氏流”。“平忠常之乱”便是河内源氏初次在历史上的登场，借此机会，河内源氏开始将自己的势力伸入平氏一家独大的关东。

清和源氏一门豪杰辈出，摄津源氏源赖光出仕摄关家，多次奉命讨伐贼寇，酒吞童子、茨木童子的原型应该就是当时日本独据一方的盗贼。而河内源氏的源赖信更是个杰出的武士，《今昔物语》中记载，源赖信在上野担任上野介时，右兵卫尉藤原亲孝也在上野国居住。有一天藤原亲孝家遭了贼，小偷被藤原亲孝带着手下逮住了。可是小偷居然撬开锁逃了出去，并用刀劫持了藤原亲孝的儿子。无奈之下，藤原亲孝去找源赖信帮忙。

源赖信听了此事哈哈大笑，说：“大丈夫遇大事时，放弃妻儿不在话下，如今你怎么因为儿子被小偷逼得这么狼狈？”

但是说归说，他还是前去现场。

小偷看到源赖信来了，更加害怕。源赖信朝着小偷大喊道：“你是想要杀死这个孩子呢，还是想活命？”

小偷回答说：“我怎么会想杀死这个孩子呢？我只想要活命罢了！”

源赖信又说：“那你快放下这个孩子，我不会杀你的。”

小偷得到了源赖信的保证，便放了孩子伏地求饶。藤原亲孝想要杀死这个小偷，却被源赖信阻止了。源赖信说：“此人势穷才会去做小偷，被你捉住害怕被杀才会劫持你的孩子，都是被逼无奈而为之，我怎么忍心杀他？况且我和他有言在先，怎么能食言杀他？”随后，源赖信给了小偷一些盘缠，让他离开。

源赖信如此英杰，他的儿子源赖义也是个不输给父亲的武士。

有一回，源赖信从关东得到一匹宝马，带着宝马回到京都。源赖信的儿子源赖义想要得到这匹马，便向父亲请求，源赖信允诺次日将宝马赠予他。没想到当夜下起了大暴雨，一个在关东便觊觎这匹宝马的盗贼乘机将马偷去。源赖信发觉之后，料想盗贼是东国人，便背着弓箭单骑追去。源赖义被异动惊醒，也带着弓箭骑马跟去。此时盗贼正骑马渡河，源赖信料定源赖义随后追来，便大声叫道：“射他！”话音刚落，就响起了弓弦声，盗贼应声落水。

有此豪杰父子，河内源氏怎能不兴？河内源氏真正的大舞台，是后冷泉天皇在位的永承年间的前九年之役以及白河天皇在位的永保年间的后三年之役。

第五节　奥州安倍氏

古代日本有个在律令制以外、非法律规定的常设官职，即令外官“征夷大将军”，所谓“征夷”，征的便是日本本州岛东部的虾夷人。经过光仁天皇、桓武天皇、嵯峨天皇几代人努力，结束与虾夷人长达数十年的战争之后，大和朝廷成功地占领了陆奥国与出羽国，并给予陆奥、出羽的“俘囚”[①]一定的自治权。

当时陆奥国的一大势力便是安倍氏。安倍氏的出身说法不一，主要有以下两种，其一，安倍氏乃是虾夷人出身，是世居陆奥的土著，在当地是相当于虾夷人族长的存在；其二，安倍氏乃是朝廷下放的家族，前往陆奥国奉命镇压虾夷人的叛乱，平叛后，朝廷给予安倍氏一定的自治权，委托安倍氏统

① 归顺的虾夷人。

治东北。

前九年之役又称为“奥州十二年合战”，因为这场战争实际上打了十二年之久。这场战役分为三个阶段，第一阶段为源赖义前往东北以前，陆奥守藤原登任与安倍氏的战争；第二阶段为源赖义赴任与安倍氏交战，在黄海合战中源赖义军败北导致战争陷入胶着状态；第三阶段则是陆奥国邻国出羽国的清原氏率军前来支援源赖义，打破僵局并最终讨伐了安倍氏。

先来说说前九年之役的第一阶段。安倍氏的当主[①]安倍赖良在衣川设立了一个关卡，随后将势力伸向了安倍氏的传统领有势力“奥六郡”[②]以南，并且拒绝服朝廷的徭役，拒绝缴纳赋税。为此，陆奥守藤原登任以及秋田城介平繁成率军数千人前往讨伐安倍赖良。

奥六郡地形图

根据《陆奥话记》的记载，安倍赖良在奥六郡以南的磐井郡的小松、河崎、石坂设立了三个据点，想向南发展势力。安倍氏的动向，让藤原登任感到了危机：自己是朝廷任命的陆奥国国司，安倍赖良在陆奥发展势力，又拒绝纳税，不受国衙制约，真要出了乱子，朝廷会追究自己的责任的。于是藤原登任便决定将安倍赖良的反心掐死在摇篮里。为了讨伐安倍氏，藤原登任

① 日本家庭由家庭成员（并非一定具有血缘关系）、家业和家名构成，父亲为一家之长，即家主或“当主”，即家名的代表。

② 即胆泽、和贺、江刺、稗贯、志波（紫波）、岩手六郡。

向秋田城介平繁成请求援军，前九年之役中的“鬼切部合战”就此爆发。

鬼切部合战发生于多贺城，位于藤原登任北上、平繁成来援，以及安倍氏南下三条进军路线的交会地。因为同安倍赖良有姻亲关系，陆奥国南部统领着亘理郡、伊具郡的藤原经清、平永衡便都是支持安倍赖良的势力。

安倍赖良率领手下的虾夷军队以及援军在鬼切部同国司军大战。国司军不堪一击，竟然被安倍赖良击败，伤亡惨重，藤原登任弃军而逃，连陆奥国都不敢回去。

消息传到京都，朝野震惊，区区一个俘囚，居然敢公然起兵造反，还击败了国司率领的朝廷军队！一番商讨之后，朝廷一致决定派遣素有武名的源赖信之子源赖义前往讨伐安倍赖良。

据《陆奥话记》记载，源赖义性格沉着刚毅，武略超凡，具有将帅的器量。他受封陆奥守兼镇守府将军后，立即带手下赴任。源赖义到任后的永承七年（1052）五月，一条天皇的皇后上东门院藤原彰子（藤原道长的女儿）患病，为了祈祷其康复，朝廷颁布了大赦天下的旨意，安倍赖良也趁机向朝廷示弱，表示自己会改过自新。他赠予源赖义良驹宝马，同时为了避源赖义的名讳（二人名字读音相同），改名为安倍赖时，他在鬼切部合战的罪过也被朝廷赦免。

天喜四年（1056），源赖义在陆奥的任期结束，他带领手下从镇守府胆泽城返回国府多贺城，在归途中夜宿阿久利川，结果遭到刺客偷袭，人马皆有损伤，跟随源赖义在军中的藤原光贞差点被刺杀。

有人竟敢偷袭源赖义的军营，源赖义要查个水落石出。他找来藤原光贞问话，询问他是否在陆奥国得罪过什么人。藤原光贞想了想，回答说：“安倍赖时的儿子安倍贞任曾经想娶我的妹妹，但是我觉得他们家出身低就拒绝了，想必此次刺杀是安倍贞任安排的！”

源赖义听后，内心窃喜——此次前来陆奥国，必不会无功而返了！他立刻派出使者去找安倍赖时，要他把儿子交出来。安倍赖时对来使说道：“人生在世，谁不念及妻儿？我怎么可能眼睁睁看着自己的儿子去死呢？我安倍家足以抵御进攻，要是战事不利，大不了全族战死！”随后，安倍赖时派出军队占据衣川栅[①]，割据造反。

按照以往的说法，“阿久利川事件”是安倍氏向源赖义挑衅，最终引发了大战。然而近年来的说法却有所不同，考虑到安倍赖时之前对源赖义的种种讨好以及藤原光贞乃是源赖义麾下的在厅官人，此次事件极有可能是源赖义同藤原光贞自编自导自演的一场戏而已。其目的，自然是源赖义续任陆奥守，并搅乱东北的局势，引发战乱，趁机建立功勋。

第六节　前九年之役

安倍赖时割据造反，源赖义派遣使者前往京都向朝廷报告。八月，朝廷再度颁布了讨伐令，要求源赖义召集关东精锐武士前往陆奥国。当年十二月，朝廷又命令源赖义继续担任陆奥守，前九年之役的第二阶段开始。

眼见源赖义率领能征善战的关东武士杀来，安倍赖时的女婿藤原经清、平永衡马上前来投靠。平永衡、藤原经清本是陆奥国的在厅[②]官人，充当着朝廷任命的国司与当地土豪安倍氏联络的中间人，然而在之前的鬼切部合战中，二人却加入了安倍赖时一方。

正因如此，有人找到源赖义向其谏言道：“平永衡本是在厅官人，归属前国司藤原登任，但是自从其与安倍氏联姻之后，便对朝廷怀有二心，在鬼切部合战时背叛主公。此人丝毫不讲道义，此次前来归附，可能是想混入我军，再向贼军通报我军的动向。况且平永衡这次穿的银甲在军中实在太过招摇，怕是想在两军交战时，让安倍赖时手下的士兵认出他，从而不会攻击他。不如速速将此人斩杀，以绝后患。”

源赖义深以为然，便找了个借口，把平永衡及其手下的将领召到军中，

① 日文中“栅”前加地名为关长之意，即在某地用木头围成围栏以此设卡，下同。

② 在厅、在地、在住均指在文中所指地区行动，“在”意为当地的。

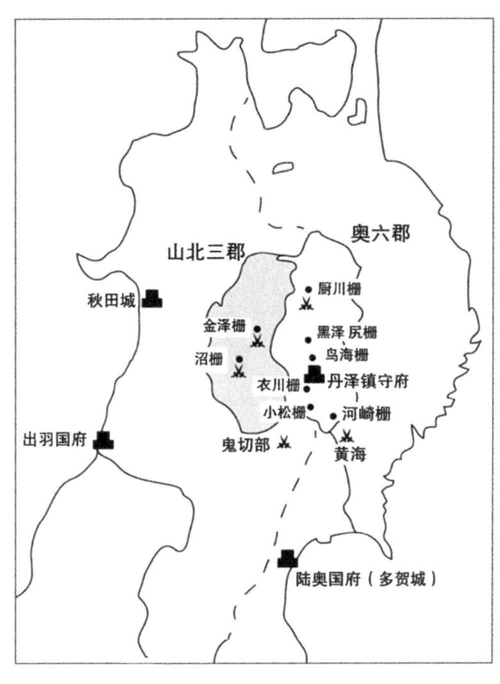

前九年之役

趁机斩杀。平永衡之死，让同是安倍赖时女婿的藤原经清害怕不已，生怕有朝一日源赖义会如法炮制对付自己，便在源赖义军中散布安倍军要攻打国府的谣言。此时源赖义军中许多武士的妻儿都在国府中，源赖义便只得亲自率领部分军队返回国府，而藤原经清也趁源赖义不在，率军投奔了安倍赖时。

安倍赖时在陆奥国的军队，很大一部分由俘虏及囚犯组成。为了对付安倍赖时，源赖义下令招安这些人，将其编入官军攻打安倍赖时。天喜五年（1057）七月，安倍赖时得知奥六郡北部的铯屋郡、仁土吕志郡、宇曾利郡三郡的俘囚[①]在安倍富忠的率领下归降了源赖义，并准备同官军夹击安倍赖时。安倍富忠是安倍赖时的同族，为了说服他，安倍赖时亲自率领两千人马前去面见安倍富忠。安倍富忠探察到安倍赖时的动向后，布置军队在途中伏击安倍赖时。两军大战两日后，安倍赖时身中流矢，在返回鸟海栅的途中死去。安倍赖时战死后，其手下军队聚集到安倍赖时之子安倍贞任、安倍宗任手下。

天喜五年十一月，源赖义率军一千八百人攻击安倍贞任，而安倍贞任则率军四千人，在河崎栅附近的黄海迎击源赖义军。

此时，持久战已经暴露出源赖义一方的缺点——安倍氏是在自己的根据

① 俘虏和囚犯，下同。

黄海之战交战地

地作战，无须担心粮草问题，而源赖义一方的关东武士远道而来，客场作战，粮草难以为继。时值冬日，源赖义手下的许多军队不得不返回关东，这也是此时源赖义手下仅有一千八百人的原因。

很快源赖义就在与安倍贞任的交锋中战败，手下士卒要么战死，要么逃亡。安倍军看源赖义势穷，便率军来攻。源赖义之子源义家，藤原景通、藤原景季父子，大宅光任，清原贞广，藤原则明，藤原范季等人殊死奋战。乱战中，源赖义的战马中箭倒地，藤原景通夺得一匹战马让与源赖义。藤原景通的长子藤原景季，时年二十多岁，善于骑射，骑马冲击敌阵，最后落马被俘，因为是源赖义的亲兵，因此被杀害，和气致辅、纪为清皆随之战死。

相模国的武士佐伯经范，其父乃是相模守藤原公光，平时颇受源赖义照顾，此战中同源赖义失散，便询问溃败下来的武士源赖义所在。溃兵回答说："将军被贼军包围，手下不过数骑武士，只怕凶多吉少啊。"佐伯经范独自念叨："我跟随将军三十年，平日将军待我不薄，我亦唯将军马首是瞻，今天将军怕是要战死，我岂能不追随他去地府呢？"于是亲自骑马闯入安倍军阵中。佐伯经范的随从武士只剩两三骑，也互相说道："我家主公既然为将军战死，我等岂能独自苟且偷生？"于是便也率军追随佐伯经范闯阵战死。

多亏这些武士殊死奋战，源赖义才得以逃出生天。源赖义手下的军队本就不多，这次的战败着实让他大受打击。黄海之战后的十二月，源赖义上书朝廷说："诸国调运的军粮，虽然已下令征发，但没有一个到来。陆奥国的百姓们也都逃避战事，不服兵役。出羽国的国司源兼长也无意配合臣讨贼，除非有天罚，不然怎么能够讨伐贼军呢？"

源赖义因为内无粮草外无救兵，在陆奥国与安倍贞任就这么僵持下来，一直熬到自己任期将满。朝廷见源赖义任期已满，想派遣新的陆奥守前去上任，但没有一个人愿意去接这个烂摊子，只得让源赖义继续任陆奥守，同时罢免了醍醐源氏出身的出羽守源兼长，改派同为清和源氏出身的源齐赖出任出羽守。

尽管如此，源齐赖依然没有发兵救援源赖义，粮草也没有运到源赖义营中。源赖义在陆奥逐渐陷入劣势。藤原经清等叛将时不时率军从衣川栅出关，劫掠源赖义一方的领地。

前九年合战的僵局，最终因为出羽国的清原氏来援而被打破。在黄海之战后的五年之间，安倍贞任在陆奥国肆意横行，杀人放火，而朝廷说好的援军与粮草却丝毫未见。源赖义决定使用"以夷制夷"的方法，即利用出羽国的俘酋清原氏作为自己的援军，一同攻击安倍贞任。

第七节　安倍氏灭亡

日本东北两个领地庞大的令制国——陆奥国与出羽国，平分了整个本州岛的东北地区。安倍氏作乱的影响力仅局限于陆奥一国。源赖义于是派人前去拉拢出羽国的俘囚清原光赖、清原武则兄弟。

清原氏兄弟对安倍氏的作乱一直冷眼旁观，一时无法决定是否应前去支援源赖义。源赖义见状，不断派人送珠宝钱财给清原氏兄弟作为出兵的谢礼，并且允诺，在镇压安倍氏的叛乱之后，一定向朝廷推举二人，给他们封个一官半职。

康平五年（1062）七月，清原氏派出以清原武则为大将的军队共一万人从出羽国浩浩荡荡地前来陆奥国参战。八月，清原武则在栗原郡的营冈与源赖义会师。此时源赖义手下的武士不足三千，清原武则率领的军队便成为此次作战的主力。

这年的春天，是源赖义第二任陆奥守任期结束的时候，朝廷派遣高阶经重前来陆奥国接替源赖义，但是陆奥国内的武士们却只听从源赖义的命令，拒绝跟随从京都来的文官高阶经重。

源赖义同清原氏的联军共分七阵，第一阵的主将乃是清原武则之子清原武贞，他是清原氏的总领；第二阵是橘贞赖，乃是清原武则的外甥；第三阵是吉彦秀武，同是清原武则的外甥；第四阵是橘赖贞，他是清原武则的外甥，橘贞赖的弟弟；第五阵乃是本阵，由源赖义统领，率领源赖义军、清原武则军以及陆奥国国司衙门的官军；第六阵是吉美侯武忠；第七阵是清原武道。可以看出，除了清原氏一族以外，其他如橘氏、吉彦氏、吉美侯氏大都同清原氏有着姻亲关系，足见清原氏在出羽国的势力有多庞大。

前九年之役的第三阶段，随着八月十七日联军攻打小松栅展开。小松栅是位于衣川栅南边的防御工事，是安倍氏防御阵地的最前线。《陆奥话记》中记载了此战中源赖义直属军中的平真平、菅原行基、源真清等十余名武将的名字，并且说他们都是“将军麾下的坂东精兵”，此即是河内源氏的坂东武士集团形成的开始。

九月五日，安倍贞任亲自率领八千大军向联军袭来，不过联军早有准备。双方在大雨中交战，安倍贞任军大败而逃，官军趁机率军逼近，安倍贞任的营地大乱，自相残杀。最终，安倍贞任不得不丢弃高梨宿、石坂栅的营地，往衣川栅逃去。

衣川栅作为安倍氏领地的玄关，对安倍氏来说是一个十分重要的关卡。联军决定乘胜追击，趁安倍贞任还没有从败仗中缓过气来一举攻破衣川栅。

厨川栅遗迹

九月六日，源赖义、橘赖贞、清原武则等将率领的军队从四面八方向衣川栅攻来，并在次日夺下此关，安倍氏的灭亡已经为时不远了。

衣川栅一战，安倍贞任手下的武士战死颇多，他自己也不得不逃往厨川栅防守。厨川栅是安倍贞任的老据点，他本人就有个别名叫“厨川二郎”。此地也是安倍贞任苦心经营许久的最后的防御工事。安倍贞任逃往厨川栅后，他的弟弟安倍宗任也丢弃了鸟海栅，一同来厨川栅会合。

九月十四日，联军在源赖义的率领下朝安倍氏的最后一个据点——岩手郡的厨川栅进军，清原武则则率军朝安倍贞任的弟弟安倍正任在和贺郡的据点黑泽尻栅进军。

源赖义来到厨川栅，发现此地两面临河，沿着河岸修筑的墙有三丈高，还修筑了箭橹等工事，城墙内也布置了阻碍进攻的铁蒺藜。联军包围了厨川栅，安倍贞任命手下军队用弓箭攻击联军，并烧了许多沸汤，用于防御。为了刺激源赖义，安倍贞任命令家族中的数十名女眷，登上楼台唱歌嘲讽联军。

源赖义大怒不已，命手下军队攻打厨川栅，却被安倍贞任杀伤数百人。联军只得步步为营，拆毁附近的房屋用以填护城河，并放火烧城。也是安倍氏天命已尽，此时突然刮起大风，火趁风势越来越猛，大火烧了厨川栅内的箭橹及房舍，安倍军阵脚大乱。联军故意放开包围网的缺口，放安倍军逃出，并趁机截杀。安倍贞任亲自上阵作战，被联军的士兵刺伤活捉，绑到了源赖义的面前，最终被斩。安倍贞任的长子千世，时年十三岁，在此战中十分勇敢，源赖义见他颇有祖先风范，想饶他一死。清原武则却对源赖义进言，切勿因妇人之仁遗留祸害，因此千世也被斩杀。安倍氏一族，安倍贞任、安倍重任、藤原经清被源赖义处死，而其弟安倍宗任、安倍家任与伯父安倍为元则投降免死。安倍氏一族的女眷数十人被源赖义俘虏，皆被赐给将士们作为奖赏。其中藤原经清（就是那个来回跳槽的安倍赖时的女婿）的妻子被赐给了清原武则的儿子清原武贞，他的儿子藤原清衡便也因此被清原武贞收为养子。

康平六年（1063）二月十六日，安倍贞任、安倍重任、藤原经清的首级送到了京都，二十七日朝廷开始论功行赏，源赖义受封正四位下伊予守，其子源义家受封从五位下出羽守、源义纲升任左卫门尉。次年三月，源赖义带着俘虏安倍宗任、安倍家任、安倍正任等凯旋。归京途中，源赖义路过武藏国的鹤冈一地，在此地修建了一座八幡宫，此即镰仓鹤冈八幡宫。

第八节　后三年之役

河内源氏在前九年之役中对朝廷做出巨大贡献，但朝廷的封赏却让河内源氏十分不满，最不满的便是源赖义之子源义家。

源赖义卸任陆奥守后，源义家便盯上了父亲的陆奥守以及镇守府将军之职。在他看来，自己跟随父亲在陆奥征战这么多年，自然应子承父业，在陆奥以及关东发展自家势力。此时的关东武士们，许多都同河内源氏结成了主从关系，这个关系有点像后来镰仓幕府的征夷大将军同御家人[①]的关系，区别在于镰仓幕府可以封赏御家人土地作为领地，而此时的河内源氏，能给予郎党[②]的却只是推举他们官职。

八幡太郎源义家

源义家所期望的并没有实现，他在战后只获得了一个出羽守的官职，而清原氏却获得了镇守府将军的头衔，并且占据了原本安倍氏的领地，成为东北的霸主。清原氏的出身同安倍氏一样，在《陆奥话记》中记载是“出羽的俘囚之主”，这是很低贱的出身。然而就算如此，朝廷还是破格提拔清原氏出任镇守府将军，却把体内流着清和源氏贵族血统的源义家给晾在了一边，这让他无法接受。

前九年之役后，清原氏在东北一家独大，结果二十年不到，果然又出了乱子。安倍赖时的女儿，原本是藤原经清的妻子，后被赐给清原武贞为妻，但清原武贞早有妻儿。其长子清原真衡是清原武则的孙子，清原武贞的嫡子，自然成为家督继承了家业。清原真衡为人公正无私，在陆奥、出羽两国颇得人心。清原真衡的两个弟弟，一个是随着母亲嫁进来的藤原经清的儿子藤原清衡（现在叫清原清衡），另外一个是清原武贞同藤原清衡的母亲生下的儿子清原家衡。这三个血缘关系复杂的兄弟，成为后三年之役的导火索。

① 指镰仓时代与将军直接保持从属关系的武士。

② 上级武士的随从。

同前九年之役一样，后三年之役也可以分为三个阶段：第一阶段是清原氏的嫡流清原真衡同弟弟清原清衡、清原家衡的内讧；第二阶段是在源义家介入下，清原清衡同清原家衡的兄弟之争；第三阶段则是清原家衡与叔父清原武衡共同对抗源义家直至灭亡为止。

清原武贞死后，清原真衡继承了家族总领之位。然而，为人正直豪爽的清原真衡却无意间得罪了姑父吉彦秀武。在清原真衡为自己的养子清原成衡举行的婚礼之上，吉彦秀武前来道贺，结果不知道是因为太忙了还是有什么别的原因，清原真衡把自己的姑父给晾在了一边。吉彦秀武身为参加过前九年之役的老将，被怠慢后恼羞成怒，一把将送来贺喜的一盘金子打翻在地，打道回府，准备与清原真衡交战。清原真衡也不含糊，马上就秣马厉兵，准备厮杀。

吉彦秀武见清原真衡来势汹汹，便心生一计，教唆清原真衡的两个弟弟造反。而清原清衡和清原家衡二人因是后妻所生，平时就不被清原真衡看好。在吉彦秀武的教唆下，二人企图夺取清原氏的总领之位，于是拉起反旗，攻打清原真衡的居馆。

日本东北部又陷入战争之中。

此时是永保三年（1083），距前九年之役结束才二十一年，源赖义早已逝世，朝廷正好派遣源义家担任陆奥守。源义家与清原真衡的父亲清原武贞、爷爷清原武则都是前九年之役中的亲密战友，自然对自己的这个世侄关照有加。何况，清原真衡的养子清原成衡的妻子是源义家的妹妹，清原真衡还同源义家有姻亲关系。

因为清原清衡、清原家衡的反叛，此次争斗已经演变成了清原氏的一门总领之争。而源义家在此时介入争端，是向大家宣告河内源氏才是老大的好机会。

清原真衡拉拢源义家后又率军攻打吉彦秀武，然而清原真衡一离开，清原清衡、清原家衡又率军前来偷袭真衡的居馆。

清原武衡石像

清原家衡石像

此时恰好源义家的郎党藤原正经、绊助兼在陆奥国巡视，清原真衡的妻子便派遣使者前去游说二人："清原清衡、清原家衡前来偷袭我们，虽然我们有所防备，并不惧怕，但是妇人不好统领士卒，希望你们能前来领导军队，指教军略，顺便向国司大人（源义家）汇报战况。"

藤原正经、绊助兼是三河国国人，跟随源义家前来陆奥赴任，二人一进入真衡馆中，清原清衡、清原家衡便率军退去。得知两个弟弟退军，清原真衡便邀请源义家攻打二人。源义家也不含糊，直接率军攻打清原家衡的据点，却遭到了阻击，连清原真衡的叔叔清原武衡都反叛到了清原家衡一方。雪上加霜的是，清原氏一门总领清原真衡在出阵途中病逝了。

宽治元年（1087），源义家率领东国武士开始向清原家衡、清原武衡防守的金泽栅进攻。金泽栅易守难攻，防守的清原氏军队也肃清四野，以弓箭巨石抵抗源义家的进攻。此时，吉彦秀武突然出现在源义家军中，给源义家献计，说金泽栅虽然易守难攻，但是毕竟是个死地，只要围而不攻，待其粮草耗尽，自然可以攻下。源义家深以为然，自己率军包围两面，让弟弟源义光包围一面，清原清衡、重宗包围另外一面，合围金泽栅。

清原家衡、清原武衡都是清原氏的近支，而从属于源义家军的清原清衡却是顶着清原氏名头的别人家的孩子，吉彦秀武也只是清原氏的女婿而已。可以看出，清原氏内部其实还有着以血缘亲疏关系而结成的阵营，源义家在此中扮演的角色自然不是消防员，而是一个火上浇油的角色。

战事虽转向围而不攻，但双方也没闲着。源义家命军中的士卒砍柴准备过冬，而清原氏在城头就对着源义家骂了起来。

《奥州后三年记》中提到，清原家衡的乳兄弟①千任，站在城头对着城下的源氏军队大骂道："你小子的父亲源赖义当年为了打败乱党安倍贞任、安倍宗任，而向我家先主公交纳了名簿，先主清将军②才派出援军助力，帮助你们剿灭了安倍贞任。你身为源赖义之子，却忘恩负义，对我们刀兵相向，真是不忠不义至极！"

源义家大怒。但久经战阵的他知道这是敌人的激将法，便强压怒火，并不进攻，只是下令一定要生擒此人。

眼见骂战无效，清原武衡又派人在城头大喊："太久没有交战，我栅中有个勇士叫龟次，勇猛善战，请你们也选一位勇士出来单挑！"源义家自恃手下关东武士豪杰众多，下令寻觅出战武士，很快就找到了个叫鬼武的武士，出阵与龟次交战。鬼武没几招便砍下了龟次的人头。金泽栅内的守军备感耻辱，率军出战，却被源氏军队击退。

围城之术已见成效，栅中的粮食越来越少。清原武衡便想投降，可是源义家并不允许。清原武衡命令栅中老弱病残出栅自谋生路，却被源义家下令捕杀。到了十一月，金泽栅实在守不住了，清原家衡便自己烧毁了金泽栅，乔装打扮一番后突围，而清原武衡则躲在水里，藏匿于水草之下，被随后赶到的源氏武士抓获。

见到灰头土脸的清原武衡，源义家压抑已久的怒火瞬间爆发，他对着清

① 乳母的儿子。

② 清原武则。

原武衡大骂道："请求援军讨灭敌人，乃是从古至今的行军之道。你的父亲清原武则响应我父亲的官符起兵来援，到我父军中参阵，理所应当。而你却让千任在城头上妄言说我父亲给你父亲交纳过名簿，那名簿在哪儿？你父亲跟随官军征战立功，我父亲也为他保奏镇守府将军，也算仁至义尽。而你却忘恩负义，散播谣言羞辱我，实在是罪不容诛！"随后命人将清原武衡拖出军帐斩首，并让人将千任的舌头割下。清原武衡死后，逃走的清原家衡也被人杀害，首级献给了源义家。

第九节　源义家与源义光

源义家此次在东北的战事，称为后三年之役。战后源义家想向朝廷邀功，结果朝廷认为此次东北的战事乃是因家业继承而发生的私斗，拒不封赏。

在后三年之役中真正获益的两个人，一个是源义家的弟弟源义光，另一个是清原清衡。

源义光听说兄长在东北陷入了苦战，向朝廷上书请求派出援军未果后，便抛官弃职前往东北援助源义家。《吾妻镜》中记载，在"治承·寿永内乱"中，源赖朝的弟弟源义经从陆奥赶赴关东，到源赖朝帐下效力，源义光、源义经二人的会面被视为美谈广为流传。

然而，源义光去往东北之事，真的如此美好吗？

据《为房卿记》中记录，源义光当时乃是"解却"官职，意味着源义光的辞职并没有受到朝廷的许可，他擅自丢官弃职跑到了东北，随后就因为开小差被朝廷罢免了。究其原因则可能是源义光不甘心在京都看着兄弟们立功，急切地想下关东建立自己的势力。

从京都朝廷的角度来说，源义家的背后，是一个逐日壮大的"河内源氏"武士团体，这肯定不是朝廷想看到的结果。《后二条师通记》中，为了应对源义家，在应德三年九月二十八日时朝廷就曾经商议让源义家的弟弟源义纲

后三年之役

奔赴东北代替其兄长源义家任职。十一月二日，关白藤原师实还特意召见了源义纲，向其询问东北战况。

源义家脱离朝廷的控制，执意参与东北战事是其弟源义纲上台的主要原因，面对势力日益壮大的源义家，朝廷方面只得祭出源义纲来进行牵制——让河内源氏内部斗争，才能压制其崛起。

源义光恰好也是这个时期去往东北地区的，在源义光看来，他不愿意落于两个兄弟之后，去往关东就是为了成为东国军事贵族中的一员，扩大自己的地盘。源义光与常陆国北部联系紧密，日后，雄踞常陆国，以久慈郡佐竹乡为根据地的佐竹氏便是源义光的后代。结合这些背景来看，源义光去往关东并不是因为兄弟情深，而是要演一出“兄弟阋于墙”的悲剧。

另外一个大受其益的乃是清原清衡。

清原氏嫡流清原真衡、清原家衡、清原武衡都死去后，东北的大权便落到清原清衡手中。随后，他便恢复本姓藤原。流有安倍氏血统的藤原清衡将根据地转移到原安倍氏衣川栅的南部，构筑了平泉馆。藤原清衡便是之后称霸日本东北百余年的奥州藤原氏的始祖。

清和源氏的支流河内源氏因为源赖义、源义家父子在“前九年、后三年之役”中的奋战而名扬天下，收尽了关东武士们的心。可是，战后，河内源氏却陷入了朝廷公卿们操控的内斗之中。而此时，另一个家族逐渐登上了历史舞台。

第二章

／平家崛起

DI-ER-ZHANG

PINGJIA JUEQI

YUAN PING
HE ZHAN

| 源平合战 |

——日本武士的崛起

第一节 保元之乱

久寿二年（1155），体弱多病的近卫天皇病逝，年仅十七岁。随着近卫天皇的逝世，武家逐渐登上历史舞台。

近卫天皇是鸟羽法皇之子，此前美福门院与待贤门院两股势力一直在争夺鸟羽法皇的继承人之位。这两个派系的斗争可以追溯到鸟羽法皇的爷爷白河法皇开设院厅统治天下的时候。在平安时代末期，因为摄关家长期把持朝政，对此不满的白河天皇便在壮年退位，以天皇的父亲之名在白河殿开设了具有私人办公室性质的“院厅”统治天下，开启了院厅政治的序幕。

鸟羽天皇像

白河法皇将自己的养女藤原璋子嫁给了鸟羽天皇，自己却与藤原璋子生下了孩子显仁亲王。据说显仁亲王与白河法皇长得很像，鸟羽天皇便经常私下自嘲地称其为“叔父子”。

鸟羽天皇心下愤怒，可是他不敢惹一代枭雄白河法皇，只好忍气吞声。但即使这样也不行——在白河法皇的操控下，鸟羽天皇被迫退

位，让位给显仁亲王，即崇德天皇。

白河法皇去世后，成为上皇的鸟羽天皇宣布自己是下任院厅的统治者，并出家入道成为“鸟羽法皇”（以下统称“鸟羽法皇”）。

鸟羽法皇将崇德天皇赶下皇位，换上了自己的亲生儿子近卫天皇。近卫天皇去世后，为了不让崇德天皇一系复位，鸟羽法皇与美福门院得子、关白藤原忠通操控崇德天皇的弟弟雅仁亲王即位成为后白河天皇，彻底断了崇德天皇一系和平复位的念想。

鸟羽法皇还没来得及巩固儿子的权力，便走到了生命的尽头。为了防止崇德天皇一系的血脉抢夺皇位，鸟羽法皇在临死之前给后白河天皇与美福门院得子留下一份可信赖人员的名单，还将源义朝等人召进京，以防有变。在一切安排妥当之后，鸟羽法皇便撒手西去。

鸟羽法皇一去世，崇德上皇就迫不及待地想要返回权力中枢。他认为自己理应开设院厅，像之前的白河法皇和鸟羽法皇一样行使院厅的权力，躲在幕后掌控朝局。但事情没有那么简单。

鸟羽法皇过世后，后白河天皇在藤原信西、美福门院得子等人的支持下，背着崇德上皇操办了丧事与法会。后白河天皇之所以这么做，无疑就是要向天下宣布，自己才是日本的君主，是鸟羽法皇的正统继承者，天下大权应该掌握在自己手里。

如今的形势，对崇德上皇来说，要恢复自身的权力，开设院厅，除了诉诸武力之外，别无他路了。

崇德上皇的宠臣藤原赖长被称为“恶左府”。此人乃是前关白藤原忠实的次子，自幼博览群书，深深痴迷于中国、日本的典籍。他瞧不上身为关白的哥哥藤原忠通，想要谋求关白之位。藤原赖长建议崇德上皇占据白河法皇的院厅所在地白河北殿，既可以向支持崇德上皇的大臣们表明此次开设院厅的决心，又可以以白河法皇后继人的身份对抗作为鸟羽法皇后继人的后白河天皇。

而另一方面，早在鸟羽法皇病危之时，支持后白河天皇的美福门院藤原得子夫人就已经与藤原忠通召集了检非违使等京都警卫力量，并且调集地方武士源义朝等人进京护卫后白河天皇。同时，藤原得子夫人还利用朝廷颁下旨意，如若崇德上皇一方的藤原赖长在京畿地方募兵，各国的国司衙门都要严厉禁止其行为。

藤原赖长像

当崇德上皇移驾白河北殿后，政治嗅觉敏锐的后白河天皇便察觉到了异样，他连忙找来了关白藤原忠通、亲信藤原信西、武士平清盛以及源义朝等人商议。平清盛乃是平定“承平・天庆之乱”的平贞盛的后代，平贞盛的四子平维衡迁往伊势国居住，因此他们一家也被称为“伊势平氏”。平清盛原本不在鸟羽法皇留下的那份值得信赖之人的名单之中，因为他的父亲平忠盛是崇德上皇一位皇子的乳父[①]，因此鸟羽法皇无法判断平家的态度。不过美福门院得子却是一个政治眼光十分老到的女人，她知道平家乃是现在平安京里的大族，她看出了取得平家支持的重要性，便命令下人将平清盛召集至后白河天皇所在的高松殿中。

而崇德上皇一方，除了恶左府藤原赖长外，源义朝的父亲源为义，兄弟源为朝、源赖贤等人均在崇德上皇麾下。平清盛的叔叔平忠正也因为与平清盛不和，带着自己的儿子们追随上皇。从两边的阵容来看，崇德上皇不是后白河天皇的对手。

在崇德上皇占据白河北殿的第二天——也就是七月十日晚上，崇德上皇

① 承担皇子宫廷教育经费的人，类似于“义父”。

一方召开了军议，源为义代表武士们说出了武士们的意见，认为当下的形势对崇德上皇十分不乐观，白河北殿固然重要，但不利于防守。他提议放弃白河北殿，向宇治川转移，这样的话，即便此次政变失败，崇德上皇还可以在武士们的护卫之下前往东国，仰仗源氏的根基与影响力，割据东国与后白河天皇抗衡。源为义的说法很有道理，借助于之前的“前九年、后三年之役”，源氏已经成为在关东一地有着巨大影响力的军事贵族，手下的武士数不胜数。

但这一建议却遭到藤原赖长的反对。

藤原赖长认为他已经以上皇名义向各地征兵，京畿的寺院们也表示支持崇德上皇，愿意派出僧兵助战。只要援军一到，崇德上皇就可以与后白河天皇抗衡。就在此时，源为义的八子——有着“镇西八郎”之称的源为朝站了出来。源为朝骁勇善战，手中的大弓从来箭无虚发，他当年是九州一霸，拉拢了许多武士作为手下。从九州乡下来的镇西八郎源为朝看不惯京都土生土长的贵公子藤原赖长，久经战阵的他知道战场的形势瞬息万变，并不是像藤原赖长认为的那样可以一步一步规划。

源为朝建议，即便是想以白河北殿作为根据地，也不能坐以待毙，应该趁高松殿的后白河天皇还没有完全集齐军队，率军渡过贺茂川，夜袭高松殿，生擒后白河天皇。只要擒拿了敌方的首脑，平清盛、源义朝等人就无法翻天。

毫不意外，源为朝的提议又被藤原赖长给否了，此时白河北殿的这群人，不知道后白河天皇在高松殿也召开了军议，而且双方军议的内容几乎是一模一样。在高松殿的军议中，源义朝向后白河天皇提议夜袭白河北殿，趁地方援军还没到来时结束战斗。源义朝的提议受到了后白河天皇的宠臣藤原信西的支持，后白河天皇也同意了源义朝的决定，订下了奇袭的计划。可以说，保元之乱的胜负，在军议时就已经决定了。

七月十一日凌晨，平清盛军三百余骑、源义朝军二百余骑、源义康军百余骑兵分三路向东进发，奔袭白河北殿。紧跟三人之后的，是源赖政、源重成、

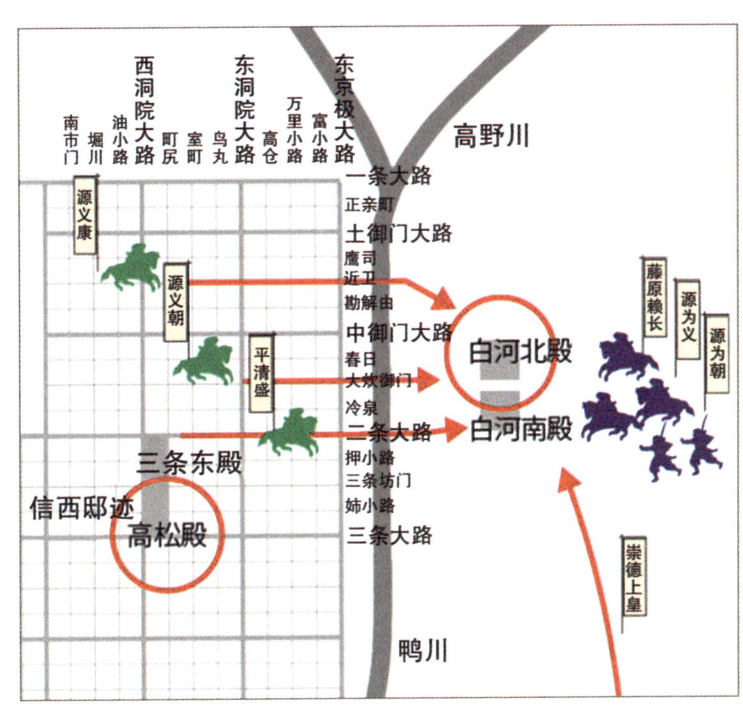

保元之乱路线图

平信兼等人。源义康是源为义的从兄弟，他的子孙后代以下野国足利庄作为根据地，改苗字① 足利氏，最终开创了日本的第二个幕府室町幕府。

半睡半醒的崇德上皇一方军队仓促应战，陷入一片混乱。眼看己方军队就要崩溃，镇西八郎源为朝站了出来，引弓搭箭，朝着敌军射去。这一箭洞穿了平家大将伊藤忠直的胸口，带着余力插在了伊藤忠直身后其兄弟伊藤忠清的铠甲之上。

平氏的军队被吓得瞠目结舌。源为朝骑在马上，手里拿着一张巨大的弓，直指伊藤忠直的位置，远远望去很是威风。源为朝率领源氏武士杀得平家军

① 日本姓名一般由一至四个汉字组成，最多的有九个汉字。日语中苗字也写作“名字”，是中文“姓氏”的意思。

队连连后退。平清盛之后的，乃是同为河内源氏出身的武将源义朝。

源义朝深知自己兄弟善战，他对着源为朝喊道：“八郎，你看清楚了，我可是你兄长，我的主上那是天皇陛下，对兄长和天皇举刀，你难道不怕遭天谴吗？”源为朝反唇相讥：“是吗？可是兄长你的刀锋指着的是我们的父亲和上皇，我看，就算要遭天谴，也未必会轮到我吧？”源义朝无言以对，恼羞成怒之下只好挥军来战，可是在镇西八郎的指挥之下，即便是骁勇善战的源义朝也无法取得战果。

源义朝知道，要是让战局变成持久战，就失去了奇袭的意义，等到敌人的援军抵达之后，只怕战局会更加不利。因此他向高松殿派去了使者，请求对白河北殿发起火攻。后白河天皇颁下旨意：“宫殿毁了日后可以斥资重修，当下以战事为紧，无须请示，许你便宜行事。”

源义朝和平清盛等人立马带着手下军队对着白河北殿发起了火攻，而崇德上皇一方万万没有想到对方竟然敢冒着这么大的风险放火：白河北殿不单是皇室的一处宫殿，此地可是院厅政治的象征啊！

混乱之中，杀红眼的士兵们不光烧了白河北殿，还顺带着把源为义、平忠正、藤原赖长等人的宅邸都给烧了。崇德上皇的军队经过四个多小时的鏖战，最终不敌败走，崇德上皇和藤原赖长随着败军逃出白河北殿。藤原赖长在逃亡途中被流矢所伤，重伤而死。

二人逃走后，其余的士卒四下逃散。平清盛奉命逮捕源为义等人，源为义逃往了儿子源义朝的所在——出于父子情谊，源义朝不可能杀死自己的亲生父亲。

平清盛抓到了自己的叔叔平忠正，他料想自己要是放过叔叔，源义朝定然会向后白河天皇求情赦免源为义等人。政治眼光老辣的平清盛断定在保元之乱中立下战功的源义朝日后必定会是自己的大敌，便对自己的叔叔痛下杀手。平忠正既然伏诛，源义朝也不得不在朝廷的压力下杀死了源为义，落下了个不孝的名声。

第二节　藤原信西被害

保元之乱是因为皇家与摄关家的内斗而爆发的，此时的日本已经隐约出现了源平两家分立的形势。据《保元物语》记载，保元之乱中平清盛召集的武士来自伊贺国、伊势国、河内国、备前国、备中国等地，源义朝召集的武士则来自近江国、美浓国、尾张国、三河国、远江国、骏河国、相模国、安房国、上总国、武藏国、上野国、下野国、常陆国、甲斐国与信浓国。从当时的日本地图上看，源平两家几乎以京畿为分界线，瓜分了日本，日后源平合战中的“西国之平氏”“东国之源氏”在此时已经初步分立了。

保元之乱后，后白河天皇将弟弟崇德上皇流放到了荒无人烟的赞岐岛，让其孤独终老。传说崇德上皇最终在岛上带着怨念死去，成为古代日本的四大怨灵之一。

日本的武士，正是从保元之乱开始登上政治舞台。不过，事实上保元之乱后真正掌控权力的并不是武士们，而是后白河天皇的亲信藤原信西。藤原信西一当政，便着手恢复天皇亲政的制度，实行了被后世称为“保元之治”的新政。其核心政策如下：整顿庄园，设立记录庄园契券的记录所，颁布庄园整理令、寺社统制令，以及确立一国平均役的制度。这些政策都是藤原信西为了建立以后白河天皇为中心的新的朝廷政治秩序而制定的。

保元三年（1158），后白河天皇效仿先前的几位天皇退位，将皇位让给自己的儿子二条天皇，自己则像之前的白河天皇和鸟羽天皇那样，开设院厅，实行后白河院的院厅政治。

保元之乱后，后白河上皇及权臣藤原信西一直不怎么待见源义朝，反而和平清盛走得很近。就在源义朝苦恼的时候，一个人找上门来，此人正是后白河上皇的宠臣藤原信赖。

保元元年（1156），藤原信赖只是个小小的武藏守（官名），但是到了

源义朝像

保元二年（1157），他就靠后白河天皇的宠信平步青云，成为宫中炙手可热的人物。在后白河上皇开设院厅以后，他更是以院厅重臣的身份与藤原信西抗衡。藤原信西出自藤原氏南家，其家格低于藤原信赖，只是他身为后白河天皇的乳父，在保元之乱中又出谋划策，因此才一度凌驾于藤原信赖之上。院厅近臣之间的内斗，在保元之乱余波未平之际引发了另一场规模更大的战乱——平治之乱。

在保元之乱中，源义朝失去了自己父亲、兄弟这些源氏一族中的有力武将，河内源氏中他叔伯辈的新田义重、足利义康也不是很买他的账，以源义朝为中心的武士团体势力大减。与之相比，平清盛的伊势平氏却平步青云，获得了巨大的封赏。平清盛不但铲除了在家中素来与自己不和的平忠正，解决了平氏的内部矛盾，还扶持了许多平氏的子弟，让其封官受赏。

平清盛在保元之乱后受封播磨守，播磨守同伊予守一样在众多国司之中地位较高，表示平清盛可以升殿，成为殿上人[①]；而源义朝尽管立下了莫大的战功，却只被封为小小的右马头，他对后白河天皇开始不满，将这一切都归咎于后白河天皇的赏罚不公与藤原信西的专权。与此同时，后白河天皇的退位也引发了朝中新一轮的矛盾。二条天皇作为国家的元首，自然不喜欢有个院厅压在自己头上。虽然后白河上皇与二条天皇是父子关系，但是在权力

① 指旧时日本宫廷中服侍天皇的中级官吏。

面前，亲情没有容身之地。二条天皇的宠臣藤原惟方、藤原成亲与藤原信赖、源义朝就此结成了针对后白河上皇、藤原信西、平清盛等人的政治同盟。而平清盛早就看出了两派斗争的端倪，他将自己的两个女儿分别嫁给藤原信赖的儿子和藤原信西的儿子，同对立的双方都结成了儿女亲家，尽量中立于斗争的两派之间，静观其变。

平治元年（1159）十二月九日夜，趁着平清盛率领族人前往熊野神社参拜之机，藤原信赖与源义朝举起了叛乱的大旗。看着都城平安京再度出现了全副武装的军队，平安京的百姓都躲进自己的住宅不敢出门：三年前让平安京陷入一片战火的保元之乱的景象历历在目，此次不知又是哪个皇族与公卿内斗，要将百姓牵扯其中。

领头的是一名骑在大马上的武士，此人正是河内源氏的首领源义朝。此时，他率领的军队已经将后白河天皇所在的三条殿围得严严实实。

源义朝等派人幽禁了后白河上皇与二条天皇，为了防止身在三条殿内的藤原信西的几个儿子逃走，源义朝在三条殿放火，并且无区分射杀守卫三条殿的武士与陪侍的公卿女官。一时间，三条殿内鬼哭狼嚎，火光冲天。但是，藤原信西的几个儿子在后白河上皇被源义朝派人带走之时就已经察觉到了异样，早就溜走了。藤原信西逃出京城，逃到山城国的田原时，实在是走不动了，就地挖了个洞躲藏，后来被源氏追兵追及，他不得不举刀自尽，首级也被砍下带回平安京。

十二月十四日，藤原信赖罢免了藤原信西之子藤原成范的播磨守之职，将此官职封给了源义朝。源义朝的儿子源赖朝也被破格封为右兵卫权佐。这表明源赖朝的地位超过了几个哥哥，成为源义朝的嫡子与继承人。

第三节　平治之乱

正在参拜途中的平清盛突然接到平家府邸六波罗派来的使者的报告，得知藤原信赖与源义朝在京都造反，杀死了藤原信西并控制了天皇与上皇。平清盛犹豫着不知是否应该返回平安京，其嫡子平重盛说，天皇与上皇处于危险之中，身为武臣，理应返回京都救援。平家贞也拿出事先准备好的武器与铠甲交给了平清盛，众人这才返回平安京。

即将到达平安京时，平清盛听闻有来路不明的军队在安倍野布阵，猜想是源氏的军队在此阻击，又想逃往四国岛。还好六波罗的使者前来告知，那是伊势国、伊贺国响应平清盛举兵的平家郎党，得知平清盛返回，特意前来护卫，平清盛这才放心地返回。

十二月十七日，平清盛骑着高头大马，大摇大摆地率领平家的军队回到六波罗。藤原信赖一直担心平清盛的态度，就在此时，平清盛却突然给藤原信赖送来表示从属的名簿，这让藤原信赖安心了不少。

但是，平清盛真的就愿意和藤原信赖站在同一条战线上吗？——非也，此时的平清盛已经同藤原经宗、藤原惟方等人联系上了。此二人虽然也跟藤原信赖掀起叛乱，但看到藤原信赖在得势之后，竟直接幽禁了上皇与天皇，这大大违背了二人的意愿，于是他们便频频向平清盛“暗送秋波”。

平清盛虽然并不信任此二人，但此时的情况也由不得他选择，他只好先向藤原信赖交纳名簿，放一个烟幕弹，暗地里则准备举兵平叛。

这天晚上，二条天皇化装成女眷，搭乘着皇后的车驾，在藤原惟方的护卫下偷偷逃往平清盛的六波罗府，政治嗅觉敏锐的后白河上皇也微服逃往仁和寺避难。二条天皇来到六波罗府后，公卿百官纷纷前来依附，关白近卫基实也来到了六波罗。众人因为他的妻子是藤原信赖的妹妹而对他颇有怀疑，不敢放他进入。平清盛却对众人说：“此人乃是摄政之臣，就算他不来，陛下也会召见他。现在他前来与百官一同对抗叛贼，岂不是正好？”便命人将近卫基实放进府内。

源义朝得知上皇与天皇出逃后大惊失色，连忙召集手下军队两千余人，准备与平氏一战。但其军中的摄津源氏的源赖政等人却好像有离去之意，源义朝想斩杀他们，又因为大战将至，不宜起内讧而作罢。

平清盛讨得讨伐源义朝、藤原信赖的旨意之后，派遣平重盛、平赖盛率军三千攻打皇宫。藤原信赖见平家武士来势汹汹，吓得不战而逃，源义朝见状急忙惊呼："吾儿恶源太①何在？"

只见源氏军队之中，源义平一马当先，大喊着："穿着大铠骑着白色骏马的就是平重盛，生擒此人！"平重盛一方也激励军队道："年号为平治，此地为平安，我等为平氏，这是上天在护佑我们！"随即与源义平大战。但源义平的凶悍不是贵公子平重盛所能匹敌的，没多久平重盛就被逼退到了大宫巷之中。平重盛也算一条好汉，整顿军队再度朝着源义平杀去。

源义平朝着平重盛喊道："你和我乃是源平两家的长子，不如前来决一死战！"平重盛率军与源义平交战，再度不敌败走。平重盛虽然不敌源义平，但其武勇却不可否认。据说平家一族的平家贞目睹双方的大战，对着平重盛连连称赞道："真乃平将军（伊势平氏之祖平贞盛）再世也！"

与此同时，平赖盛攻打皇宫郁芳门，却遭到源义朝的阻击。源义朝及其手下十分善战，尽管人数处于劣势，却依旧将平赖盛击退。源义朝担心平家的军队会越来越多，便命令全军追击平赖盛。同时源义平也率领十六名武士朝着平重盛杀去，这十六名武士之中，既有后来从属于平家的斋藤实盛，也有从属于源赖朝的上总广常、三浦义澄等人。

平重盛不敌败走，在家臣与三左卫门景安同新藤左卫门家泰的护卫下逃走。源义平与镰田政家率军追击到二条堀河即将追上时，源义平的马匹却折了腿摔倒。镰田政家举弓朝着平重盛放箭，却因距离太远、平重盛铠甲坚硬而没有造成致命伤害。

源义平朝着镰田政家大喊："射马！"镰田政家朝平重盛的马射了一箭，

① 恶源太指的是源义朝的长子源义平。源义平十五岁的时候，曾与自己的叔父源义贤在镰仓交战并最终斩杀了叔父，因此被人称为"镰仓恶源太"。源义平同自己的另一个叔父源为朝一样好勇斗狠。早在平清盛返回平安京之时，他就曾向藤原信赖建议前往安倍野设伏攻打平清盛，趁机将其击杀，可惜藤原信赖和当年的藤原赖长一样，只是个空谈家，否决了源义平的提议。

平治之乱

平重盛从马上跌落，连头兜都摔落在地。镰田政家想趁机上前斩杀平重盛，却遭到与三左卫门景安的阻击。源义平也赶上前去，举刀刺向与三景安。新藤左卫门家泰也赶了过来，扑向源义平，与源义平、镰田政家厮打在一起，平重盛趁机脱逃。

平赖盛与平重盛的后退只是平家的调虎离山之计而已。源氏军队一离开，平家军队立即占领了皇宫，使得源义朝退无可退，只能朝着六波罗府进攻。源义平见摄津源氏出身的源赖政率军踌躇不前，大怒道："源赖政首鼠两端，观望胜败，不可不先攻打他！"随即率军攻打源赖政。源赖政不是对手，转而投靠了平清盛。源义平乘胜追击，攻入六波罗府门内，却遭到平清盛亲自率军阻击，败下阵来。

按《平治物语》的记载，源义朝当时手下的军队不过两千余人，而此时源赖政、源有房、源光泰、源光基等人均已脱离了，源义朝已是强弩之末，其败亡只是时间问题了。源义朝想与平清盛拼个鱼死网破，镰田政家却劝他返回关东，另谋大计，源义朝不得已，只得同意。

返回关东途中，源义朝途经延历寺。延历寺派出三百余僧兵想趁火打劫，杀死源义朝以便邀功。斋藤实盛灵机一动对僧兵们说："我等是诸国应招的武士，现在源义朝战死，我等想逃亡回国，你们杀了我们又有何功？要是想抢劫武器铠甲，我们可以全交出来。不过你们人这么多，只怕不能人人有份。不如我丢给你们，你们谁抢到了就是谁的。”随后，斋藤实盛将铠甲丢在地上，僧兵们果然上前哄抢，源义朝等人趁机骑马逃走。

藤原信赖也追上前来想要依附源义朝，却被源义朝大骂一通赶走了。

第四节 源氏末路

源义朝一行继续东行，又遭到了横川僧兵的阻击。僧兵们箭如雨下，源义朝的叔祖父源义隆中箭而死，源朝长也身负重伤。

到了势多，源义朝对手下的武士们说道：“此行一路凶险，不宜聚众，你们还是各自逃去，我等在关东再会！”斋藤实盛等人这才散去。到了美浓国，源义朝与儿子源赖朝走散，为了东山再起，源义朝命令儿子源义平、源朝长等人前往各地募兵。

源朝长离开不久又返回，源义朝以为他怕死，大骂道：“源赖朝虽然年纪比你小，但却不会像你这样软弱，你还是待在我这里吧！”没想到源朝长说：“儿子实在是伤势过重，如果被追兵捕捉，必定会让父亲蒙羞。我希望能死在父亲刀下，这样父亲东行也可没有后顾之忧。”

源义朝听了儿子之言，不禁潸然泪下：“我还以为你是因为怯懦才返回，现在你这么说，真不愧是我源义朝的儿子！”在源朝长的要求下，源义朝拔刀杀死儿子，将自己的一件衣服盖在源朝长的尸体上。

尾张国的长田庄主人长田忠致是镰田政家的岳家，源义朝等人来到此地，准备请求借一些马匹与铠甲前往关东。平贺义信认为长田忠致虽然有钱有势，却是个趋炎附势之徒，不可仰仗。但源义朝别无选择，执意沿水路前往。

僧人源光与源义朝有姻亲关系，他将源义朝、镰田政家等人藏匿在船里，又找来了木柴盖在上面以求躲过平家军队的搜捕。船至折津被平家的军队拦住。平家的武士朝船放箭，强行阻拦，又上船搜索。源光担心源义朝被俘受辱，

源朝长之墓

便有意让源义朝自裁。他故意对着平家武士说道：“如果源义朝败亡，其跟随者肯定不下数十人，怎么会依附我这么一个老僧，像老鼠一样躲在运送柴火的船中呢？即便他在这里，也不会被你们捕获，肯定是选择自杀。”

源义朝听了，偷偷对镰田政家说道：“源光这是劝我去死啊。”

镰田政家则小声回道：“不急，先看看情况。”

平家的武士没有搜到东西，便放源光的船离去，源义朝这才逃过一劫。一行人抵达长田庄后，长田忠致款待了他们。源义朝提出要借马匹与铠甲奔赴关东，长田忠致则提议说，马上就是元旦了，不如多留几日，等新年后再走也不迟。主人盛情难却，源义朝便打算多留宿三日。可是他们不知道长田忠致已经在密谋杀害源义朝等人了。

在留宿的第三天傍晚，源义朝进浴室洗澡，长田忠致埋伏了三名武士刺杀他。源义朝击倒一人，却被另外两人刺死。此时镰田政家正在与岳父一家喝酒，听闻有变，立马惊起，倒酒的人拔刀想杀死镰田政家，反被镰田政家夺过刀杀死。趁着这个当口，长田忠致之子长田景忠在镰田政家背后拔刀斩去，将其杀死。

源义朝与镰田政家的首级很快就被砍下，送往京都示众。

源义朝的长子源义平奔赴北陆征兵，到飞驒国时，已经召集了一些人马。源义朝在尾张国被杀的消息传来，源义平身边的军队纷纷散去。源义平于是决定返回京都刺杀平清盛。

源义朝有个旧臣志内景澄，平日因为身份低微不被人注意。源义朝败走后，志内景澄在平家属下服侍，等待时机。待源义平返回京都，志内景澄便让源义平冒充自己的家臣作为杂役，并带他出入六波罗府。二人租住在三条乌丸宅，宅子的主人见源义平举止不凡，又见志内景澄吃饭时常将好菜让给他食用，心下怀疑，便偷偷将此事报告给了六波罗府。

平清盛得知此事，料定此人定是源义朝的郎党，派遣难波经房带兵三百前往捉拿。但源义平武艺超凡，砍杀数人翻墙逃走，志内景澄被平家武士捉拿。平清盛大骂他心怀二志，志内景澄反驳说："我家世世代代侍奉源氏，暂时侍奉你不过是为了等待源氏复兴，你自己管理疏漏让我混进来，凭什么辱骂我？"愤怒之下，平清盛下令将志内景澄斩首。逃出三条乌丸的源义平本想前往近江国投奔旧人，却被难波经房捉住，送往六条河原斩首。临死前源义平大骂道："要是藤原信赖听我的在安倍野埋伏军队，尔等平奴哪会有今天！"

源义平像

平治之乱的罪魁祸首藤原信赖被源义朝抛弃后，前往仁和寺请求后白河上皇赦免。后白河上皇念在藤原信赖曾是自己的宠臣，写信给二条天皇，请求赦免藤原信赖死罪。二条天皇不为所动。后白河上皇二度派出使者，使者刚刚出发，平家的武士就包围了仁和寺，当着后白河上皇的面抓走了藤原信赖。

平清盛的长子平重盛问平清盛："这种懦弱的人，赦免他又有何妨？"平清盛回答说："藤原信赖乃是叛乱的首恶，上皇想赦免他，陛下尚且不听，我怎敢再上书！"

藤原信赖也被送往六条河原斩首。临刑前藤原信赖哭着求平重盛救自己，赖在地上不起，行刑的武士将他摁住，拔刀直接抹了他的脖子。而坚定的二条天皇党、参与过平治之乱又弃暗投明的藤原经宗与藤原惟方，则在战后被捕并遭到流放。

至此，由藤原信赖和源义朝掀起的平治之乱算是结束了，可是平清盛的路，还长着呢。

第五节　平家抬头

保元之乱中，摄关家藤原氏与河内源氏元气大伤。平治之乱中，藤原氏的公卿、天皇、上皇都受到了影响。唯一坐享两次政变利益的便是以平清盛为首的伊势平氏。通过这两场规模不算太大的战乱，平家坐稳了当今朝廷第一家族的位置。

据说在战后杀入皇宫的平清盛，拿着自己交给藤原信赖的名簿打趣道："昨天才给他的，今天就拿回来了！"此时在平治之乱中与父亲源义朝失散的年仅十三岁的源赖朝也被捉拿，送往六波罗府。平清盛原本也要杀死源赖朝，但平清盛的母亲池禅尼却向平清盛求情，说源赖朝长得很像自己已故的儿子平家盛，希望平清盛放源赖朝一马，平重盛与平赖盛也帮忙求情。平清盛不同意，池禅尼放下狠话说："要是你父亲还在世，怎么会轮到你来羞辱我！”无奈之下，平清盛饶过了源赖朝，将死刑改为流放。

不过这种说法并不可靠：源赖朝是河内源氏嫡流继承人，其重要性不言而喻，怎么可能仅仅因为他长得像故人就放过他呢？实际上，源赖朝一直以上西门院藏人的身份侍奉上西门院，而池禅尼与上西门院关系甚好，她向平清盛求情很可能只是传达上西门院的意思。上西门院乃是鸟羽天皇的次女、后白河天皇的母亲，平清盛可以不给继母、兄弟、儿子面子，但是上西门院的面子可不能不给。

僧兵

除了源赖朝外，平清盛还俘获了源义朝的小妾常盘御前以及她的三个儿子。常盘御前貌美，平清盛将其纳为自己的小妾，并赦免了她的三个儿子。众人力劝平清盛不可，平清盛却反驳说，之前连源赖朝都赦免了，这几个幼子算什么呢！常盘御前最小的一个儿子牛若丸身材矮小，皮肤苍白，并且有些反齿[①]。他被送入鞍马寺出家，元服后取名源义经，在源赖朝举兵时前往投奔，为镰仓幕府的建立立下了汗马功劳。

永历元年（1160），平清盛叙任正三位参议，这是武士晋升为公卿的首例。永万元年（1165），二条天皇病逝。“南都”兴福寺和“北岭”延历寺开始兴兵互相攻伐。僧兵桀骜，日本历代天皇都头疼不已。曾经的枭雄白河天皇就曾说过：世间只有三件事对自己来说不如意，“一是双六（一种赌博游戏），

① 俗称地包天。

二是贺茂川的洪水，三便是山法师[1]”。

佛教自从传入日本后就受到朝廷的追捧，并逐渐形成了自己的势力。当初桓武天皇迁都的一大原因，便是旧都奈良京的佛教势力过于强大，那些僧人平日除了吃斋念佛外，时常掳人妻女，互相争斗，甚至参与政事——抬着神轿进京抗议，谁要是敢阻拦，便是与佛祖为敌。

此次南都北岭召集僧兵争斗，本与京都无关。但此时京都却盛传南都北岭响应后白河上皇的密旨，准备兴兵讨伐平家。对于这种谣言，平清盛并未回应，他直接在六波罗召集了平家的军队，修筑防御工事。此举吓坏了后白河上皇，他亲自前往六波罗府向平清盛解释，平清盛却躲进屋子，称病不出。后白河上皇只得先返回宫中。回宫后，他对近臣藤原西光说：“这谣言不知道是谁传出来的，此言一出，整个平安京都动摇了。”藤原西光见平清盛如此骄横，气愤地说道：“上天不能说话，才让百姓代言。连上天都怨恨骄横无礼的人，这是平家灭亡的征兆！”

仁安二年（1167），平清盛叙从一位，出任太政大臣，位极人臣，可以带着卫队，乘坐车驾出入皇宫。平家一族领有日本六十六国中的绝大多数庄园与分国，而作为平清盛的嫡子，平重盛则从朝廷获得了在东海道、东山道、山阳道、南海道的追捕盗贼的权力，相当于授予其对国家的守护权。这表明朝廷承认平重盛作为平清盛的后继者以及武家未来唯一继承者的地位。

仁安三年（1168），平清盛病重，他辞去太政大臣之职，并出家入道，法号清莲，后又改称净海，因此也被世人称为入道太政。不过痊愈后，他继续一揽朝政，天下政令皆出其手。

总体而论，平家从兴盛到灭亡的过程中并没有被公卿化，他们一直都是武士团体。只是在此过程中，平家利用族内女眷与公卿、皇族结亲，力图将自身融入传统的朝廷、摄关以及院厅政治之中。

① 僧兵。

第六节　鹿谷的政变

平治之乱后迅速抬头的平家，长久以来都是公家的附属，此时却能凌驾于公家之上，贵族们自然对这个“暴发户”充满了敌意。在这一背景下，发生了“殿下乘合事件”以及“鹿谷事件”。

嘉应二年（1170），时任摄政的松殿基房在前往法胜寺参加佛会的途中，偶遇平重盛之子平资盛一行。按照礼仪，平资盛应下车行礼，可是骄横的平资盛却拒不下车，于是他的车驾被松殿基房的侍从毁坏，他本人也遭到辱骂。得知侍从羞辱的是平资盛后，松殿基房极为恐慌，连忙将动手的属下送往六波罗府谢罪。但平重盛却拒绝接受道歉，并且命令平家的郎党对松殿基房进行报复，袭击了松殿基房的车队。

其实，松殿基房与平家一门的对立由来已久，松殿基房的兄长是前摄政近卫基实，近卫基实的妻子是平清盛的女儿平盛子。仁安元年（1166），近卫基实患病去世，近卫家的遗产以及庄园大多被平盛子继承。平清盛趁着近卫基实病死的机会，以女儿平盛子为媒介，间接将摄关家的大多数领地置于平家的支配之下。而松殿基房作为摄关家的继承人，自然就与平家产生了对立。“殿下乘合事件”一方面说明平家在朝中骄横无比，另一方面也体现了即便是曾经一人之下万人之上的摄关家，在面对平家时也只有瑟瑟发抖的份儿了。

《平家物语》中说，平清盛知道朝中有人对自己不满，便找来了约三百名十四至十六岁的童子，作为自己的秘密特务组织“秃童”。这群少年留着齐耳短发，手执一枝梅花，穿着红色的衣服，即便出入皇宫也不需要通报姓名。他们潜伏在平安京各处，只要听到有人非议平家，就立即上报六波罗府，随后六波罗府便派出武士捉拿这些人。

这个故事很可能是基于王莽篡汉时期新朝的旧事而进行的创作，用以展

平重盛像

现平清盛独裁政治的腐败以及残暴不仁地行使政治权力的形象，传统贵族以此来表达自己对武士独裁统治的不满。

治承元年（1177），京城里又冲进了一群比睿山延历寺的和尚。他们从比睿山一路抬着神轿来到皇宫门前，想要硬闯皇宫“强诉”，要求朝廷流放公卿藤原西光的儿子藤原师高，因为藤原师高的儿子带着手下人侵犯了延历寺的分寺，还放火烧毁了几间屋子。后白河法皇（此时已出家入道）命令天台座主明云和尚劝说僧侣们和解却遭到了拒绝，于是不得已流放了藤原师高。

后白河法皇被逼流放了宠臣的儿子，心下自然不喜，藤原西光趁机向后白河法皇进言，要求将明云座主流放。平清盛的受戒礼由明云主持，两人关系甚好，以师兄弟互称。平清盛想上奏请求赦免明云，但后白河法皇却故意对其避而不见。

延历寺的僧兵们在明云座主流放途中设伏将其劫走。后白河法皇得知后十分愤怒，认为延历寺无视朝廷的法度和自己的院宣，便发出旨意令平家召集军队讨伐延历寺。但平清盛躲到远离京都的福原的别墅，拒绝接受院宣。就在这一年，平清盛的儿子平重盛、平宗盛同时晋为左近卫大将与右近卫大将。院厅的宠臣藤原成亲觊觎右近卫大将之职已久，却没想到被平宗盛抢去，自此便开始敌视平家。后白河法皇因为平家不服从院宣而极为不满，颁下密旨，命令检非违使别当藤原成亲召集兵马讨伐平家。

藤原成亲原本准备奉旨讨伐延历寺，他先是找来了藏人源行纲，劝其作为大将讨伐平家。源行纲出自摄津源氏，是比河内源氏还要正宗的清和源氏嫡流。藤原成亲允诺事成后让源行纲统辖天下兵马，又赠予源行纲五十匹白布作为军用物资。同时，藤原成亲又与藤原西光、式部大辅藤原章纲、检非违使平康赖、法胜寺住持俊宽等人在俊宽和尚位于鹿谷的别墅密会，商议讨灭平家。聚餐到酒酣饭饱之时，院中突然狂风大作，院子里的马匹受到惊吓嘶鸣不已，聚会众人受惊站起，不小心打翻了瓶子。藤原成亲笑着说道："今天是讨伐平家的第一战，平氏已经倒了（瓶子、平氏读音相似），真是令人愉悦啊！"

后白河天皇像

众人大喜，检非违使平康赖拿着瓶子站起身说："平氏的首级既然已经到手，应该弃尸街头，将首级挂在城门上示众。"于是他将瓶子挂在了屋子的横梁上。

藤原成亲建议说："祇园祭快到了，不如趁这天喧闹之时起兵，趁其不备纵火攻打六波罗府。"于是订下了以源行纲作为大将攻打六波罗府的计划。

源行纲看出这几个公卿成不了大事，佯装答应，随后偷偷骑马离开平安京，前往福原向平清盛举报此事。平清盛盛怒之下返回六波罗府召集军队，同时派出使者前往法住寺质问后白河法皇："藤原成亲想起兵讨伐我族，法皇大人知不知道？臣准备捉拿乱臣，调查此事。"

后白河法皇不知所措，许久才回了一句："朕不知情，卿宜自便。"

得此说法，平清盛便派出武士捉拿藤原西光审问，又派出使者召见藤原成亲。藤原成亲还不知道源行纲已经出卖了自己，一到六波罗府便被平家武

平清盛像

士拿下。平清盛命人将其关在六波罗府内的一间小屋子里，准备等他睡着再杀死他。平重盛是藤原成亲的妹婿，得知藤原成亲被捉拿，便前往查看。藤原成亲趁机让平重盛向平清盛求情。

在平重盛的斡旋下，平清盛召见了藤原成亲，指着他的鼻子骂道："当初平治之乱你原本也该斩首，因为重盛为你求情你才得以苟活至今。如今你位高权重，受领多处庄园，为何忘记旧日恩情，想要起兵讨伐我平家？上天也看不下去了，才将你交予我处置！你快老实交代罪行，还可饶你死罪。"

藤原成亲不敢抬头，低着头说道："我与入道大人素来无冤无仇，怎么会起兵讨伐您呢？这是谣言，请别相信。"

一听此话，平清盛更加愤怒，直接从怀里掏出藤原西光的供状，大声骂道："你还有什么脸再骗我？"随后将供状砸在藤原成亲脸上，命令手下武士将其拖出鞭打。

包括藤原章纲在内的企图讨伐平家的几人被打为企图谋反的乱党，藤原西光被斩首，俊宽与平康赖被流放至远方的小岛，藤原成亲则被流放到了备前国。后来平清盛觉得不解气，又让难波经远将藤原成亲杀死在流放地。这一事件被称为"鹿谷事件"。鹿谷事件之后，作为藤原成亲妹婿的平重盛在平家一门内逐渐隐退。

平家平定此次谋反离奇地顺利，因此，这件事的背后其实还可能隐藏着更深的阴谋。

此前藤原西光因为庄园领地的纠纷而与比睿山延历寺对立，在藤原西光的建议下，后白河法皇发出命令让平清盛以武力讨伐延历寺。然而平清盛却想回避与延历寺的冲突，因而做出了牺牲藤原西光的决定。鹿谷事件后，主要谋反者藤原成亲只判了流放，而藤原西光却被直接处死，因此有人认为“鹿谷事件”其实是平清盛自导自演的一出闹剧，他杀死藤原西光就是为了灭口，让事件的真相随着藤原西光的死一起被埋葬。

第七节　治承政变

鹿谷事件之后，后白河法皇的许多近臣都被平清盛清除，对平清盛敢怒而不敢言的后白河法皇极度厌恶平清盛的专权，开始向与平清盛不和的摄关家靠拢。

治承三年（1179）六月，平清盛的女儿平盛子病逝。平盛子本是前关白近卫基实的妻子，近卫基实死后，平盛子与儿子近卫基通相依为命，并在平清盛的支持下依旧领有摄关家的庄园。可是这一次，后白河法皇直接将摄关家的庄园所有权交给了关白松殿基房。七月，平清盛的嫡长子平重盛也因病逝世，后白河法皇随即没收了平重盛的知行地越前国，改由藤原季能出任越前守，平重盛所担任的中纳言之职也被松殿基房的儿子松殿师家接任。

后白河法皇与松殿基房，此二人本是平安时代以来长期困扰朝廷的两大势力，然而，此时院厅的“治天之君”后白河法皇却与摄关家因为武士的崛起而结成了同盟，反平家的势力逐渐崛起以后，集结到了后白河法皇以及松殿基房的身边。与此同时，一直与平家交好的延历寺与兴福寺也开始落井下石，政治立场逐渐由支持平家转向与平家对立。

院厅与摄关家的行动，让身在福原的平清盛感到了危机。仔细思量之后，平清盛认为与其坐以待毙，不如先发制人。当年十一月，平清盛在福原别墅召集了数千武士，浩浩荡荡地向平安京进发。

进京后，平清盛派儿子平重衡去面见高仓天皇，陈述朝中有人想对平家不轨。高仓天皇被平清盛的这一举动吓到了，当即派出使者安抚平清盛，随后便下令罢免松殿基房及其儿子的官职，任命平清盛的外孙近卫基通为关白。

而松殿基房知道平清盛率军进京，这位手无缚鸡之力、欺软怕硬的公卿吓得逃到后白河法皇的住所，哭着求后白河法皇救救自己。看着痛哭流涕的松殿基房，后白河法皇叹了口气："朕自己都不知道该怎么自保了，又如何救得了你！"

不过叹气归叹气，㞞还是不能㞞的。后白河法皇派法印和尚静贤前往平清盛处，说自己日后不会再插手朝政。静贤到达六波罗府后，向平清盛的家臣传达后白河法皇的旨意："近年来京师不宁，人心动摇，只有入道相国才是值得依赖的人。朕听说入道相国听信谣言对朕不满，因而率军进京。朕不知其进京所为何事，还是向朕陈述一下缘由，若是没有其他的事，还请罢兵返回吧。"

后白河法皇几乎在哀求平清盛罢兵。平清盛虽然挣足了面子，却还是躲在宅子里，拒不领命。到了日落时分，平清盛仍旧不见。静贤无奈，打算返回复命。就在这时，平清盛的儿子平知盛从里屋走出来，向静贤传达平清盛的话："臣自认为垂垂老矣，不能再在院厅里侍奉法皇大人了。"

松殿基房像

静贤听了此话，在离开时，突然对着屋内大喊道："即便是贤德的宰相名臣，也应该知道不管天有多高，都要弯着身子走路，不管地有多厚，都要小心碎步行走！”

高仓天皇像

平清盛听到此言，命人将静贤叫回，亲自出来会面，并对静贤说：“当初藤原成亲谋害我，是你察觉到异样，阻止法皇大人前往鹿谷，这是你的功劳，因此这次我才出来见你。保元、平治之乱时，我不顾一族生死，率军勤王讨逆，谁人不知？然而法皇大人却轻信近臣猜忌我族，甚至想灭我平氏一门。幸而我族天命未尽，得以逃过劫难。昔日重盛因功被赏赐越前一国作为知行国，并且说好世代世袭。现在重盛死去未到四十九天，其领地就被没收，敢问死者有何罪过？中纳言的官职空出，我多次为近卫基通请命出任此职，却被无视，如今反而让松殿师家出任。试问近卫基通作为宗族嫡流，拜任中纳言有何不可？法皇大人与近臣图谋害我，纵使我有罪，也该以功抵过。我现在年近七十，法皇却屡屡想要诛杀我，我尚不能自保，待我死后子孙如何能在朝廷立足？如今我老而丧子，一族衰弱，在世间苟延残喘，平重盛忠孝才行兼备却不幸逝世，法皇大人不但不安慰我，反而听信近臣谗言图谋我家。因此我才说出不想再侍奉院厅的话！”平清盛一边说一边抹眼泪，搞得静贤十分尴尬，只得安慰平清盛。

不过，平清盛显然不只是为了不吐不快，很快，除了松殿基房父子外，亲近后白河法皇的公卿贵族共有四十多人被罢免了官职。这次，与平清盛不和的弟弟平赖盛也在被罢免的公卿之列。

在将后白河法皇周围的公卿势力一扫而空后，平清盛的枪口最终指向了

后白河法皇。十一月二十日，后白河法皇被平清盛幽禁在鸟羽殿，法皇院厅也停止了行政运作，朝中大权形式上转移到了高仓天皇手上，实际上则由高仓天皇身后的平清盛一手把持。此事史称“治承三年政变”。

第八节　以仁王与源赖政

治承四年（1180）二月，高仓天皇让位给平清盛的女儿平德子生下的皇子言仁亲王，即时年仅三岁的安德天皇。世人都说平清盛此举是想要篡权。平清盛的小舅子平时忠说：“这有什么奇怪的？近卫天皇、六条天皇，不都是两三岁就登天子之位了？要是在唐国，周朝的周成王、（东）汉朝的汉殇帝、（东）晋朝的晋穆帝，要么尚在襁褓就登基，要么就是在太后怀里临朝听政，这都是常例，有什么好议论的？”朝中的大臣背地里都偷偷嘲笑道：“这些可不是什么好例子。”

安德天皇继位后，平家开始独霸朝政。但在平家一步一步登上高位之时，朝中的反对势力也暗流涌动。率先对平家举起反旗的是出自天皇一家的皇族，也就是后白河法皇的三子以仁王。

以仁王的母亲是权大纳言藤原季成的女儿藤原成子，藤原家世代都以天皇外戚的身份获得显赫地位，但此时已不复昔日的权势了，以仁王的地位自然便也随着母家的衰弱而越来越低。尤其是仁安三年（1168），后白河法皇与建春门院平滋子[①]所生的皇七子宪仁亲王继承皇位[②]——在平家势力的笼罩下，平家女眷产下的皇子明显更有继位优势。

以仁王年幼时曾经出家，是天台座主最云法亲王的弟子，当时他已被剥夺了皇位继承权。后来他还俗成为后白河法皇的妹妹八条院暲子内亲王的犹

① 平清盛正室夫人平时子的妹妹。

② 高仓天皇。

子[①]，八条院及八条院领成为其坚强的后盾，这使他具备了争夺皇位继承权的实力。

然而，治承三年政变后，安德天皇继位，以仁王不仅失去了继承皇位的可能性，还被平清盛没收了自己的城兴寺领，连经济基础也完全丧失。长久以来对平氏怀有不满又忍辱负重的以仁王，只有打倒平家，才有出头之日。

利用现有的检非违使、北面武士等军事力量打倒平家明显不现实，以仁王只能自己组织力量对抗平清盛。他选中的是摄津源氏出身的以摄津国渡边庄为据点的渡边一党栋梁源赖政。

源赖政在平治之乱时背弃源义朝，投靠了平清盛，成为平治之乱后能继续待在平安京的唯一的源氏势力。源赖政以和歌闻名平安京，时常出入八条院，参加和歌会，与精通和歌的以仁王相交颇深，因此以仁王在拉人共同讨伐平家之时，第一个想到的就是他。

按理来说，源赖政与平清盛的交情应该也不错，治承二年时，平清盛见源赖政年逾七旬，便特意上奏请求朝廷给源赖政加官晋爵，朝廷在得到平清盛的奏疏后，立即让源赖政叙任从三位的位阶。源赖政出家入道后，世人都称他为“源三位入道”。

不过与平清盛相比，平家的其他人对源赖政就不怎么样了。据《平家物语》记载，源赖政之子源仲纲有一匹名为“木下”的宝马，平清盛之子平宗盛多次派人来借马欣赏。

源仲纲知道平清盛心怀不轨，便婉拒了使者。源赖政得知此事之后，便对源仲纲说：“当今的世道，就算平宗盛不讨要，你也应该送给他，更何况他多次派使者来讨！”源仲纲只得将马交给使者。结果平宗盛借了马之后，在马身上烙了“仲纲”二字。有客人来请求看马时，平宗盛就大声呼唤下人道：“把仲纲牵来。”

源仲纲得知此事之后十分愤怒，一度想刺杀平宗盛后再自杀，源赖政也

① 指侄子、侄女。

源赖政像

因为儿子的遭遇而对平家越来越不满。他知道，在平家的统治之下，源氏出身的武士永无出头之日，只能继续依附平家，势必被天下人认为是平家的走狗。

以仁王正是看出了源赖政心中的怨气，才会选择源赖政作为自己的大将。

八条院暲子内亲王领下有庞大的皇室庄园，经济实力强大，她周边形成了一股独立的政治势力。以仁王利用八条院的关系组织了反平家的军队，八条院的藏人源仲家[①]日后也参加了以仁王的行动。

据《平家物语》记载，源赖政趁夜拜访以仁王在三条高仓的宅邸，请求拥立以仁王为主，举兵打倒平家。然而，源赖政此时已年过古稀且早已出家入道，平日里就是做做和歌而已，这种颐养天年的老人单独做出举兵的决定并说服以仁王加入，实在是匪夷所思。实际上，当时的公卿日记之中多有记载：以仁王决心举兵，源赖政仅作为一个参与者响应了以仁王。为什么《平家物语》要将举兵的首谋改为源赖政呢？大概是因为此次的举兵被称为“谋反”，而天皇家的人怎么能谋反呢？

① 源赖政的犹子、木曾义仲的哥哥。

第三章

／源氏举兵

DI-SAN-ZHANG

YUANSHI JUBING

YUAN PING
HE ZHAN

源平合战

——日本武士的崛起

第一节 以仁王的令旨

治承四年（1180）四月九日，以仁王向以源氏武士为中心的全国各地庄园、寺社发去了号召打倒平清盛一族的令旨。令旨是皇太子传达命令的文书形式，以仁王以这种形式发布命令，可见他已经视自己为下一任天皇了。

《平家物语》中记载，源赖政在建议以仁王举兵后，曾列举诸国的源氏武士，其中有如下几人：在京的源光信、源光基父子（美浓源氏，土岐氏之祖），熊野的源义盛（源为义的第十子，源赖朝的叔叔，后改名源行家），摄津国的多田行纲（摄津源氏嫡流，多田庄的主人），河内国的石川义基（河内源氏），大和国的宇野亲治（大和源氏）等；除了以上几人，还有近江国的山本义经、柏木义兼、锦织义高，美浓国、尾张国的山田重广、河边重直、泉重光、浦野重远、安食重赖，甲斐国的逸见义清、武田信义、加贺见远光、一条忠赖、坂垣兼信、安田义定，信浓国的大内惟义、冈田亲义、

以仁王像

平贺义盛、木曾义仲，伊豆国的源赖朝，常陆国的信太义教、佐竹政义，陆奥国的源义经等。

这则故事很可能是《平家物语》作者按后世的源氏谱系图创作的。《平家物语》中着重塑造了“东国之源氏”“西国之平氏”军事集团，自平治之乱后，平家刻意打压源氏武士集团，而上述源氏武士，都来自京畿或京畿以东，当时要么是在地方跟随分国的国司做事，要么是在庄园里做一些公事、杂事，其地位非常低微。

对平家心怀不满的源氏武士缺少的就是一面大义旗帜，若因自己遭遇不公而起兵，那么只会被平家与朝廷定位为谋反，并最终遭到镇压，而以仁王的令旨将平清盛定义为“朝敌”“反臣”，正好给了他们大义名分，因此他们才会举兵响应，并将战场从平安京扩大到了全国。

除了源氏武士以外，以仁王还打算将传统的寺社势力纳入自己麾下。平清盛与寺社的关系一直不错，但此时却出现了传统寺社势力大规模反对平家的情况，原因之一便是安德天皇继位后，退位的高仓上皇在平清盛的示意下，行幸与平家交好的严岛神社。而按照传统，退位后的天皇首次行幸要么前往贺茂神社，要么前往石清水八幡宫。平清盛打破常规的行为激怒了传统的寺社势力。以仁王在令旨之中，将平清盛称为“佛敌”，正好给了寺社势力一个举兵的大义名分。在后来京畿的战斗之中，延历寺、兴福寺等寺院的僧兵均活跃在战场上。

负责将以仁王的令旨传给东国各地源氏武士的是熊野的源行家。源行家本名源义盛，自称“新宫十郎”，是源为义的第十子、源义朝的弟弟、源赖朝的叔叔。源行家在治承年间，因为其姐嫁入熊野新宫别当一族而受到熊野家的庇护，后来又补任了八条院的藏人，因此与以仁王的关系也非同一般。八条院的领地有许多都是东国的庄园，源行家正好可以带着以仁王的令旨，假装前往东国办事。

在《吾妻镜》的记载中，源行家四月九日受命离开平安京，于二十七日抵达伊豆国北条馆。然而在《平家物语》中则记载，源行家四月二十八日化装成修行者从平安京出发，五月十日抵达伊豆国的北条馆，之后才给东国的武士送去了以仁王的令旨。虽然两书记载的时间稍有偏差，但是可以看出，大约在四月到五月之间，东国的源氏武士便已经收到了以仁王命令起兵的令旨了。

源行家像

因为以仁王广发令旨，五月初平家便得知了以仁王有谋反的企图。在《觉一本平家物语》的记载中，是熊野神社的权别当湛增将以仁王将要谋反的消息传给了平家，而在《源平盛衰记》中，告发以仁王的则是湛增的弟弟佐野法桥。

熊野神社的家系分为新宫别当家与田边别当家，湛增出身于田边别当家，而此时的熊野别当是新宫别当家的范智，以仁王一方的源行家便是在新宫家长大的。觊觎别当位置已久的湛增自然会选择站在平家的一方，再加上湛增的姐妹是平忠度的妻子，因此不管是湛增还是佐野法桥向平家告密，都不奇怪。另外，考虑到以仁王闹出的动静太大，牵涉的人实在是太多，因此除了湛增一家以外，有可能也有其他人向平家告发了以仁王。

五月十日，得到消息的平清盛率军从福原急急忙忙进入平安京，京畿的平家武士也纷纷奉命朝着京城聚集。此时情况危急，平清盛担心平宗盛的能力不足以应对局势，因此放弃了福原亲自前往平安京，足以见得平清盛是有多么重视以仁王的举兵。

五月十五日，平清盛操控朝廷将以仁王由皇族降为臣籍，赐名源以光，并下令将其流放到荒凉的土佐国。几乎在颁布诏书的同一时刻，平家以逮捕囚犯为由召集了检非违使厅中的官兵三百余人，前往位于三条高仓的以仁王的宅邸逮捕以仁王。

检非违使厅本是朝廷的令外机构，在这个时期已经完全被平家掌控，时任检非违使别当的乃是平清盛的小舅子平时忠，出任检非违使的武士也大多数是平家的家臣或者平家一族的郎党。不过令人感到不可思议的是，在这三百名检非违使的名单中，源赖政的养子源兼纲也赫然在列。在许多版本的《平家物语》之中，都特意强调，此时的平家还不知道源赖政也参与了谋反，因而才会召集源兼纲前来。而在《延庆本平家物语》中却记载，在平家追捕以仁王时，源赖政突然举起反旗进入了以仁王所在的园城寺，这时候源兼纲才得知了养父也参加了谋反，因此在这个时间点，源兼纲是很有可能也被蒙在鼓里的。

当检非违使们抵达三条高仓宫以后，发现以仁王并不在御所之中。按照以往《平家物语》通说所述，这是因为源赖政的嫡子源仲纲得知平家动向以后，偷偷跑到了以仁王那儿报信，随后以仁王便穿着女装化装成女子从御所里逃出。逃出御所后，以仁王先是经过近卫河原的源赖政宅邸，后渡过了贺茂川，又翻过了大文字山、如意岳等地再逃往园城寺。事实上，以仁王之所以能够成功脱逃，是因为以仁王得到了乳兄弟藤原宗信的帮助，与源仲纲的关系可能并不大。

以仁王出逃时，在三条高仓宫内留下了一名叫长谷部信连的武士，拖延检非违使。长谷部信连是源经基的八世孙，他曾经是后白河法皇院厅的北面武士，此时侍奉以仁王。在《平家物语》的记载中，长谷部信连面对持着逮捕以仁王宣旨的检非违使，拔刀迎战，接连砍翻十四五人后力尽被捕。平清盛感慨长谷部信连的善战以及忠心，特意放他一条生路，最终将他流放到了伯耆国。长谷部信连在此战中的武名远传，后来被梶原景时上报给了源赖朝，源赖朝便将能登国的一处庄园封给了他作为领地，从此长谷部一族便在此地

园城寺

长久地定居了下来。

以仁王逃走以后，平清盛的弟弟平赖盛奉命率领另一支队伍，朝着八条院的御所进发，逮捕了以仁王留在此地的六岁的儿子。这个孩子并未遇害，长大后出家入道，成为一代高僧，被称为安井僧正道尊。除了道尊以外，以仁王还有一个十六岁的孩子逃出了平安京，后来被称为北陆宫亲王，在木曾义仲上洛后，又被木曾义仲拥立为皇位的继承人，直到木曾义仲败亡。

第二节 以仁王起兵

五月十六日，园城寺的长吏圆惠法亲王传消息给平宗盛、平时忠，说以仁王正躲在园城寺之中。随后，平家向园城寺提出了交出以仁王的请求，但是园城寺的大部分僧侣却拒绝交出以仁王，并且砸毁了亲近平家的圆惠法亲王的屋子。园城寺的僧侣们大多反对平清盛以及平家，因此尽管圆惠法亲王尽力游说众僧，却没有起到什么作用，反而自己也遭到连累。

另一方面，园城寺虽然拥有许多僧兵武装，但是想要靠这些“僧兵”和平家的武士们对抗明显是不大现实的，因此，园城寺特意向南都兴福寺与北岭延历寺发去了牒文，请求南都北岭协助自己打倒平家，拥戴以仁王为主。

园城寺的牒文很快就有了答复——延历寺派出了三百余名僧兵前来助战，同时兴福寺僧众将在奈良起兵的消息也传到了京都。诸国的源氏武士——特别是离平安京较近的近江国的源氏武士集团，也都起兵加入了以仁王的阵营之中。

不过，这样一来，逮捕以仁王之事就从一件刑事案件变成平定谋反叛乱了。需要调集军队进行镇压。

五月二十一日，平家对园城寺下发最后通牒，如若园城寺拒不交出以仁王，平家的军队便会在两日之后攻打园城寺。

值得注意的是，在被平清盛召集参阵的军队中，除了平家一门的平宗盛、平赖盛、平教盛、平经盛、平知盛、平维盛、平资盛、平清经、平重衡等武士以外，居然还有源赖政及摄津源氏一党的军队，说明平清盛此时还不知道源赖政早就加入了以仁王的阵营中。同以仁王相比，源赖政就显得老辣许多了，以仁王谋反败露依然能够参与到平家的各项军事行动之中，对平家的动向了如指掌，直到平家军议的这天晚上，源赖政才烧毁了自己在近卫河原的住宅，举兵叛乱。

在日本早期的武士观念之中，烧毁自宅即是表达将放弃居住地前往其他地方作战，并且短时间内不会再回到原住所的决心。这种行为在日本被称为“自烧没落”，在后来的合战中非常常见，而最早做出“自烧没落”行为的武士便是源赖政。

烧毁了住宅之后，源赖政率领着五十余骑武士进入园城寺与以仁王会合，这五十余骑武士，有以源赖政嫡子源仲纲为首的源赖政一族，摄津源氏出身的渡边党，以及以源仲家为首的与八条院关系相当紧密的一批武士，剩下的少部分武士则是来自东国的亲源氏势力。

虽然平清盛大力打压源氏，但是也懂得扶持一个源氏出身的武将，将他们培养成听命于平家的源氏嫡流，以此达到控制源氏的目的，这和后来镰仓幕府时期掌控幕府大权的执权北条氏扶持源氏出身的足利氏相差无几。因此，此次平家政权之中唯一受到扶持的源氏武士举起反旗，对平家的打击可以说是非常之大。

当平清盛得知源赖政举起反旗并进入了园城寺之后，政治嗅觉敏锐的他立即感到了十分强烈的危机感，连一直以来在平安京受到自己善待的源赖政都对自己刀兵相向，更别提诸国的源氏有多仇恨平家了。于是，平清盛决定暂缓攻打园城寺的计划。此时的平安京里还流传着南都奈良的诸势力准备举兵上洛打倒平家的谣言，平清盛便命令平经正立即护送安德天皇行幸平家的西八条宅邸以防不测，一旦南都的军队杀上京城，平家就可以立即带着高仓上皇与安德天皇前往福原避难。

五月二十三日，平家重新召开了军议，准备与以仁王进行最后的决战。与此同时，以仁王也在园城寺召开了军议，源赖政认为援军何时到来尚不知道，远水解不了近渴，死守必定灭亡，不如离开园城寺灵活机动地出战，寻求胜机。随后，源赖政向大家说明了自己的声东击西计划：先派出部分军队佯攻后白河法皇的山科御所，在此地放火，等平家军队前来后，主力趁机攻打空虚的六波罗府，端掉平家的老巢。

不过，源赖政的计划是否合理我们已经无从得知，因为他根本就没有实施的机会。由于以仁王谋反的参与者中龙蛇混杂，大家的意见都不统一，到天明时军议还没有结束，最终只得放弃夜袭六波罗府的计划。从后来以仁王一方一直处于被动来看，无论源赖政的计划能否成功，当时的会议都是以仁王一派想要取胜的唯一机会。

参与以仁王举兵的最大势力并非源赖政这些源氏武士，毕竟京畿是处于平家的控制之下，而能在平家的眼皮子底下存活的军事力量，除了自己人就只剩下寺院里的僧兵了。而僧兵之中，又以北岭延历寺与南都兴福寺这两家寺院的势力最为庞大，不过兴福寺远在奈良，因此以仁王能寄予厚望的只有在平安京附近的延历寺。不得不说，延历寺里同情以仁王的僧人还是占大多数的，并且这些僧人中又有许多一直对平家采取不合作的态度。不过，以仁王能想到的事，平清盛也能想到，大战在即，平家不想延历寺插一手，便临时抱了抱佛脚。按《源平盛衰记》中的记录，平家向延历寺寄进了两万石大米、三千匹绢布等物资。五月二十四日，与平清盛关系甚好的天台座主明云又亲自前往延历寺，劝说众僧不要支持以仁王。

延历寺本来是准备派出僧兵增援以仁王的，结果拿了人的手短，吃了人的嘴短，便将此事搁置一旁了。不光如此，高仓上皇还向延历寺发出了讨伐以仁王的命令，这导致连在园城寺中的众僧中都出现了以仁王此次举兵名为打倒平家，实则是谋反的声音。两军还未交战，以仁王一方的战意就开始动摇，战斗力自然也大打折扣。平清盛通过一系列高超的政治手段，将大义名分牢牢掌握在平家的手中，击碎了以仁王与源赖政将园城寺、延历寺与兴福寺三寺僧兵集结到麾下的美梦，以仁王的兵力陷入劣势。

此时的以仁王与源赖政方才意识到在京畿与平家对抗是多么的幼稚了，以现在的军队，根本无法抵挡平家大军的进攻。五月二十五日夜晚，源赖政护卫着以仁王，与兴福寺前来的僧兵会合，朝着最后的希望——平城京奈良逃去，一旦逃到了大和国，至少能保存住反平家的火种。

然而，平家也不会眼睁睁地看着政敌逃跑，以仁王与源赖政在宇治川边的平等院休息时，平家的军队追了上来，双方随即展开合战。此战中，不擅长武艺的以仁王竟然六次从马背上摔下，这位不靠谱的亲王反而打击了自己军队的士气。

《平家物语》中记载，这场合战中平家的军队是由平知盛、平重衡率领的两万八千余骑武士，但实际上此时平家大军并没有悉数赶到，追上以仁王的仅有伊藤忠清、伊藤景家等率领的三百骑先阵军队。

第三节　宇治平等院合战

为了弥补兵力的劣势，源赖政命人将宇治桥上的桥板拆除，据桥防守，与平家隔河对峙。平家的追讨军几次想要强行踩着宇治桥的骨架向对岸进攻，却都被以仁王一方挫败，许多武士跌落下水。这场特殊的战斗被后世称为“桥合战”，其闻名的不仅仅是只剩骨架的宇治桥，还有许多善战的僧兵。《平家物语》中描述，除了源氏的武士以外，诸如筒井寺的净妙法师、园城寺的一来法师、五智院的但马法师等僧兵也都活跃在这场合战中：净妙法师引弓搭箭射杀了许多平家武士，在弓矢用尽后，又持着薙刀跃上桥架斩杀十余人；一来法师也跃上宇治桥桥架，与净妙法师一同抵抗平家武士的进攻，二人共斩杀了八十余名武士；五智院的但马法师以薙刀左右击飞射来的箭支，还杀死了数名挑战的平家武士，被后人称为“截箭但马”。这虽然可能是《平家物语》的夸张描写，但却也是源平合战中难得一见的僧兵作战姿态的记载，令人印象深刻。

平家军队遭到抵抗无法过桥，准备采用迂回战术，绕远路进攻敌军。就在此时，追讨军中由关东来的武士足利忠纲打破了僵局。足利忠纲时年十七岁，向伊藤忠清提出将马匹并排排列成“马筏”渡河，并率领足利党的武士率先渡过宇治川。《延庆本平家物语》中写到，足利忠纲等人将较强壮的马匹排在上游，而将弱小的马匹排在下游，随后肩并着肩，手拉着手，众人分别互相抓住弓的两头以保持队形，就这样渡过了宇治川。

足利忠纲是下野国的武士足利俊纲之子，足利俊纲当年获罪被没收了足利庄，后来上京申诉，由平重盛主持将足利庄归还给了足利俊纲，也正是因此足利俊纲一家才开始效忠于平家。此足利氏与前文的参加保元之乱的源氏足利义康不同，他们是当初讨伐平将门的藤原秀乡的后裔，世世代代以下野国的足利庄作为自己的领地，因此以足利为苗字。

而河内源氏出身的源义国早年因为犯了罪，因此与次子源义康前往依附有着姻亲关系的足利氏，便也以足利作为苗字。到了源义康之子足利义兼的时候，支持平家的藤原流足利氏遭到了源赖朝的讨伐，没收的足利庄被赏赐给了足利义兼，因此从足利义兼开始源氏足利家才算是真正诞生。与足利氏类似的还有源平合战时的畠山氏，畠山氏原本是桓武平氏出身，在畠山重忠遭到北条氏的讨伐以后，平氏畠山氏灭亡，而畠山氏的领地被封给了足利义兼的儿子足利义纯，足利义纯后来也改苗字为畠山，开创了源氏畠山家，源氏畠山家的后人在室町幕府时期更是成为“三管领”之一。

值得一提的是，足利忠纲的“马筏”战法并不是首创，而是他从关东的一名武士那儿学来的。传授足利忠纲这个战法的人，名字叫作新田义重，即上文提到的足利义康的哥哥，新田氏没有和父亲源义国前往下野国，而是继承了祖产新田庄。新田义重的爷爷就是前文参加了“前九年、后三年之役”的源义家，并且，此人还有个七世孙新田义贞，是日本南北朝时期建武朝廷的重臣，甚至在战国时代，枭雄德川家康也自称是新田义重的子孙。

宇治平等院合战

早先还在关东的时候，足利忠纲的父亲足利俊纲与秩父重能不和，双方发生冲突，于是，足利俊纲便向邻近的新田义重求援。当新田义重率领五百骑武士抵达利根川时，发现船只都被敌军给破坏了。这时候，新田义重对着手下说道：“男子汉大丈夫一诺千金，既然答应了足利大人的增援请求，要是就这样因为没有船只徘徊不前，导致足利家战败，那我们还有什么面目自称是武士？与此相比，我宁愿淹死在河里，以保存我的武名！”随后，新田义重纵马下河，以这种“马筏”的渡河方式渡过了利根川。

接着说宇治川这边的情况，追讨军看到足利忠纲渡过了宇治川，便也都依照这种方法过了河，攻到了平等院的门前。此时尽管源赖政奋力抵抗，但也已身负箭伤，精疲力竭，他对着以仁王说道：“大势已去，大王速速前往奈良，依附兴福寺去吧。恕臣不能远送，在此与大王诀别。”

以仁王听后便呜咽着离开了，而源赖政则回首骑着马射杀追来的平家武士，待到弓矢射完以后，源赖政又进入了平等院的御堂，脱下了甲胄端坐在其中，拔刀自尽，其子源仲纲也在父亲的遗体边自尽而亡。

从兴福寺留下的文书里得知，源赖政的其他儿子与源仲纲的儿子们都逃往了大和国的吉野山附近藏匿，可以看出，宇治川的合战后，平家对源赖政一族下达了追捕命令。

大和国的吉野，因古代日本发生的“壬申之乱”而闻名，当时还未成为天武天皇的大海人皇子在“壬申之乱”发生之前就前往了吉野，最终以此地为根据地叛乱并取得皇位。正是因此，大和国成了反抗当权者之人的圣地，在平治之乱后源义朝的遗子源义经等人也是逃往大和国，而后世的后醍醐天皇更是在出逃京都后于吉野建立了南朝，开始了日本的南北朝时代。再加上大和国的重要势力兴福寺向来反对平家，因此平家对大和国抱着非常强的警戒心。

此时的以仁王正在前往大和国依附兴福寺的途中，可是这位王爷不擅长骑马，虽然源赖政等人以命相搏换取时间给他逃命，他依然在山城国相乐郡

兴福寺

的光明山寺被伊藤景高率领的军队追上，随后被伊藤景高一箭射落马下，由以仁王与源赖政为主导掀起的谋反就此宣告结束。

然而，以仁王之死其实疑点重重，在当时人们就对以仁王是否在前往南都兴福寺的路上被平家追上并杀害争论不休。比如《玉叶》[①]、《山槐记》[②]中就有类似的记录：在平等院中士兵发现的自杀的尸体其实有三具，其中有一具尸体的首级不知所踪，因而士兵便推测此即是以仁王的尸体，但是实际上直到这年年末，朝廷都无法确定以仁王是否身亡。因此，许多反感平家而又同情以仁王的武士们，从次年开始编造了以仁王尚在人世的消息，以此为契机，许多反平家的势力都开始蠢蠢欲动，使得这场内乱愈演愈烈。

① 九条兼实的日记。

② 中山忠亲的日记。

第四节　以仁王起兵的意义

作为“源平合战”的开端，“以仁王举兵”的意义远不仅如此。此次叛乱虽然以平安京附近非常有限的地域作为舞台，但是许多东国的武士却都加入了战局之中。例如平氏一方的东国武士代表，便是下野国足利庄的武士足利忠纲。在此次合战以后，足利忠纲因为率先渡过宇治川受到伊藤忠清的大力褒奖，借此机会，足利忠纲提出要获得上野国新田庄作为奖赏。新田庄的所有者就是前文的新田义重，新田义重虽然是源氏宿老，但是自从平家掌权，他的境况也是一日不如一日。

既然不是自己的东西，平清盛当然一点也不心疼，很爽快地就答应了足利忠纲。然而，这一次封赏却因为赏罚不均而引发了足利氏一族的吵闹，最终惹恼了平清盛，被他给取消了。在这个时期，地方的武士集团结构远不如后世那般成熟，十七岁的足利忠纲想借此次机会夺得足利氏武士集团的领导权，却遭到了一族武士的抵抗，这才引发了一族的争斗。同时，从足利忠纲此次所要求的封赏中也可以看出此人的野心，在《平家物语》的记述中，参加宇治川合战的武士有许多上野国武士，如那波、佐贯、大室、山上、深津等家族，这些上野国的武士团大多像新田义重一样与足利氏有着同盟的关系。而足利忠纲提出想要上野国领地的原因，大概就是想将足利氏的势力拓展到上野国，并在这些上野国的武士团中确立自己的上位优势。

在《觉一本平家物语》的记载中，从属源赖政的反叛军中有一员名为下河边清亲的武士同样来自关东，乃是以下总国下河边庄为据点的下河边氏一族出身，他在源赖政自杀之后，将源赖政的首级藏在了御堂的床下。在描写“永享之乱”的《永享记》里，记载着源赖政的郎党下河边行吉将源赖政的首级送往关东下河边庄，最终在古河建立了赖政神社的逸话，由此可以看出下河边氏与源赖政有着很深的关系。按照现在的推测，二者的关系主要有两点：

其一，下河边庄也是八条院领下的庄园，因此才会在以仁王举兵时随同以仁王作战；其二，源赖政的父亲源仲政曾经担任过下总守，双方可能因为这层原因曾缔结过主从关系。

在《吾妻镜》之中，同样也有着下河边一族的武士下河边行平将以仁王举兵的计划告知源赖朝的记载，这则是因为他们同属反平家阵营的缘故。

除了下河边氏，在《源平盛衰记》的记载中，源赖政的知行国伊豆国的武士工藤四郎、工藤五郎也都在这次举兵中加入了源赖政的军队。与以仁王一起被平家讨取的僧人律上房日胤，则推测是上总国有力的武士团千叶氏一族出身。

因此，以仁王的叛乱兵虽然看似只有反叛军与追讨军这样简单的构成，实际上却可以以小观大，看出许多隐藏在其中的矛盾。关东武士的参与，使得这次叛乱在日后演变成为全国规模的大战乱，而像类似足利忠纲这样从属平家的关东武士，之后也都被于关东称雄的源赖朝一一讨伐。

第五节　迁都福原

以仁王败死之后的五月二十七日，朝廷召开了处分此次支持以仁王举兵的园城寺、兴福寺的会议。此时，园城寺因为大力支持以仁王举兵并参与了合战，损失了非常多的僧兵，其麾下的僧兵武装力量已经不足以与平家抗衡。因此，这场朝议的主要矛头对准的其实是元气尚在的南都兴福寺。

会议上，公卿们就是否出兵兴福寺展开了激烈的争论，公卿藤原隆季提出："兴福寺支持以仁王谋反，应该派出大军讨伐他们。"

九条兼实则提出反对意见说："莽撞地派出军队攻打兴福寺是不可取的。"

这次会议争论得十分激烈，大部分藤原氏出身的公卿都对讨伐自己的家庙兴福寺抱着强烈的抵触情绪，而以藤原隆季为首的主张以强硬手段对付兴福寺的少数公卿，实际上都是受了平宗盛的指使。

平宗盛此时虽然已经获得了公卿的地位，但是武士出身的平家却仍然没有参加这种朝议的机会，因此平宗盛只得将自己的意见转达给亲近平家的公卿，让他们在朝议上提出与兴福寺决裂并派出大军讨伐的建议。然而会议的最终结果却是没必要这么鲁莽地攻打兴福寺，需要从长计议。

平宗盛像

另外一方面，平清盛的想法与儿子平宗盛的不同，他既不想与兴福寺这么快撕破脸皮，又担心不处分这些寺社会遭到他们的威胁，因此他便想着将后白河法皇、高仓上皇、安德天皇全都带往福原，以躲避兴福寺对平家的威胁。在以仁王与源赖政举兵之时，平安京就盛传平家准备将上皇与天皇迁移到福原的谣传，现在看来可能并非是毫无根据。

此时的平清盛早已将平家日常的政事交给平宗盛管理，但是在遇上这种重要的大事时依然还是由平清盛亲自做决定。他丝毫不顾及平宗盛一派想将平安京作为平家据点的打算，在六月一日做出了两日后带着后白河法皇、高仓上皇、安德天皇行幸福原的决定。然而次日，平清盛又突然将启程的日期提前了一天，当日便带着天皇们出发前往福原，这件事被后世称为“福原迁都”。不过，实际上朝廷并没有下诏迁都，皇族们诸如后白河法皇被带往平教盛的宅邸，高仓上皇前往平赖盛的宅邸，安德天皇则到了平清盛的宅邸里居住。

可以看出，所谓“福原迁都”不过是将天皇一族送往平家在福原的宅邸而已，其目的是为了更好地控制住皇族。与皇族相比，朝廷的一些行政机关以及公卿们的住所，都没有在福原确定下来。迁都毕竟是动摇国本的大事，虽然平清盛的确想躲开雄踞平安京多年的旧势力，营造新都城，但是新的都城却并不在福原，而是在福原附近的一个叫和田的地方。平清盛将皇族迁到此地，是效仿当年桓武天皇迁都平安京的先例。

将天皇一家子迁往福原以后，平家开始对在以仁王谋反时持支持态度的寺社进行追讨。六月十八日，位于福原的高仓上皇在御所中召开了评定，随后做出如下决定：园城寺的僧侣被禁止参加今后朝廷举办的法会，罢免二十七名园城寺僧人的僧籍，并没收部分寺社领地作为处罚。不过，上文说过园城寺在以仁王举兵中元气大伤，无力与平家抗衡，因此，此时真正能够对平家构成威胁的是南都兴福寺与北岭延历寺。

北岭延历寺先前已被平家以大量的金钱财物收买，而南都兴福寺的别当玄缘与平家的关系还算不错，因此兴福寺内部出现了选择与平家和平共处的呼声，双方也借此机会缓和了之前的紧张关系。然而，兴福寺大部分僧侣对平家的反感却不是这么容易就消除的，在这一年的年末，兴福寺又再度掀起了反抗平家的运动。

第六节　东国的源赖朝

在以仁王的举兵中有许多东国武士的影子，这体现了当时的势力分布以及地方的矛盾，以仁王举兵失败之后，许多东国的武士都遭到了追讨清算。不过，让以仁王、源赖政以及平清盛都没有想到的是，这次以仁王举兵所引发的联动事件敲响了平家的丧钟。

以仁王起兵之后，东国的武士或多或少都受到了以仁王的感召。此时，平治之乱后被平家流放于伊豆国的源义朝之子源赖朝正居住于伊豆国韭山附近的北条馆中。按《吾妻镜》的记载，治承四年（1180）四月末，源赖朝收到了以仁王的令旨，当时源赖朝特意身着正装，朝着石清水八幡宫的方向

福原平清盛怪异见闻图

遥拜行礼之后，才打开令旨阅读。

自从被流放伊豆国之后，平清盛命令当地的武士北条时政、伊东祐亲看管源赖朝。可没想到源赖朝长得俊俏，竟然在居住于伊东祐亲宅邸期间与伊东祐亲的女儿私通，还生下了一个名为千鹤的儿子。伊东祐亲得知以后惊慌不已，担心会引起平家的不满，便将这个外孙丢进河里淹死，同时连夜将女儿嫁出并派出武士追杀源赖朝。

好在伊东祐亲的儿子伊东祐清与源赖朝交情不错，得知此事后通知了源赖朝，源赖朝这才逃到了北条时政家里躲藏。然而，在北条家期间，源赖朝又与北条时政的女儿北条政子私通，定下了终身。

北条时政与伊东祐亲不同，他佯装不知此事，将女儿许配给了平家在伊豆国的代官山木兼隆。结果在许配的当晚，北条政子逃出了北条家与源赖朝私奔。

此时的源赖朝虽然是个被流放的囚徒，还受到平家麾下的武士的监管，但是在《曾我物语》《源平盛衰记》等书中却有源赖朝与伊豆国韭山当地的武士一起狩猎的记录。源赖朝为了让平家安心，经常静坐向佛祖祈祷。但是从他与当地武士一同狩猎的情况来看，源赖朝在伊豆国在厅官人北条氏的庇护之下，还是拥有一定程度的自由的。正是因此，身为囚徒的源赖朝在伊豆国期间，逐渐凝聚起了一股自己的势力，这些人日后大多成了源赖朝建立的镰仓幕府里的有力的御家人。

在这群亲近源赖朝的武士中，北条时政是至关重要的人物。北条时政与平家一样出自桓武平氏，不过在桓武平氏北条流的系图中，北条时政的父祖辈的事迹大多不详，只知道此人乃是“平忠常之乱”时与河内源氏的源赖信结成姻亲关系的平直方的后代。大概是因为这层世交的关系，北条时政才会特别亲近源赖朝这个河内源氏嫡流。

北条氏的根据地北条庄位于伊豆国的田方郡，“北条庄”中的“条”，指的是日本古代到中世纪期间郡、乡的一个土地区划管理制度“条里制”中的“条”。条里制大致就是将土地划分成一个个大正方形，又在大正方形里划出许多小正方形，这些小正方形里横列的单位即是“条”，纵列即是“里”，是一种非常细微的土地规划制度。从北条氏的领地来看，与后来的同僚三浦氏、千叶氏的关东武士团相比，北条氏在关东的势力并不算强。

在北条氏的系图中，北条时政的通称是北条四郎，而他的叔叔北条时兼以及北条时兼之子北条时定的通称则是北条介。北条介应当指的是北条庄的职役，这说明北条时政并不是北条氏的嫡流，而只是一支旁族支流而已。后

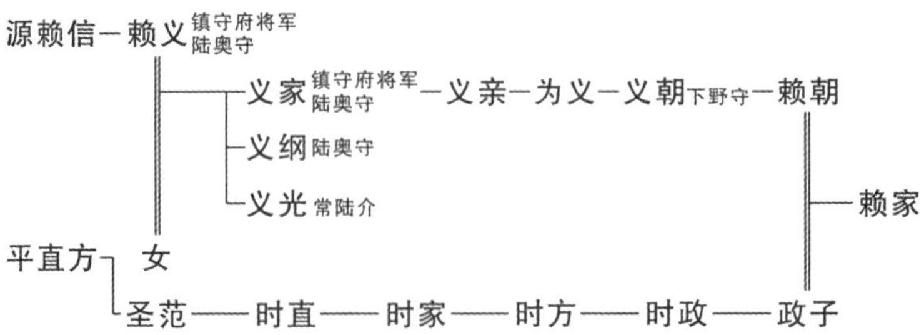

源赖信—赖义 镇守府将军 陆奥守
　　├义家 镇守府将军 陆奥守—义亲—为义—义朝 下野守—赖朝
　　├义纲 陆奥守
　　└义光 常陆介
赖朝＝政子 ├赖家
平直方┐ 女（＝赖义）
　　└圣范——时直——时家——时方——时政——政子

源氏、北条氏关系图

来北条时政通过与成为清和源氏嫡流的源赖朝联姻，变成武家栋梁幕府将军的外戚，又在源赖朝死后获得了将军“后见人”[①]的地位，北条时政这一脉最终在北条氏一族中获得绝对的地位优势，夺过了嫡流的位置。

除了北条时政以外，支持源赖朝的武士还有伊豆国的工藤茂光——他原本是伊势国的国人，因为杀害了平家的家臣后逃往伊豆国并依附于工藤氏的加藤景员、加藤景兼父子。在相模国，亲近源赖朝的武士则有在厅官人中村宗平的儿子、以足下郡土肥庄为根据地的土肥实平，三浦义继之子、以大住郡冈崎乡为根据地的冈崎义实等等；在武藏国，亲近源赖朝的武士有藤原北家出身的以“藤九郎”为称号的安达盛长；在武藏国比企乡居住的安达盛长的岳家、从源赖朝被流放前就开始服侍他的源赖朝的乳母比企尼，以及比企尼的养子比企能员；安达氏的同族、在源赖朝被流放期间结成主从关系的以武藏国足立郡作为根据地的足立远元等等。

要说源赖朝一介囚徒之所以这么有号召力，除了因为他出身于河内源氏嫡流，还与他的父亲源义朝早年在关东闯荡有着极大的关系，可以说这是平治之乱后源义朝留给源赖朝的唯一并且非常有用的遗产。

除了当地武士外，在朝廷里源赖朝也有着强大的支持者。源赖朝的亲信足立远元的女婿是后白河法皇的近臣藤原光能。尽管源赖朝被流放到了远离平安京的伊豆国，但是身为清和源氏嫡流的身份仍然在后白河法皇的院厅里有着一定的政治影响力，治承四年时的源赖朝，其实并不是孤家寡人。

不过，碍于源赖朝的身份限制，与当时平家在关东的武士团相比，源赖朝身边的武士团只是一股很小的势力。所以，在收到以仁王起兵的令旨之时，源赖朝并没有马上着手准备起兵的计划，毕竟不做准备就仓促起兵，只怕参阵的武士还没到达伊豆，自己就要被平家的支持者斩首示众了。

在源赖朝举兵之前，摄津国渡边党一族出身的武士，出家后在熊野修行的僧侣文觉法师曾催促源赖朝起兵反抗平家。文觉法师因获罪被流放伊豆国，

① 监护人。

《平家物语》卷五第十节《福原院宣》中写到，文觉法师试图用父子情劝说源赖朝举兵，他将源义朝的骷髅头拿出，对源赖朝说道:“这是你父亲的头颅，平治之乱后被埋在监狱前的地下，没有人祭奠，我觉得可怜，就求人让我将头颅带出，为你父亲祈求冥福。”

然而在《平家物语》中，文觉法师劝说源赖朝起兵是在源赖朝得到起兵命令以前，因此基本上可以确定，这段故事也是《平家物语》编造出来的。实际上，文觉法师与源赖朝的关系可以再深入一层去探究，从身份来看，出家之前的文觉法师乃是服侍上西门院的武士，与同样侍奉上西门院的源赖朝是同事关系。因此，文觉法师与源赖朝很有可能早就认识，文觉见源赖朝只是为了试探他的意愿。

同样在《平家物语》中，源赖朝在听了文觉法师的话后想:“这人说着（叫我起兵）这样荒唐的话，今后不知道还会惹出什么麻烦……”与《平家物语》的记载相同，实际上源赖朝在收到以仁王的令旨后，并没有实质上的举兵行动，而是不断地在犹豫踌躇，甚至直到最后起反抗平家的大旗时，他都不是自愿起兵的。

第七节　源赖朝起兵

在源赖朝犹豫是否举兵的时候，六月十九日，从京都的公卿三善康信那儿传来了一个紧急消息——三善康信的弟弟被派到了东国，秘密会见源赖朝，并通报了以仁王已经败死的消息，同时还劝说源赖朝最好前往奥州躲避平氏的追捕。

三善康信的母亲是源赖朝乳母的妹妹，因为这层关系，他和源赖朝一直都有联系，时不时将平安京发生的事通报给在伊豆的源赖朝。

不过，这件事有些奇怪，在这个时间点上，源赖朝并没有举兵的迹象，平家不可能无端在这种敏感时期攻击源赖朝。实际上，平清盛下令调集大军讨伐的东国势力并非是源赖朝，而是同样身在伊豆国的源赖政之孙源有纲。

源赖朝像

三善康信有些过于敏感，将平家派出的大军视为讨伐整个清和源氏的举动，向源赖朝传达了错误的信息。不过客观地来说，在平家与源氏的战争中，源赖朝这样一个清和源氏出身的河内源氏嫡流也很难作壁上观。即便此次平家的讨伐对象不是源赖朝，未来，在平家清除了以仁王举兵时的残余势力后，还是很有可能对源赖朝进行清算。

令平家没想到的是，发出征讨令之后，源有纲立即就离开了关东，逃往奥州躲藏。此时的奥州由前文提过的藤原氏统治，后三年之役后藤原氏便在奥州盘踞——那里是暂时还没有被平家势力渗透的地方之一。

收到错误信息的源赖朝感到了危机，他当即决定举兵打倒平家。六月二十四日，源赖朝命令亲信安达盛长、中原光家等人向河内源氏在东国的旧日家臣发去请求参阵的命令。源赖朝是一介囚徒，河内源氏嫡流与关东武士结成的主从关系成为源赖朝举兵的唯一依靠。

六月二十七日，源赖朝向刚从平安京返回关东的三浦义澄、千叶胤赖两人下达了参阵的命令。二十九日，平清盛的小舅子平时忠代替叛乱的源赖政成为伊豆国的知行国[①]主，平时忠的侄子平时兼出任伊豆守。不仅如此，平

① 知行国，又称分国，朝廷在一定时期内将一国的行政权交给特定的皇族、贵族等，使他们从该国获取租税等利益。

家的家臣山木兼隆成了平家在伊豆国的代官，同时获得了伊豆国武士势力的领导权。

伊豆国成为平家的直辖国后，平家在此地的势力更强，源赖朝必须加快举兵的步伐。但是，在源赖朝决定举兵后，却发生了许多意外。七月十日，安达盛长向源赖朝报告了相模国的波多野义通等武士拒绝响应起兵命令的消息。八月二日，平清盛深感东国局势的危急，虽然京畿也并不稳定，但是他仍然下令让得力家臣大庭景亲放弃在京都的工作，率领在京的东国武士立即返回关东，并委任他统率相模国的武士，兵锋直指在伊豆国的源有纲。

在《吾妻镜》的记载中，尾张国出身的武士长田入道（身份不明，推测是长田忠致的一族）将北条时政与源赖朝可能在密谋举兵的消息告诉给了大庭景亲，而大庭景亲则向平清盛通报了此事。可以看出，此番大庭景亲东下的讨伐目标虽然不是源赖朝，但同时也在监视以源赖朝为首的东国源氏武士。

源赖朝举兵的首要目标是平家在伊豆国的代官山木兼隆。这其实并不一定是源赖朝的意思，而是庇护源赖朝多年并在源赖朝举兵时大力支持他的北条时政所想要攻击的目标。

在平家的鼎盛时期，关东的有力武士团大多数是平家的家臣郎党，这些关东的武士团借着平家的显赫在关东作威作福，不断侵占邻近的庄园，扩大自己的在地势力。而在平家统治的大背景下，曾经与源氏结成过主从关系或者有着姻亲关系的武士，就成了这些平家郎党的攻击对象，双方的梁子因此结下。

对平家政权彻底失望的这些东国武士，期盼着有一天能够出现一个新的权威来代替平家的统治，统合关东大大小小的武士团，而源赖朝便是亲源氏武士们眼中的救世主。北条时政虽然是伊豆国田方郡的在厅官人，但是因为祖上与源氏有过往来，他与代官山木兼隆便无意中成了对立关系。不过，山木兼隆在伊豆的时间不久，再加上两家曾差点缔结姻亲，由此来看，与北条氏有矛盾的可能不是山木兼隆本人，而是山木兼隆背后的平家势力，山木兼隆不过是平家势力的代表而已。

北条时政只是想借着源赖朝起兵的机会，趁机打倒与北条氏对抗的势力。这场合战与后来源赖朝统一关东时的许多场合战相同，都与平氏、源氏的血缘出身没有关系，只是简单的利益冲突而已。

八月四日，为了做好攻打山木兼隆所居住的山木馆的准备，藤原邦通给源赖朝献上了自己绘制的山木馆的布局图。藤原邦通原本住在平安京，从小就受过良好的教育，擅长文学、艺能。他在来到伊豆国以后，受到当地武士的欢迎，又被安达盛长举荐，跟随了源赖朝。山木兼隆也十分喜欢多才多艺的藤原邦通，两人交情并不算浅，山木兼隆每次举办酒宴都会邀请这位“文化人”前来，藤原邦通便借着酒宴的机会观察山木馆的构造，画出了地图。

八月六日，源赖朝召来藤原邦通占卜起兵的日期，占卜结果八月十七日是源赖朝举兵的吉日。虽然后世都认为举兵成功与占卜的吉日有很大关系，是上天的支持，但所谓占卜，不过只是为鼓动参与举兵武士所施的一个障眼法。

八月十七日晚正是三岛神社举办祭礼的时间，山木兼隆必定会派出许多

源赖朝流放地遗址

武士前往神社守备，这也是山木馆的守备最为薄弱的时候。而十八日则是源赖朝照常举办放生会的日子，他可以借着举办放生会的名义召集家臣郎党，掩人耳目。因此，八月十七日这个举兵的日期并非什么占卜的结果，而是源赖朝与亲信经过深思熟虑后才决定的日子。

定下举兵日期之后，源赖朝依次召见了工藤茂光、土肥实平、冈崎义实、宇佐美助茂、天野远景、佐佐木盛纲、加藤景廉等武士，他在没有人的“闲所”一对一会见了他们，并将袭击山木兼隆的计划告诉了他们。

源赖朝并不完全信任这些人的忠诚，所以他才会以一对一会见的方式进行这次会谈，这样可以让这些人无法知道还有哪些人参与了举兵，避免出现叛徒被一网打尽。按《吾妻镜》的说法，举兵前夕源赖朝的身边能够真正接触到所有机密信息的亲信仅有北条时政一人，虽然《吾妻镜》是站在北条家的立场所创作的，可能有过于美化北条氏，但是按照源赖朝举兵前的局势来看，能详细了解源赖朝计划的人确实是不多的。

八月十二日，源赖朝给冈崎义实、冈崎义忠发去了动员令，确定了八月十七日攻击山木兼隆馆的计划。

第八节　山木馆合战

在《吾妻镜》治承四年八月二十日的记载中，源赖朝举兵伊始，响应他的武士如下：

伊豆国的武士：北条时政、北条宗时、北条义时、北条时定、工藤茂光、工藤亲光、天野远景、天野政景、天野光家、宇佐美助茂、宇佐美政光、宇佐美实政、新田忠常、加藤景员、加藤光员、加藤景廉、堀亲家、堀亲政、近藤七国平、大见家秀、那古谷赖时、泽宗家。

相模国的武士：土肥实平、土屋宗远、土屋义清、土屋忠光、冈崎义实、冈崎义忠、佐佐木定纲、佐佐木经高、佐佐木盛纲、佐佐木高纲、大庭景义、丰田景俊、中村景平、中村盛平、鲛岛宗家、平佐骨为重。

武藏国的武士：安达盛长。

出身不明的武士：七郎武者宣亲。

僧人：义胜房成寻。

官吏：中四郎惟重、中八惟平、新藤次俊长、小中太光家。

值得一提的是，在这些武士之中，佐佐木一族的佐佐木秀义在保元之乱、平治之乱均跟随源义朝作战。在源义朝死后，他又因为不愿出仕平家被剥夺领地，原本佐佐木秀义准备前往奥州，结果在相模国被当地涉谷庄的领主涉谷重国看中，留在此地做了上门女婿。八月十一日，从平安京出发前往关东地区的大庭景亲在相模国召见了佐佐木秀义，此时居住在下野国宇都宫的佐佐木秀义的长子佐佐木定纲正好前来相模国涉谷庄看望父亲，佐佐木秀义便让定纲立即前往伊豆国，将大庭景亲已抵达相模国的消息传给了源赖朝。

八月十三日，佐佐木定纲从源赖朝处返回相模国，准备带着弟弟们一同参阵，同时他还带着源赖朝请求涉谷重国参阵的书信，然而涉谷重国认为此次举兵凶多吉少，拒绝参阵，佐佐木定纲只得带着弟弟们前往伊豆国。此时恰好遇上大雨，奉命参阵的佐佐木一族迟迟没有抵达源赖朝处，吓得源赖朝以为他们是不是被长期服侍平家的涉谷重国给出卖了。好在八月十七日，佐佐木定纲终于带着弟弟们前来，让源赖朝吃下了一颗定心丸。

佐佐木一族在平家的统治下失去了领地，只能过着寄人篱下的生活，源赖朝看到佐佐木兄弟时不禁伤心得泪流满面：佐佐木定纲与佐佐木经高骑着羸弱的马匹，佐佐木盛纲与佐佐木高纲则因为贫穷买不起马匹，只能步行跟随。佐佐木兄弟的忠义与武勇在《吾妻镜》中被大肆宣扬，而这些优良品质也被他们的子孙所传承，他们日后成为日本赫赫有名的武士家族之一[①]。

① 日本战国时代的大名尼子氏、京极氏、六角氏等，都是佐佐木一族出身。

佐佐木一族参阵以后，源赖朝开始部署起兵计划。八月十七日夜晚接近次日零时之际，源赖朝命令北条时政与其子北条宗时、北条义时以及佐佐木定纲、佐佐木经高、佐佐木高纲等共四十人，朝着离北条馆约两千米左右的山木馆进军，佐佐木盛纲与加藤景廉等则据守北条馆，作为后备。

从北条馆前往山木馆有两条路可走，一条是牛锹大路，另一条是蛭岛小路。北条时政认为此时正值三岛神社祭典，牛锹大路人来人往，这么多戎装武士进军容易引人注目，走漏风声。而且要是军队走牛锹大路的话，出了北条馆还得往北走绕路，浪费时间不说，还容易失了战机，便提议走蛭岛小路。源赖朝则以为，这次攻打山木馆是举兵打倒平家、迎接源氏之世到来的第一战，应当走大路才够威风。况且蛭岛小路多沼泽，不利于骑马，虽然路程离得近，但是实际上进军速度可能还不如走大路，因此，源赖朝最终决定由牛锹大路进军。

进军前，源赖朝与北条时政约定，若是首战得胜，便燃起狼烟为号，若是首战失利，便派出使者通知源赖朝自裁。

北条时政离开北条馆后，派出了佐佐木一族进攻位于山木馆北边的山木兼隆麾下猛将堤信远的居馆，防止堤信远前来支援山木馆。偏军抵达堤信远居馆后，由佐佐木经高首发一箭，随后佐佐木一族才与堤信远交战。合战中，佐佐木经高身中流矢，幸亏兄弟佐佐木定纲、佐佐木高纲前来助战，斩杀了堤信远，救出了佐佐木经高。而在攻打堤信远居馆时佐佐木经高射出的这一箭，被《吾妻镜》称为“源平之战的第一箭”。

攻打山木兼隆馆的则是北条时政率领的军队，此时山木兼隆的郎党大多数都因为三岛神社的祭典而前往神社护卫，祭典结束后又留宿于黄濑川举行酒宴，没有返回，因此山木馆的守备十分空虚。尽管如此，防守方山木兼隆抵抗的激烈程度却大大超出了源赖朝与北条时政的预料，一时间北条时政陷入了苦战。

在北条馆等候捷报的源赖朝心急如焚，时不时派人爬到北条馆边上的树上查看山木馆的方向有没有燃起狼烟。最后，源赖朝实在是等不住了，便将自己的长刀交给在北条馆留守的佐佐木盛纲、加藤景廉、堀亲家等人，命令他们徒步前往山木馆增援。在北条馆的援军到来之后，击败了堤信远的佐佐木一族也赶到山木馆参战，这才扭转了战局。最终，受命前来增援的加藤景廉在交战中斩杀了精疲力竭的山木兼隆。

当众人带着山木兼隆的首级返回北条馆时，太阳早已高高升起了。

山木馆合战

山木馆之战虽然是源赖朝起兵的初战，但是大多数史料却只对源赖朝以及源赖朝一方的北条、佐佐木等武士有详细记载，而山木兼隆却被一笔带过，连在此战中被讨灭人员的详细名单都没有。只有在《源平盛衰记》中可以看到河内国石川郡出身的一个叫关屋八郎的国人。

话说加藤景廉在进攻山木馆时，擅长射箭的关屋八郎朝着敌军大喊：“谁是敌将，我还剩下一支箭，要不要来试试？”

这时，加藤景廉对着手下家臣洲崎三郎说道：“我要是冲在前头，必定会死，但是顾及赖朝公还需要我，我不能就这样白白送死，君能替我一死否？”

洲崎三郎是个铁铮铮的汉子，直接自称是加藤景廉就往前冲，果然胸口中了关屋八郎一箭战死，加藤景廉紧随其后，杀入馆中斩杀了关屋八郎，随后又杀进山木兼隆的卧室。山木兼隆在卧室等待敌人的进攻，加藤景廉故意将铠甲用刀尖挑着伸进卧室，山木兼隆一着急就挥刀砍去，结果刀刃卡在铠甲上，趁着这个机会，加藤景廉用另一只手突然举起手边的长矛刺杀了山木兼隆。

第九节　石桥山惨败

成功攻灭山木兼隆的源赖朝算是打响了打倒平家的“第一枪”，不过此时他的军队还是不足以与平家抗衡。攻打山木馆之所以成功，很大的原因是山木馆的守备力量不足，若是平家调集大军前来讨伐，源赖朝也只有被杀头的命。

“不能够坐以待毙。”此时的源赖朝就是这么想的，他让藤原邦通与北条政子等人先逃往箱根山避风头，自己则率领军队朝着相模国前进。

八月二十日，源赖朝抵达相模国土肥，此时源赖朝的军队如上文所述，聚集了伊豆国、相模国、武藏国甚至部分骏河国的武士，这些人日后大都成为源赖朝政权的中流砥柱。

源赖朝的计划是争取让相模国三浦半岛的有力武士团三浦氏能够加入己方的阵营，这样他便可以率军攻入镰仓——夺下这个对河内源氏颇有意义的据点作为自己在关东的军事大本营。

然而，三浦氏却迟迟没有前来参阵，让源赖朝的希望彻底落空，这导致源赖朝的势力在攻入相模国时非常脆弱。此时在相模国的武士团中，除了此番接到源赖朝参阵命令的三浦义澄以外，还有平家的得力家臣大庭景亲。源赖朝举兵的消息已经传遍各国，大庭景亲身为平清盛安插在关东的棋子，自然随时都有可能率军前来讨伐源赖朝，为山木兼隆报仇。

那么在这个时候，源赖朝期望拉拢的三浦氏又在做什么呢?

三浦氏从后三年之役中跟随源义家作战开始，就与清和源氏结成了主从关系，也正是因此，源赖朝才会在起兵前给三浦义澄发去请求参阵的命令。然而，虽然伊豆国与相模国相邻，但是三浦氏的领地位于相模国东部的三浦半岛，而伊豆国却在相模国的西部，双方还是隔着一定的距离的。

八月二十二日，三浦义澄与侄子和田义盛从三浦半岛出发，在二十三日抵达丸子河，在此地烧毁了许多大庭景亲郎党的屋子。但是正如前文所述，相模国突然下起了大雨，前文中所提到的佐佐木兄弟因此迟到，三浦义澄也没有例外。被大雨所阻断的三浦义澄无法及时与源赖朝会师，只得率军返回三浦半岛。

三浦父子像

此时三浦义澄的军事行动已经被大庭景亲发现，大庭景亲看着后方升起的滚滚狼烟，便断定是三浦义澄所为，遂决定抓紧时机，先将孤立无援的源赖朝解决，再回头攻打三浦义澄。

三浦义澄没想到，自己的声援反倒害了源赖朝，源赖朝被伊豆国的伊东祐亲与相模国的大庭景亲前后夹击，困在了石桥山进退两难，不得不在援军到来之前与敌军决战。

伊东祐亲与北条时政同样是伊豆国的在厅官人，他在京都执行内里大番所的奉公之时，女儿却在伊豆国与囚徒源赖朝生下了小孩，他的经历几乎与北条时政一模一样。可是伊东祐亲对自己的定位却是平家的家臣，所以他决定坚定不移地追随平家并立即杀死源赖朝和女儿的私生子，在将女儿嫁给他人后，派兵追杀源赖朝。

若不是伊东祐亲的儿子伊东祐清与源赖朝的乳母比企尼关系不错，将父亲要追杀源赖朝的消息通报给了源赖朝的话，当时没有外援的源赖朝可以说是在劫难逃了。此次源赖朝举兵，伊东祐亲也率领着族人郎党前来追讨，没有赶上山木馆合战的他尾随源赖朝进了相模国并与大庭景亲配合，形成对源赖朝的夹击之势。

受困的源赖朝手下军队不足三百骑，而大庭景亲则有三千骑武士，伊东祐亲也有三百骑左右的武士。大庭景亲的军队主要由相模国的俣野景久、河村义秀、糟屋盛久、海老名季贞、山内首藤经俊、毛利景行等武士构成主力，其他的则由如武藏国的熊谷直实、甲斐国的平井冠者等他国来援的武士组成。双方军队人数差距巨大，在石桥山之战开始前，胜利的天平就已经不再向源赖朝倾斜了。

源赖朝在极为不利的情况下硬着头皮迎战，源氏军队在此战中作战之艰难，于《延庆本平家物语》中可窥得一二，书中详细记载了源赖朝军中的武士冈崎义忠在作战时发生的悲壮故事：

冈崎义忠出自三浦氏，其他史料也记载为真田义忠、佐那田与一等，在源赖朝起兵时，冈崎义忠与父亲冈崎义实均前来参阵支援源赖朝。

石桥山合战时，在大庭景亲率领的军队将源赖朝包围之际，源赖朝向手下将士询问道："大庭景亲的军队皆是东国的精锐，前锋乃是俣野景久，我军可有人敢与之一战？"

源赖朝话音刚落，冈崎义实便向源赖朝报告说："小儿义忠可以与之一战。"

随后，源赖朝便命令冈崎义忠担任源氏军队的前锋。当俣野景久率军杀来之时，冈崎义忠率军迎战，在与俣野景久交战中两人都跌落马下，厮打在一起。冈崎义忠将俣野景久死死按在身下，拔刀准备杀死他时，俣野景久的家臣长尾为宗赶来救主。此时天色昏暗，大雨不止，前来救援的家臣无法分辨哪个黑影才是自己的主公，犹豫不前。

混乱之中，冈崎义忠大声喊道：“在下边的是义忠！”

被摁在冈崎义忠身下的俣野景久听了连忙大叫道：“别搞错了，下边的是景久，上边的才是义忠。”

虽然分不清人，但是主君的声音还是清晰可辨的。眼见无法蒙混过关，冈崎义忠心一横，一脚踢开了长尾为宗，拔刀便刺向了俣野景久。可惜的是人有失手，冈崎义忠的短刀并没有出鞘，连着刀鞘捅在了俣野景久的铠甲上，没有造成伤害。趁着这个机会，长尾为宗一族的长尾定景冲上前来，杀死了冈崎义忠。

冈崎义忠之死被当时参战的许多武士看到，以至于后来的源赖朝一直对举兵之初就战死的冈崎义忠念念不忘。建久元年（1190）正月时，已经统一天下的源赖朝在参拜完三岛、箱根、伊豆等诸神社后，于返回镰仓的途中，特意经过石桥山冈崎义忠的墓地，站在此地悼念这名忠心的武士。

值得一提的是，在《延庆本平家物语》中，石桥山合战中还有大庭景亲与北条时政斗嘴的记录。在交战前，大庭景亲上前自报家门，自称是后三年

石桥山合战

之役时跟随源义家作战的镰仓权五郎景正的后裔。镰仓权五郎景正曾在攻打出羽国金泽栅时被射伤右眼，却依旧奋战不止，因此英名远播。

不过，北条时政听了大庭景亲的话之后则回应道：“你既然是曾经跟随源义家的镰仓权五郎景正的子孙，又为何向源义家的后人源赖朝举兵相向呢？”

大庭景亲听北条时政这么说，便也答道：“我如今所受平家恩惠，比山还高，比海还深。因此虽然是旧日的主公，但却是今日的敌人。”

这段对话虽然不好判断真假，但是却说出了大多数关东武士的心声。源义家当年参加的后三年之役并没得到当时朝廷的支持，之所以能够取胜，全赖关东武士的支持。因为源氏父子在关东的影响力扩大，关东的武士们或多或少都与河内源氏有着千丝万缕的联系。然而，时过境迁，物是人非，在平治之乱后源氏衰弱，许多武士因为受到了当政者平家的恩泽转而投靠了平家。在源赖朝举兵时，这些关东的武士都面临着一个艰难的抉择——是跟随昔日的主公河内源氏，还是跟随新的主公平家？

大庭景亲与北条时政所做出的截然不同的选择，便是当时关东局势的缩影。二人的决定也直接导致了日后的不同命运，这也是特殊的时代背景下发生在大多数武士身上的人生抉择。

在《吾妻镜》之中，记载着石桥山合战时源赖朝作战的姿态：源赖朝军战败以后，他向追来的追兵射箭，射出的箭百发百中。源赖朝一直都是以坐镇后方运筹帷幄的形象示人，因此《吾妻镜》对石桥山合战的记载，是非常难得一见的记录源赖朝参战武姿的史料。

虽然源氏的军队抱着必死的决心作战，但是仍然寡不敌众。战败后，源赖朝带着几骑武士逃入山中。好在上天还是眷顾源赖朝的，败逃的源赖朝经历了一件简直可以称作奇迹的事——当源赖朝与土肥实平藏匿在山中的一棵大树的树洞里时，被前来搜查的大庭景亲的亲戚梶原景时发现了。源赖朝原本以为自己死定了，但是梶原景时却只是与源赖朝对视了一下，随后便装作什么也没看到一样走了，还将后来的追兵引往他处。

梶原景时乃是桓武平氏出身的镰仓景清之子，以相模国镰仓郡梶原乡作为自己的根据地，是大庭景亲的同族。至于梶原景时为何要在源赖朝落难时救他一命，暂时还没有明确的答案，不过要是大胆推测的话，大概因为梶原景时自身也有野心——他不满大庭景亲获得平清盛的宠信而成为相模国第一的武士团，想要投入与平家敌对的源赖朝麾下。不过从另一方面来说，也有可能是梶原景时本身就是亲近源氏的武士。大庭景亲的军队虽然人数众多，但是如上文所述，这些军队均是由东国武士组成，而东国的大多数武士都对河内源氏抱有好感，并不想对源义家的后裔源赖朝赶尽杀绝。考虑到这一层关系，源赖朝在石桥山合战之后还能够逃出生天也并不奇怪。

除了“人和”的原因外，源赖朝还占有一个“地利”因素——石桥山合战的战场位于源赖朝麾下的土肥实平与小早川远平的领地之内，因此主场作战的源赖朝才得以顺利脱离战场，前往箱根权现神社的别当行实的家中。

第十节　相模三浦氏

与源赖朝一样，没能赶上石桥山合战的三浦氏的情形也十分不乐观。

相模国的大雨导致丸子河水位上涨，三浦义澄只得率军返回三浦半岛，在返回途中，还与镰仓的由比浦与平家一方的武藏国武士畠山重忠展开了交战。

战前，有个叫大沼三郎的武士从石桥山战场逃来，来到三浦军中对三浦义澄说道：“右兵卫佐殿已经战死。”众将听后，纷纷说道：“我军主将战死，现在群龙无首，前有伊藤、梶原等军队，后有畠山袭来，腹背受敌，与其死于无名小卒，不如自杀成仁。”

三浦义澄却不以为然，他盯着大沼三郎问道：“你亲眼看到右兵卫佐殿战死了吗？”

大沼三郎回道："没有亲眼看到。"

三浦义澄这才松了口气，对众人说道："传闻不可信，有可能是敌军故意这么说，想借此击垮我军。石桥山临着海，又有许多沟壑，便于藏匿，与上总国、安房国相距不远，只要有一艘小船便可渡海逃往这两处。我要亲自见到北条、土肥等将，确认右兵卫佐殿的生死，要是右兵卫佐殿真战死了，我就与大庭景亲、畠山重忠拼了，以此成就武名。"

众人听了三浦义澄的话后，便决定先返回衣笠城再做打算。

三浦义澄准备走海路以躲避畠山重忠军的阻击，弟弟和田义茂却不同意，和田义茂说道："畠山重忠不过是个乳臭未干的小儿，根本不熟悉军旅之事。他若率军五百，我只要率军三百就能够与之旗鼓相当，看我率队直接冲杀他的军队，抢夺一两匹骏马再回来。"

三浦义澄并不赞同弟弟的意见，他说："我军奔波数日，人困马乏。畠山重忠一直是扎营休整，以逸待劳，想夺走他们的骏马，只怕会反而失去我们自己的骏马啊。不如悄悄走海路回去，让波涛声掩盖行军的声音，这才是上计。"而和田义盛却赞同和田义茂，他认为，此时要是躲避畠山重忠的军队的话，日后必定会被畠山重忠耻笑。随后，和田义盛便与和田义茂率军攻打畠山重忠的军营，将畠山重忠引诱至小壶坂后顺利击败。小壶坂合战获胜以后，三浦军全军安全地返回了本城衣笠城。

三浦义澄像

诸军回到根据地以后，和田义盛认为衣笠城的地形过于平坦，便于奔驰，不是个可以防守的要害，而奴田城三面险峻，一面临海，便于防守，提议不如前往奴田城防守。

在众人都认为可行之时，三浦氏的老当主、三浦义澄的父亲三浦义明却提出了反对意见，他说道："奴田城偏僻，不像衣笠城那么有名。这一战必会载入史册，我等战死以后，后人必定会传颂我等的故事，死在名城内，正好可以成就我们三浦一族的武名。"

和田义盛反驳爷爷道："两座城都在我们的领地内，何必有彼此之分呢？况且守城的一方要是能够将战事拖延，导致敌人疲惫进而改变战局才是上策。如今据守衣笠城，没几天就落城，反而会被世人嘲笑吧，还请三思。"

被孙子顶嘴的三浦义明大怒道："如今全天下都是我们的敌人，如何求生？要是我们抛弃名城，躲到一个偏僻的地方，就算能够苟延残喘，日后也只会被人说是怯懦，这是武士的耻辱。若留在衣笠城，他日源氏一旦复兴，我们的子孙领有父祖战死的衣笠城，这难道不是一件光荣的事吗？况且行军打仗，胜败取决于计策，而不在地势险要，你要是怕死，可以逃走，我自己独自与衣笠城共存亡。"

三浦义明这年已经八十九岁了，在三浦氏中德高望重，众人不好违逆，只得进城，城内加上守军也只有四百多人，好在没多久三浦义明的女婿金田赖次也率领七十骑武士前来增援，稍微增强了守军实力。

衣笠城虽然不如奴田城，但是毕竟也是三浦氏经营很久的根据地，易守难攻。此地一面是沼泽，另一面则挖了三重沟壑，只留两根横梁作为道路通过，一次仅能单向通过二骑武士。三浦义明下令让善射的武士多准备弓箭，不擅长射箭的则拿着长枪等候敌人攻城，一旦敌军攻城，先让弓箭手射箭，等敌军跌落沟壑后，让持着长枪的武士刺杀沟壑内的敌人。

三浦氏的敌人畠山重忠也是桓武平氏出身，他是武藏国的有力武士秩父党的畠山重能的儿子。此时畠山重能在平安京奉公，畠山重忠便代替父亲担任起领导一族的任务，在小壶坂合战受挫后，为了追击敌军，畠山重忠在八月二十六日派出同为秩父党的武士河越重赖、江户重长攻打衣笠城。

秩父党的战斗力十分强悍，尽管衣笠城的三浦军全力抵抗，但是失去源赖朝消息的他们战意低下，最终战局失利。

《源平盛衰记》《吾妻镜》中提到，衣笠城合战时三浦义明虽然年近九旬，却仍然执意着甲出战，可是毕竟他的年事已高，靠六名武士扶着才骑上马。儿子三浦义澄拉着马不让父亲出战，三浦义明便用鞭子抽打三浦义澄让他让路。到了落城的前夜，三浦义明找来三浦一族的儿孙们，命令三浦义澄带领年轻人们趁夜突围出城，渡海前往房总半岛以图再举。而他自己则以年事已高、跟随突围只会拖累众人为由，决心留下。

为了保存三浦氏的火种，三浦义澄等人只好趁夜离去，次日一早，畠山重忠再度派遣军队攻城，摇摇欲坠的衣笠城没多久就被攻下，三浦义明也战死在了城中。

第四章

／镰仓成立

DI-SI-ZHANG

LIANCANG CHENGLI

YUAN PING
HE ZHAN

| 源平合战 |

——日本武士的崛起

第一节　东渡安房国

治承四年（1180）八月二十五日，大庭景亲率军朝着源赖朝躲藏的箱根权现神社袭来，源赖朝只得放弃此地，往土肥乡逃窜。此时北条时政也正在前往甲斐国的路上，他试图去说服甲斐源氏起兵跟随源赖朝。不过石桥山一战以后，源赖朝去向不明，北条时政在路上犹豫了一会儿，认为若是不清楚源赖朝本人的去向，是无法说服甲斐源氏起兵的，因此北条时政半道又返回了相模国寻找源赖朝。

八月二十八日，在土肥实平的安排下，源赖朝在相模国的真鹤岬登上了船，渡海前往平家势力还不算大的安房国寻找援军。负责护送源赖朝的是土肥实平麾下的水军。在这个时间点，源赖朝的妻子北条政子也在伊豆权现神社前往秋户乡的路上，途中她从土肥实平的儿子土肥远平处得知源赖朝已经安全脱逃，正在前往安房国的路上，悬着的心这才放了下来。

在海上航行途中，源赖朝遇上了从衣笠城逃出的三浦氏一族的武士并与他们合流。三浦氏向来以三浦半岛作为自己的根据地，熟悉相模国至安房国的海域，擅长水战，是源赖朝渡海不可或缺的帮手。在三浦氏的帮助下，源赖朝于二十九日登上了安房国平北郡的猎岛。

身在平安京的平清盛十分关注源赖朝的动向，不过碍于时代的局限，通信落后的平家获知源赖朝举兵的消息时，已经到了九月了。

许多版本的《平家物语》都记载，九月二日大庭景亲派出的快马抵达了

源赖朝安房国上陆地

平安京，前往六波罗府报告源赖朝举兵、山木馆遇袭、石桥山合战、衣笠城之战以及源赖朝向安房国败走等消息。不过，在四部合战本的《平家物语》中，派出快马向平清盛报告源赖朝举兵消息的则是名为骏河国大介的人。从《山槐记》中则可以见到九月四日上野国的新田义重写信送往京都，报告了关东因为源赖朝的举兵而陷入战乱的记载。源赖朝举兵之事确实撼动了整个东国，各本史料中记载的不同势力都向平安京报告源赖朝举兵，足以见得这次事件的严重性。

那么，在朝廷公卿们的眼中，此次源赖朝举兵是否是他们所期待的打倒平家的机会呢？在九条兼实的日记《玉叶》里记载，治承四年九月三日，得知源赖朝举兵之后，他在日记里写下了这样的语句：

> 听说，流放在伊豆国曾经谋反的逆贼源义朝之子，近日又做出了凶恶的事情。
>
> 意外地（源赖朝）好像占领了伊豆国、骏河国。
>
> （源赖朝）仿佛平将门一般。

可以看出，以平治之乱罪魁祸首的叛贼源义朝之子的形象而闻名的源赖朝，此时在关东的举兵被九条兼实当成像当年平将门的谋反一般，是抱有割据东国分裂日本企图的恶行。而《玉叶》中源赖朝占领了伊豆国、骏河国的记录，则有可能是当时的消息传递不及时以及各种谣言所造成的误会。骏河国与源赖朝战败后前往的安房国分别位于伊豆国一西一东两个方向，当然是不可能被源赖朝占领的。这个谣言的真实情况有可能是因为甲斐国的源氏武士从甲斐国攻入了骏河国，而这个消息与源赖朝举兵的消息同时都传到了平安京，使得公卿们混淆了两件事才出现的误会吧。

不过，在另一个公卿中山忠亲的日记《山槐记》里，治承四年九月四日的日记却是这样写的：

> 有传闻，已故的源义朝之子兵卫佐赖朝，已经举起义旗，在伊豆国掳掠了一番，造成了坂东的骚动。

中山忠亲的日记里，将源赖朝的举兵形容成“举起义旗”，这与九条兼实的日记《玉叶》里是截然相反的观点。中山忠亲原本是与平家关系亲密的公卿，但是在其日记里却见到了这样的记载，可能是因为朝廷中反平家的势力非常庞大，因此他才受到影响，在日记里将源赖朝的起兵说成是起义。

不管公卿们的态度如何，大多数在京都里的人还是将源赖朝的举兵定义为“谋反”。九月五日，朝廷下发了命令平维盛、平忠度、平知度动员东海道、东山道的“武艺高强者”讨伐源赖朝以及其郎党的宣旨。此时讨伐源赖朝的军事行动，已经从平清盛命令大庭景亲、伊东祐亲动员平家家臣从讨伐与平家敌对的源赖朝的“私战”，上升到了朝廷下旨讨伐“朝敌”的“公战”。平清盛的这招彻底否定了源赖朝起兵的大义名分。

就在平安京里因为源赖朝的举兵乱成一团的时候，身在安房国的源赖朝也在考虑该如何将安房国变为自己的根据地。与伊豆国不同的是，安房国的知行国国主是公卿藤原经房，平家在此地的势力没有那么大。

九月一日，源赖朝向安房国的武士安西景益发去了“逮捕安房国内跟随京都方的武士”的命令。安西景益是与源赖朝交情不浅的安房国武士，等于是安房国的国家公务员，而石桥山合战战败以后逃往安房国的源赖朝，却直接指挥当地的官员阶层的武士，大概是想快速将安房国作为自己的据点吧。同时，这道命令也是源赖朝在试探安房国的武士是否愿意上交“投名状”前来参阵。不过，源赖朝直接命令在厅武士的举动，在朝廷的眼中的确带有一丝谋反的嫌疑。

安房国的平家势力虽然没那么强，却不代表平家在此地没有势力。九月三日，安房国的平家家臣长狭常伴企图袭击源赖朝，好在被三浦义澄察觉，最终有所准备的源赖朝将其击退。

长狭氏是平安时代中期掀起叛乱的平忠常一党的后裔，与河内源氏、三浦氏素来不和，双方早就有交战的先例。此次源赖朝渡海来到房总半岛，三浦义澄自然对这个宿敌怀有极强的警戒心，一旦有风吹草动就借着源赖朝的威势及时行动，将这个长年与自己家族敌对的势力一网打尽。

九月四日，安西景益终于带着自己的一族以及安房国其他支持源赖朝的武士前来参阵。安房国的有力武士长狭氏被初来乍到的源赖朝击败，让安西景益认识到了源赖朝不凡的实力与魅力，因此才决意前来参阵。

第二节　坂东平氏参阵

源赖朝并不满足于在安房国立脚，此时才占据房总半岛一隅的他，早早就向关东的武士如小山朝政、下河边行平、丰岛清光、葛西清重等人发去了请求率领军队前来参阵的书信。小山朝政是当年讨伐平将门的武士藤原秀乡的后裔，以下野国的小山庄作为自己的根据地，世世代代都是下野国的在厅官人，他的母亲寒河尼则是源赖朝的乳母。下总国的武士下河边行平也是藤原秀乡的后裔，这族在前文中略有介绍，与源赖政的关系非同一般，更是及时将源赖政举兵之事报告给源赖朝的人。与源氏关系匪浅的小山朝政、下河边行平，自然不会辜负源赖朝的期待，很快就率军前来源赖朝处参阵。

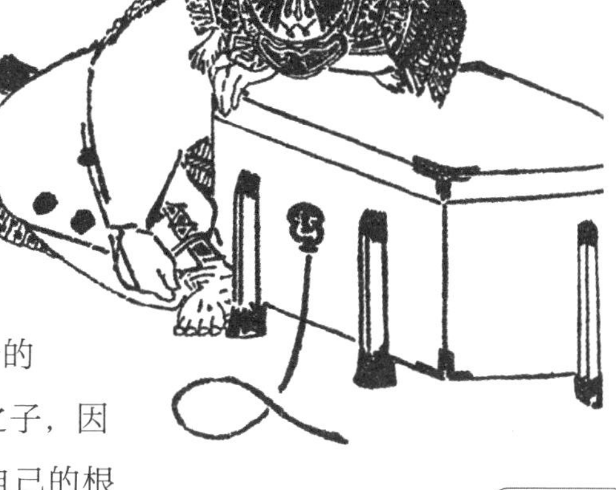

小山朝政

丰岛清光是以武藏国丰岛郡为根据地的秩父平氏出身的武士，葛西清重则是丰岛清光之子，因为以下总国葛西御厨之地作为自己的根据地，将苗字改为“葛西”。丰岛清光与葛西清重均是前文提到的秩父党的武士，二人的领地北部是同为秩父党的河越重赖的领地，南部则是秩父党的江户重长的领地。源赖朝若是想控制大小势力林立的武藏国，就必须要解决平家的有力党羽秩父党，而丰岛清光与葛西清重恰好提供了一个打入秩父党内部的契机，因此葛西清重前来参阵意义重大。因为源赖朝与葛西清重之间还隔着两个巨大的当地武士势力——上总国的上总广常和下总国的千叶常胤，因此源赖朝特意下令让葛西清重走海路前来安房半岛。

源赖朝占领武藏国的计划需要从安房国北上，否则一切就都只是空谈，而以房总半岛作为据点的有力武士团上总广常与千叶常胤便是挡在他身前的两块巨石，若是二者站在源赖朝的敌对面，即便有武藏国、下野国等地武士想前来参阵，也会被这两个武士团隔开，无法与源赖朝合流。

不过幸运的是，上总氏、千叶氏虽然都是桓武平氏出身，但是这两个武士团从属清和源氏已经有一定的历史了，同源赖朝的父亲源义朝也有一定的交情，因此源赖朝在九月四日向上总广常派去了和田义盛、向千叶常胤派去了安达盛长作为使者，希望二人能够率军前来参阵。毕竟平家当政这么多年，这两个有力武士团为了维持自己的势力早已成为平家的郎党，在源赖朝举兵时是否会追随源氏是无法保证的。

九月九日，源赖朝派出的使者送回了消息，收到了源赖朝发去请求参阵的命令的千叶常胤，得知清和源氏有再兴的机会后，感动得痛哭流涕，向使者安达盛长表示，只要源赖朝前来下总国，就一定会亲自率军迎接。

九月十三日，源赖朝从安房国进入了上总国，穿过上总国以后，于十七日抵达下总国的国府。千叶常胤率领子嗣千叶胤正、千叶师长、千叶胤盛、千叶胤信、千叶胤通、千叶胤赖以及嫡孙千叶成胤公三百余骑武士前来迎接源赖朝。而在这之前的几天，千叶常胤已经率领军队讨伐了属于平家一方的下总国代官、以下总国千田庄作为根据地的平忠盛的女婿千田亲政，并且成功活捉千田亲政本人，扫除了当地的平家势力。

让源赖朝特别关注的是，千叶常胤的身边还有一个人——源义家的孙子源赖隆。源赖隆的父亲源义隆在平治之乱时参加了源义朝的军队，最后不幸战死。在这之后，平治之乱被当权者定义为谋反，源赖隆也因为父亲源义隆参与谋反而遭到连坐，被流放到了下总国，受到千叶常胤的看管。

千叶常胤与源赖隆的关系，同北条时政与源赖朝的关系相似，正是如此，当举起打倒平家的旗帜之后，千叶常胤才会将源赖隆带在身边。这个情况在源赖朝看来，心里则别有一番滋味——下总国的千叶常胤很有可能会拥立源赖隆为源氏之主，将其变成与源赖朝竞争的对手。因此，源赖朝在这次会见了千叶常胤一族之后，愈加觉得自己需要竖起河内源氏嫡流的大旗了。

同千叶常胤不同的是，上总广常的动态却不是很积极，许多喜欢日本神话的人对上总广常并不陌生，他就是那个率领坂东武士讨伐了鸟羽法皇的妖精宠妃“玉藻前”的人。虽然上总广常像千叶常胤一样答应绝对会率军参阵，但是却在九月十九日才姗姗来迟，于隅田川边与源赖朝会合。

《吾妻镜》中记载，上总广常集结了周东、周西、伊南、伊北、房南、房北的武士共两万余人前来参阵。但是因为迟到的缘故，源赖朝拒绝了上总

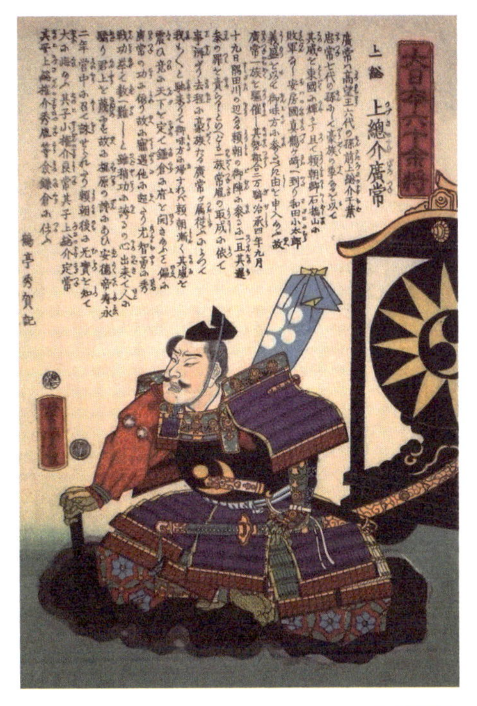

上总广常像

广常的加入，同时还表现出了同上总广常敌对的姿态。

在坂东武士中，上总广常是一员老将，早年源赖朝的父亲源义朝在上总国成长，曾被称为“上总曹司”，而上总广常则经常以源义朝的后见人的立场自居，自然不把源赖朝这个毛头小子放在眼里。上总广常的姗姗来迟其实是一种间接向源赖朝体现自己身份地位的方法。然而，源赖朝却对自大的上总广常厉声呵斥，丢尽了上总广常的面子。源赖朝对上总广常迟到的原因心知肚明，若仅仅是为了追求壮大军队而将这种骄横老将纳入麾下，只怕有弊无利，将来自己会难以统御诸军。因此，源赖朝才大胆地以主公的姿态呵斥上总广常，感到源赖朝威严的上总广常见识到了眼前这名年轻武士的手段，当即认错并表达了归顺之意。

当然，上总广常跟随源赖朝的真正理由，除了与源氏的世交或者主从关系以外，还有更加现实的原因。前文提过，治承三年平清盛在平安京发动了政变，流放了大批公卿并没收了大量的土地，还废止了后白河法皇的院厅。此时大量令制国的知行国主由公卿变成了平家的武士，上总国也是如此，平家的有力家臣藤原氏出身的伊藤忠清出任了上总介，负责统率东国的武士，同当地武士上总广常形成了争夺上总国支配权的对立关系。伊藤忠清是平清盛最信赖的武将之一，上总广常不过是一介村夫，是无论如何也拧不过平家这条大腿的。而在上总氏内部，上总广常也无法统率全族，同族的伊北氏亲近平家，长期与自己对立，这些都导致了上总广常对平家抱有深深的怨念。因此，上总广常加入源赖朝的举兵，更多的目的只怕同三浦义澄、千叶常胤差不多，是为了打倒敌对的势力，用一句话可以简单地概括他们对源赖朝的看法，即“敌人的敌人就是我的朋友”。

从实际人数来看，《吾妻镜》中上总广常率领的军队也有些夸大，毕竟上总广常只是一国土豪，这大概是因为《吾妻镜》的作者为了衬托出源赖朝为人君主的器量而刻意篡改了上总广常率领的军队人数。毕竟人手奇缺的源赖朝在面对上总广常带来的两万生力军时竟然还不抱住上总广常大腿，反而赏罚分明斥责上总广常并摆出敌对姿态，充分展现了源赖朝的个人魅力。在《延庆本平家物语》中，上总广常率领的前来加入的军队人数为一万人，足足比《吾妻镜》中缩减了一半，而《源平斗争录》里，上总广常率领的军队更是只有一千余人，两军人数差距不大，恐怕这才是源赖朝敢与上总广常叫板的原因吧。

不过，上总广常与千叶常胤的加入，使得源赖朝的军力相比起兵之初的捉襟见肘，壮大了许多。

第三节　攻占镰仓

得到房总半岛大部分武士的支持以后，源赖朝便向着以小山朝政为首的常陆国、下野国、上野国的武士团的领地扩张，并希望让他们加入自己的军队中。《吾妻镜》中所言，此时的源赖朝的军队已经达到了五万骑武士左右，这是一个非常夸张的数字，大概是由于当时平安京的人们听到源赖朝已经像平将门那样割据关东、领有数万骑武士的传闻后的误会，后来被《吾妻镜》给采用。

此时源赖朝的军队虽然可能并没有五万人，但是也足以在关东称雄一方了。源赖朝以房总半岛为据点，率军北上，朝着目的地武藏国进军。武藏国

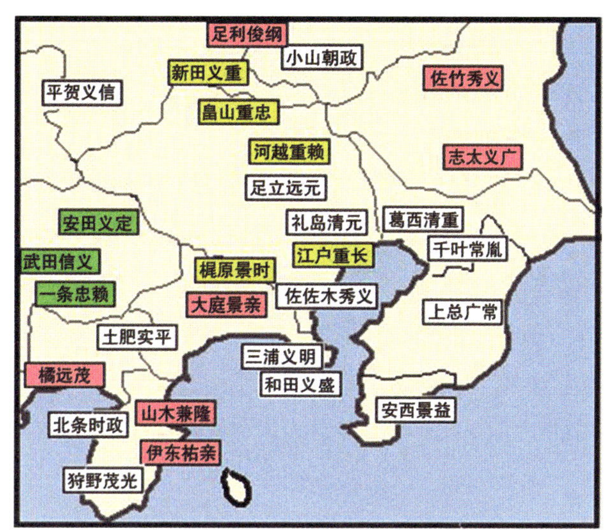

治承四年（1180）的关东

北条时政 赖朝方　　大庭景亲 平家方·与赖朝方敌对

武田信义 甲斐源氏　　畠山重忠 平家方·倒向赖朝方

治承四年关东局势图

在关东是个大国，国中武士团林立，忠于平家的武士团也是非常之多，源赖朝要想称霸关东、进驻对河内源氏来说意义非凡的镰仓，收服武藏国的这些武士团便是他必须要完成的任务。

武藏国的武士们对源赖朝抱有极强的警戒心，一方面他们也在犹豫究竟是继续支持遥在平安京六波罗府的平家还是支持新兴起的源赖朝；另一方面，源赖朝的起兵究竟会不会影响到自己家族在关东的利益，也是他们考虑的要素之一。秩父党中的有力武士江户重长就是这样的一员，《义经记》里将他夸张地称为“关东八国的大财主”，虽是夸张，但江户重长的富庶与实力不言而喻。

九月二十八日，源赖朝向江户重长派出了请求参阵的使者，同时，他又对属下葛西清重下达了讨伐江户重长的命令，源赖朝准备软硬兼施，做好两手准备。葛西清重是源赖朝属下专门负责处理武藏国武士团的人，源赖朝想利用葛西清重秩父党出身的关系打入秩父党内部，将秩父党武士拉拢进自己的阵营中。

十月一日，源赖朝在鹭沼与自石桥山合战以来失散的弟弟阿野全成等人会合。次日，上总广常、千叶常胤调集了船只，在大井川、隅田川搭建了浮桥，源赖朝军渡过河以后，在武藏国的隅田宿布阵。

值得一提的是，源赖朝进入武藏国的那天，一名女性带着一个十四岁的孩子参见了源赖朝，此人就是小山朝政的母亲寒河尼，也是源赖朝的乳母，而那个十四岁的孩子则是小山朝政的弟弟。后来源赖朝给这个孩子行了元服礼，赐名宗朝，再后来宗朝又改名为朝光，成了关东结城氏的始祖。寒河尼的这一举动是向还未将势力渗入北关东的源赖朝示好，小山氏的效忠对日后源赖朝控制北关东来说意义非比寻常。

自源赖朝举兵以来，他的三个乳母比企尼、寒河尼、三善康信的姨母，都给予了源赖朝大力的支持，并且确实对他有着巨大的帮助。三个乳母的立场，说明了在当时的时代背景下，乳母子的关系其实也在政坛上发挥着重要的作用。同样在十月二日，葛西清重也匆匆忙忙带来了一个好消息：源赖朝软硬兼施的手法起了作用，秩父党的武士团在葛西清重的游说下，以江户重长、河越重赖、畠山重忠为首的几个武藏国的有力武士团均表示自己会加入源赖朝的军队之中。秩父党有力武士的加入，使得源赖朝得以在武藏国立足，日后顺利通过秩父党的领地占领镰仓，葛西氏也因为这个功劳，成为日后镰仓幕府的有力御家人之一。

然而，在之前源赖朝举兵时，畠山重忠等人曾经攻击过从属于源赖朝的三浦氏，如今见源赖朝势大前来参阵，怕源赖朝不会轻易原谅他们，于是向源赖朝求和，畠山重忠说昔日讨伐三浦氏，是因为父叔都在平安京奉公，不得不效忠平家。畠山重忠同时还带来了一面源氏的白旗，这面白旗是畠山氏一族的先祖跟随源义家作战时受赐的旗帜，他向源赖朝表示自己今后会像先祖效忠源义家一样效忠源赖朝。

畠山重忠诚意十足，源赖朝便原谅了畠山重忠，还出面调解畠山氏与三浦氏的关系。这件事成为关东的美谈，大家都盛传源赖朝的宽宏大量，认为其有着人君之才。实际上，即便畠山重忠不放低姿态，在此时急需武藏国有力武士加入的源赖朝恐怕也不会太刁难他的。

得到有力武士的支持后，源赖朝便从隅田宿出发，途经泷野川、王子、板桥等地的官道，进入了武藏国府，随后命令江户重长等人统括武藏国诸事。源赖朝这么做的原因，是想将麾下武士团纳入自己的家臣体制内，在保障既得利益的前提之下，还可以强化二者的主从关系，稳固自己的军事基盘。在《源平斗争录》里，源赖朝还命令佐佐木定纲负责与曾经在石桥山合战中与自己敌对、如今又前来投降的武士团进行交涉，在赦免他们的罪过以后，再将其纳入镰仓的家臣体制中。

十月六日，源赖朝以畠山重忠为先锋，率军进入了相模国。七日，源赖朝进入镰仓并参拜了镰仓鹤冈八幡宫。十一日，自源赖朝在伊豆国起兵以来就与源赖朝分开的北条政子也在家臣的护卫下进入了镰仓。源赖朝入驻镰仓之后，开始着手营造住处，准备将镰仓打造成源氏政权的中心据点。不过源赖朝并没有选取当初父亲源义朝居住的位于龟谷的旧宅，而是以旧宅太过狭窄为由，在大仓乡营造新御所。

此时集结于源赖朝麾下的军队中，除了北条氏、三浦氏等在地豪族武士外，许多在厅官人也都加入了镰仓势力。这些在厅官人大多数是国衙下任命的在地领主，后来全部都渐渐地武士化了，在平安时代末期远离朝廷的地方统治机构国司，正是靠着这些武士化的领主构筑起基础的。拉拢在厅官人的做法，也是源赖朝在短时间内就能够取得巨大成功的原因。

不过，源赖朝现在依旧不能掉以轻心，虽然这时的源赖朝平安无事地进入了镰仓，甚至在此地营造住宅，准备以此地为据点打造一个源氏的军事政权，可是，在距离镰仓不远的骏河国，以大庭景亲为首的平家军队却依然在整装待发，除了近在咫尺的敌军外，平安京内的平家也在筹备向东国派出讨伐军。源赖朝的军事政权尚在草创时期，在面对东进的平家军队前，必须要确保以镰仓为中心的关东能够牢牢掌握在自己的手中。

另外，此时源赖朝依旧只是一个被称为“河内源氏嫡流”的源氏武士，除了源赖朝以外，各地的源氏武士都有举兵动向，与源赖朝形成了竞争关系。仅在关东地域，就有信太义教、新田义重等河内源氏出身的武士与源赖朝面和心不和。而在不远的信浓国、甲斐国的源氏的举兵，使得日本各地形成了一股又一股看似一体，实则各自独立的源氏势力。

第四节　甲斐源氏起兵

甲斐国的源氏武士势力一直非常强大，大多数都是源义家的弟弟源义光的后裔。只是在《平家物语》与《吾妻镜》中，注意力大多被伊豆国的源赖朝以及信浓国的木曾义仲夺走，所以并没有详细记载甲斐源氏的举兵。然而在源平合战初期，甲斐源氏的举兵实则有着举足轻重的地位，极大地影响着源赖朝与木曾义仲二人，还有企图东进的平家。在《吾妻镜》中，初次记载甲斐源氏举兵的记录是这年的九月十日，武田信义之子一条忠赖率军攻入诹访的伊那谷，攻下了菅冠者防守的大田切城。

实际上，平清盛获知源赖朝在伊豆国举兵以及武田信义占领了甲斐国的消息，都是从上野国的新田义重处传来的。朝廷与平家同时得到了这两个消息，自然就想当然地将这两股源氏的举兵当成是事先合谋的谋反。然而在举兵之初，源赖朝与甲斐源氏的军事行动几乎没有联动，大家都在各自作战，这就有些意味深长了。

早年在保元、平治之乱时，参战的源义朝的军队里，就几乎看不到甲斐源氏的武士了，在前文中的石桥山合战战败之际，也没有见到源赖朝派遣北条时政前往甲斐联络甲斐源氏起兵的动向，这说明源赖朝与甲斐源氏的联系

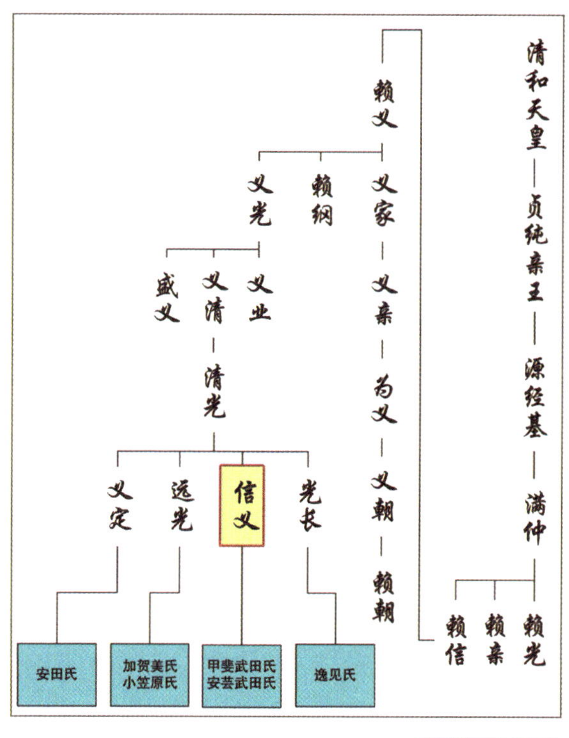

甲斐源氏系图

其实并不强。在《吾妻镜》中甚至还有九月八日时，源赖朝再度派遣北条时政前往甲斐国、信浓国传达自己命令的记录，从这开始，源赖朝与甲斐源氏往来的记载就渐渐多了起来。不过，《吾妻镜》中将源赖朝置于甲斐源氏的上位，这可能只是为了粉饰源赖朝而已，为此《吾妻镜》甚至不惜篡改甲斐源氏起兵的时间来误导读者。实际上，当时源赖朝的势力根本没有到达甲信，自然不可能指挥得动甲斐源氏与信浓源氏，源赖朝派出的“下达命令”的使者，其实也只是向甲斐源氏与信浓源氏请求援军而已。源赖朝真正以甲斐源氏的上位身份出现，恐怕是富士川合战之后统一关东之时的事了。

所以，历史上甲斐源氏的举兵与源赖朝并没有太多关联，平家对甲斐源氏的动向也抱着极强的警戒心。八月二十五日，大庭景亲派出了麾下的俣野景久与骏河国的代官橘远茂一同前往甲斐国，这大概是大庭景亲得知甲斐源氏起兵之后做出的应对措施。在这个当口，于石桥山战败的源赖朝正在朝着东边的房总半岛逃窜，暂时不会对大庭景亲造成威胁。另外，此时的平安京附近还流传着以仁王尚生存的谣言，而在七月左右逃亡伊豆国的源赖政的孙子源有纲，在不知所踪后又有传闻说他此时正在甲斐国之中，因此平家的注意力才会集中到了甲斐源氏的身上。

俣野景久与橘远茂的军队在进入甲斐国后就与甲斐源氏的武士安田义定等人展开交战。安田义定出生于长承三年（1134），虽然知道他是甲斐源氏的一员，但是很长时间以来却一直无法确定安田氏的领地在何处。好在近年来，在山梨县盐山市发现的大般若经的奥书里有记录说，甲斐国山梨郡八幡庄里有个安田乡。根据推测，此地大概就是安田义定的领地。

安田义定起兵之后，朝着富士山山麓的若彦路进军，于波志太山与俣野景久等人的军队交战。波志太山的地理位置也众说纷纭，一般认为就是在富士山的北麓、河口湖与西湖中间的足和田山。据《吾妻镜》中的记载，此战中平家的俣野景久麾下郎党所携带的弓箭，在交战前被老鼠啃食而遭到损毁，因而战败。

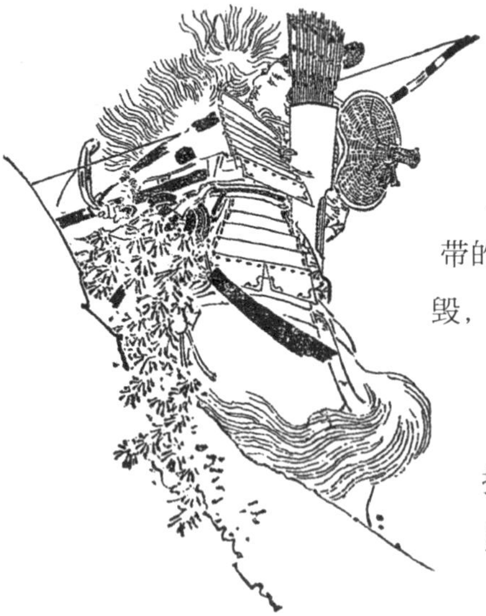

大庭景亲派出军队前往甲斐，原本是想趁着甲斐源氏刚举兵将其扼杀在摇篮里，结果却反被甲斐源氏打得大败，连骏河国的大门都向甲斐源氏“敞开”了。也许因为这个原因，平安京里的贵族们才会误判源赖朝与甲斐源氏是

武田信义

一伙的吧。

面对关东的乱局，平安京方面很快就做出了应对策略——朝廷任命平清盛的嫡孙平维盛作为平家讨伐军的大将，讨伐军于九月二十一日从福原出发，二十二日在昆屋野停留一晚后，在二十三日进入了平安京，预定在二十九日由六波罗府出发讨敌。至于为什么平家在进入平安京至出阵，居然有近一周的时间间隔，则是因为他们想要选取一个吉日出阵。

值得注意的是，这次平家派出的讨伐军虽然是以源氏为目标，但是直接的讨伐对象却不是源赖朝而是甲斐国的甲斐源氏。源赖朝的军队此时尚在相模国休整，平家的讨伐军无法绕过甲斐源氏直接进入关东。因为倘若平家大军直接进入关东，甲斐源氏就可以从甲斐国出发攻入骏河国，切断平家大军的后路，与源赖朝形成对平家讨伐军的包夹之势。

根据《吾妻镜》的记载，源赖朝向甲斐源氏派出使者北条时政，促使他们也响应源赖朝并作为源赖朝的援军参加对平家讨伐军的战斗，但是在史料上却见不到源赖朝是此战中源氏一方“总大将”的有力证据。实际上，剖析《吾妻镜》中的记载就会发现，这本书一直都围绕着“平氏嫡流”平家与“源氏嫡流”源赖朝为主角，叙述源平争乱的经过，而将其余的源氏武士都置于源赖朝的下位，刻意贬低他们的地位。在真正的历史中，此时的源赖朝与甲斐源氏只是一个同盟关系，平家讨伐军的直接对象是甲斐源氏。而源赖朝最终率军前往富士川与平家讨伐军对峙，并不是作为主力部队参战，只是以甲斐源氏的援军身份出现罢了。

第五节　富士川合战

治承四年（1180）十月十四日，平家在骏河国的代官橘远茂听从了长田入道[①]的建议，率军从骏河国再度进入甲斐国，结果在一个叫“钵田”的

① 之前向平清盛举报源赖朝与北条时政密谋举兵的人就是他。

地方遭到武田信义、北条时政的阻击，不幸战死。这个名为“钵田”的地方，在《吾妻镜》里与八月份甲斐源氏起兵时的“波志太山合战”的交战地是同一个场所。

橘远茂在骏河国的地位相当于山木兼隆在伊豆国的地位，都是平家在地方上任命的代官，代表平家统治当地，并负责统率当地的武士团。当初山木兼隆遭到源赖朝的攻击身亡，导致伊豆国落入敌手，如今橘远茂战死，前往关东的大门骏河国也岌岌可危。橘远茂战死，使得平家讨伐军不得不直接朝着富士川前进，准备率先讨伐甲斐源氏，扳回一局。

朝着东国进军的平家军队，从平安京里出阵时人数约有三万骑武士，在进军途中，又因为朝廷颁布的追讨朝敌的宣旨，吸纳了许多沿途国衙里的武士加入，抵达骏河国时人数达到了七万骑。这些基于朝廷公权召集的以地方庄园、公领为根据地的武士们被称为“驱武者”，说明此时由平家家臣组成的讨伐军兵力已经不足以应对内乱，所以才会利用朝廷的大旗将地方武士召集到平家的军队里充数。

然而，靠着一纸公文召集起来的驱武者们看似人数众多，实则只是一群乌合之众。平家武士向主家奉公，在获得战功后能够得到恩赏，而响应朝廷号召从军的驱武者，在战后能够分到的利益非常少，甚至有的人得自己倒贴军费，即便是不幸战死，也可能没有一毛钱的抚恤金和追封。人员成分复杂使得追讨军的总体战意不高。这些加入的武士参战的效果，反而还有可能是负面的，很快，这些弱点就都在战场上显现出来了。

十月十六日，平维盛率领的讨伐军来到了骏河国的清见关。得知平维盛已经率军抵达骏河国之后，源赖朝率领着号称二十万的军队从镰仓出发，于十八日越过足柄峠，在河村山赶走了试图与平维盛军合流的大庭景亲的军队之后，在黄濑川附近驻扎了下来。与此同时，甲斐源氏、信浓源氏的武士们也开始准备迎击平家讨伐军，他们在黄濑川与源赖朝的援军会合以后，决定在二十四日开始对讨伐军发起进攻。富士川合战就在这样的局面下爆发了。按

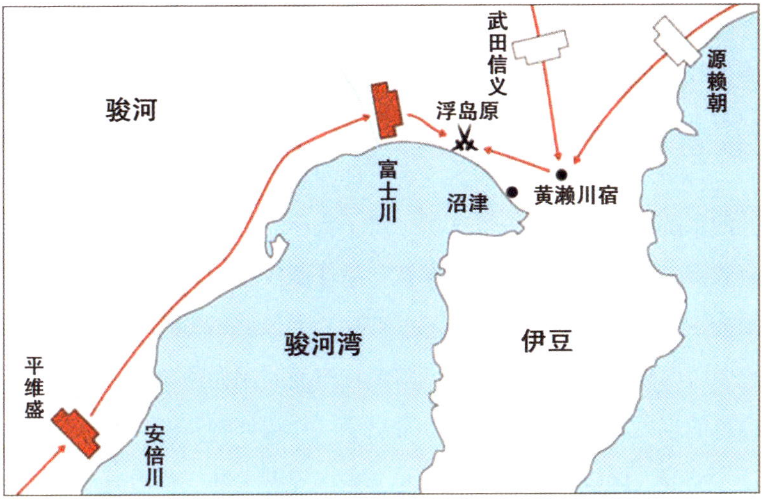

富士川合战进军图

照《吾妻镜》里记载，十月二十日源赖朝率领的源氏军队与平维盛讨伐军交战，最终，源赖朝的军队击败了敌军，而在《平家物语》里交战的时间则是十月二十三日至十月二十四日，这两种说法均是当下的历史书里流行的通说。

然而，在《玉叶》这样的一级史料里，我们所获知的富士川合战的真相却与《平家物语》《吾妻镜》大相径庭。在《玉叶》中，富士川合战的主要交战双方并不是源赖朝与平维盛，而是甲斐源氏与平维盛，源赖朝本身与富士川合战的关系其实并不算非常大。

那么，真正的富士川合战又是什么样子的呢?

十月十七日，甲斐国的武田信义、一条忠赖父子向平维盛一方派去了两名武士作为使者，双方约定在甲斐国与骏河国之间的较为广阔的湿地带浮岛原交战。武田氏在战前派出使者下战书，是遵从当时武士之间交战的惯例的，可是武田信义所写的战书言辞极为无礼，平家的大将伊藤忠清看完后大怒不已，将两名使者推出斩首。伊藤忠清说："两军交战不斩来使是规则，但如今我军是奉旨讨贼，这项规则就不适用于朝敌了。”在《延庆本平家物语》中记载，当源赖朝得知平家斩杀了使者，违反了道义后，便发出了“平家的气数已尽”的感慨。

与持有朝廷宣旨以及大义名分的伊藤忠清等人的高姿态形成反差的是，他们军队的士气却十分低下。十月十八日，平家讨伐军在富士川布阵时，就有数百名武士偷偷地离开了军营，前往源氏军中投诚。紧接着，十月二十日半夜，武田信义率领的军队绕过了平家讨伐军的营地来到平家讨伐军的后方，想要渡河攻打平家军。结果武田军在渡河时因为声响太大，惊醒了在沼地里栖息的水鸟，水鸟全部飞起，发出了“扑腾扑腾”的声音。平家讨伐军听到这个动静，误以为是敌方的大军来袭，阵脚大乱，还没有与敌军会面就全军崩溃，纷纷往木曾川、墨俣的方向逃窜。

水鸟吓走平家讨伐军的事，一直是富士川合战中令人津津乐道的故事，《平家物语》里甚至写道，当时的人们传唱“富士川中奔涌的水，不如伊势平氏的两条腿”来笑话不战自溃的平家讨伐军。

不过，从《山槐记》的记录来看，平家讨伐军的崩溃其实并非是平家武士胆小，而是被那些临时召集来的驱武者，带起来的连锁反应。这些战意不高的驱武者交战前就非常惧战，在两军对峙之际，还有许多人陆陆续续地逃走，所以当平家讨伐军听到水鸟拍打翅膀的声音时，这些早就打包好行囊的驱武者吓得四下逃窜，将平家的士兵也给影响了。被称为是“源平两家最早的一次全面交战”的富士川合战，就以这样滑稽的方式落下了帷幕。

第六节　源赖朝的动向

在源赖朝军还未抵达富士川时，甲斐源氏就已经与平家讨伐军交战并击溃了他们，那么此时的源赖朝在干什么呢?

在富士川合战之前的十月十九日，源赖朝属下的天野远景在伊豆国的鲤名浜逮捕了企图率军乘船与平家讨伐军会合的伊东祐亲，并将他绑到了黄濑川的源赖朝军本阵之中。天野远景在石桥山合战时与儿子天野政景一同参战，在战后则与源赖朝兵分两路，在伊豆国发展势力，搜寻并讨伐当地的亲平家势力。

伊豆国亲平家的一大势力伊东祐亲被源氏军队逮捕，标志着源赖朝曾经的流放地伊豆国也彻底被编入了他直辖的支配地之中。

在《吾妻镜》的记载中，十月二十日，源赖朝率军前往骏河国富士郡的贺岛布阵，与甲斐源氏的军队一同隔着富士川与平维盛率领的平家讨伐军对峙。然而，从地理位置来看，贺岛的地理位置在平维盛军与武田信义军对峙的富士沼（即浮岛原）的西边，如此，按照《吾妻镜》的说法，源赖朝岂不是率军绕过了平维盛的讨伐军，在讨伐军的西边布阵了？这可不是一件简单的事，所以《吾妻镜》中十月二十日源赖朝军的动向，并不可信。

实际上，《吾妻镜》之所以会出现这样地理位置错误的矛盾，是因为富士川合战时，源赖朝很有可能还停在黄濑川没有移动。但是该书却想将甲斐源氏打赢的富士川合战张冠李戴成是源赖朝的功劳，才会对历史进行篡改，

富士川合战交战地

并不遗余力地粉饰源赖朝，将“源平两家最早的大规模合战”刻画成源赖朝对战平家。然而因为时代的局限性，作者对当地的地理位置并不熟悉，所以露出了马脚。

因此，富士川合战本质上是甲斐源氏与平家之间的战争。其起因是因为甲斐源氏的军队想侵入骏河国，这才招来了平家的讨伐军，最终甲斐源氏能够以寡敌众，也是拜平家讨伐军士气过于低落所赐。

在《平家物语》里记载着这么一则故事：

武藏国长井庄出身的武士斋藤实盛原本是跟随源氏的武士，平治之乱之际源赖朝的哥哥“恶源太”源义平与平重盛交战时，麾下的武士中就有他的身影。在源氏败亡以后，斋藤实盛为了保住家族，不得不服侍平家，这一次也参加了富士川合战。

大战前夜，平维盛找来了斋藤实盛，询问斋藤实盛道：“东国像你这样善于骑射的武士能有多少人？”

斋藤实盛听后说：“大人以为我善射吗？东国的武士中像我这样擅长武艺的数不胜数，再加上东国的骑马武士极其彪悍，一骑东国的武士就能抵得上我军二三十骑。他们打起仗来不畏死亡，就算是父亲或者儿子战死了，其余的人也会义无反顾地冲杀。反观西国的武士，父亲死了要守灵，儿子死了又伤心得打不了仗，夏天怕热，冬天怕冷。甲斐国、信浓国的武士熟知此地的地形，擅长计策的他们即便是绕过我军偷袭我军后方也不足为奇。”

斋藤实盛的话导致原本就战意不高的平家讨伐军的士气愈加低落，不过实际上，这则故事只是《平家物语》的创作而已。近年来的研究表明，在中世纪的日本，评判武士武艺优劣的标准就是骑射的水平，平家也有许多擅长骑射的武士，并不像斋藤实盛说的那样不堪。《平家物语》属于那种带有“事后诸葛亮”色彩的军记物语，故事均以“平氏必然败亡，源氏必然获胜”来创作，这才会编造出斋藤实盛与平维盛的对话。

十月二十一日，源赖朝率军从黄濑川向镰仓撤军。在《吾妻镜》的记载中，源赖朝退兵前，任命安田义定为远江国的守护，任命武田信义为骏河国的守护。然而，镰仓幕府的守护制度是在追讨源义经时期才逐渐开始成形，此时的日本压根儿就没有“守护”这个职役，所以《吾妻镜》的记载其实也不准确。

此时的源赖朝还没有权力授予甲斐源氏类似后来的“守护”这样的头衔，事实上，因为甲斐源氏在击退平家讨伐军以后将势力扩张到了骏河国与远江国，源赖朝只是对盟友甲斐源氏的“既成事实”的势力范围表示认可。而《吾妻镜》一书为了粉饰源赖朝的地位，故意将源赖朝的认可改为恩赏，实则是将甲斐源氏从一个独立的势力变成了从属于源赖朝的势力，这只怕也只是后世为了强调源赖朝的河内源氏嫡流的创作罢了。

富士川合战

在同一天，源赖朝还在阵中接见了阿野全成、源义圆、源义经等兄弟，其中源义经是第一次与兄长见面。令家臣们感到奇怪的是，在得知源义经前来参阵时，源赖朝竟然不是派人传唤源义经，而是亲自带着几个侍从接见了这个弟弟，说明源赖朝还是十分重视源义经的。根据《平家物语》的描述，源赖朝与源义经会面的地点是富士川，不过前文已经提到源赖朝并没有参加富士川合战，所以二人会面的地点有可能是在黄濑川。在《吾妻镜》的记载里，源义经的初次登场也是该书中浓墨重彩的一笔。书中提到在平治二年（1160）时，源义经尚在襁褓之中，父亲源义朝就遇害了。在这之后，源义经被一条大藏卿长成抚养，后来送往了京都的鞍马寺出家。等到源义经成年，为了向平家复仇，在举行了元服之礼后，他便前往奥州投靠称霸日本东北的陆奥藤原氏，在陆奥国磨练武艺。直到近日，源义经听说兄长源赖朝起兵，便想要投入兄长麾下，可是奥州藤原氏的家主藤原秀衡却想挽留源义经。源义经只得偷偷出逃，而藤原秀衡得知了此事以后，虽然感到惋惜，但是依旧派出了佐藤继信、佐藤忠信兄弟前去辅佐源义经。

《吾妻镜》的记载大都是关于源义经的脍炙人口的故事。源义经虽然没有赶上这次富士川合战，但是他很快也会登上历史的舞台，发挥自己出色的才能，消灭平家。

另外值得一提的是，藤原秀衡说的是派出佐藤继信、佐藤忠信兄弟辅佐源义经，但是历史的真相可能是藤原秀衡特意派出这两个人跟随源义经，趁机负责监视源义经与源赖朝的动向，仅此而已。

第七节　常陆佐竹氏

平家在富士川战败以后，源赖朝一度想要直接挥师上京，但是三浦义澄、千叶常胤、上总广常等关东豪强却劝说源赖朝返回关东整顿军备，巩固地盘。此时的源赖朝虽然已经有了一块不小的根据地，但是关东从属平家的势力仍然很多，三浦义澄等人担心追随源赖朝上洛离开关东后，自己的领地会遭到其他关东的武士团的进攻，所以才会对上洛持保守态度。

治承四年（1180）十月二十三日，源赖朝在返回镰仓的途中在相模国的国府大肆封赏自举兵以来的从龙功臣①：下河边行平被封为下河边庄的庄

① 在皇帝还没有当上皇帝（当太子或者在打天下）的时候就跟皇帝的亲近的大臣，立有大功，所以叫从龙功臣。

司，三浦义澄受封三浦介，其他的武士们也都从源赖朝处获得了领地的保证——此时的关东还不完全在源赖朝的手上，他并没有过多的土地可供封赏，只能向他们保证本领安堵①。

另一方面，为了拉拢关东的武士，源赖朝对一些臣服的曾与自己敌对的武士大多数都予以宽大处理，不对他们的领地有太多的变动。源赖朝的一视同仁，使得关东武士们找到了归属，越来越多的武士开始投入源赖朝的麾下。当然，源赖朝也不完全是一台“中央空调”，例如平家在相模国的代官、曾让源赖朝陷入绝境的大庭景亲，在被源赖朝俘虏后，于十月二十六日在固濑川被兄长大庭景义斩首。

富士川合战虽然与源赖朝关系不大，但是甲斐源氏取得的巨大胜利对源赖朝未来的发展影响很深。源赖朝支配的地域位于南关东，西边是盟友甲斐源氏的地盘，善战的甲斐源氏便成为源赖朝与平家之间的缓冲势力，让镰仓不会直接受到平家的威胁。源赖朝也正是趁着这个机会巩固自己的镰仓政权，在关东扩张，草创出镰仓幕府的雏形。

此时的关东还有各地大大小小的武士团在势力从属上暧昧不明，比如上野国的新田义重，他与源赖朝同样具有河内源氏的血统，还是源氏一族的宿老、源义家的孙子。新田义重早先就与平清盛有内通，富士川合战期间他又召集了郎党在寺尾城守城，既不表示支持平家，也不表示要跟随源赖朝。下野国平家一方的武士足利俊纲，也在源赖朝入驻镰仓后率军侵入上野国，烧毁了许多亲源赖朝的武士的房屋。源赖朝之所以以镰仓作为自己的根据地，除了镰仓对河内源氏来说意义重大外，避开这些北关东武士团的威胁也在他的考虑范畴内。

不过，最让源赖朝担心的还是常陆国的武士团。常陆国的武士团大部分持反对源赖朝的立场，而且还有一些十分复杂的关系在里面。在常陆国最大

① 关东武士多是古代开发领主的子孙，所以多拥有祖传下来的私有领地（本领）。他们在镰仓幕府成立时成为源赖朝的御家人，源赖朝确保他们的领地私有权不受侵害，称本领安堵。

的武士势力是源氏出身的佐竹氏，佐竹氏乃是源义家的弟弟、新罗三郎源义光的后裔，世世代代以常陆国久慈郡佐竹乡为自己的根据地，便以佐竹为苗字。虽然佐竹家是常陆国一霸，但是常陆国却是属于平家的势力范围。

平家出自伊势平氏，上文“承平·天庆之乱”一章中有提到，平高望的儿子平国香担任常陆国大掾的官职，后来他被侄子平将门杀害，平国香的儿子平贞盛又从平安京丢官弃职回到关东，继承了父亲的官职，并且为父报仇。尽管后来平贞盛的四子平维衡迁到了伊势国，伊势平氏与常陆国的联系却越来越远，但是平家发家后依旧将常陆国作为自己的故地，十分重视这里。久安三年（1147），也就是平忠盛的嫡子平清盛出任安艺守的第二年，平清盛的弟弟平家盛出任了常陆介的官职。次年，平清盛的另一个弟弟平赖盛接替平家盛出任常陆介，直到保元元年（1156）为止，又改由平经盛出任常陆介。

在平家得势期间，平赖盛因鸟羽法皇的宠妃美福门院得子的推荐，出任了八条院厅的别当，为此平赖盛将常陆平氏的多气直干支配下的庄园信太庄和村田庄都寄进到了八条院门下。平赖盛的举动说明常陆国的平氏武士已经被平家给家臣化了，与常陆平氏关系匪浅的常陆源氏自然也倾向了平家，成为平家在关东扶持的势力。正是因此，佐竹氏虽为河内源氏出身，在保元、平治之乱中并没有随源义朝出阵，反而还与源义朝麾下的南关东势力长期保持着对立的关系。

佐竹氏的现任家主佐竹隆义的母亲是奥州藤原氏前当主藤原清衡的女儿，有着同样河内源氏的出身、强大的妻家背景的佐竹氏亲近平家，而与平家相同出自桓武平氏的千叶氏、上总氏却亲近源赖朝，这也可以说是源平合战特殊背景下的奇景了。

富士川合战这年，佐竹氏家主佐竹隆义并不在关东，《吾妻镜》里为了给源赖朝攻打佐竹氏争取口实，故意说佐竹隆义此时在平安京向平家奉公，实际上佐竹隆义只是在京都为朝廷执行“大番役”的任务。佐竹隆义外出期间，留守关东的是佐竹隆义的弟弟佐竹忠义和儿子佐竹秀义，此二人也是立场非常鲜明的亲平家武士。在被日本人称为“东国版《平家物语》”的《源平斗争录》里记载，佐竹忠义以平家大将的身份，统领常陆平氏出身的下妻广干、东条贞干、鹿岛成干、小栗重成、丰田赖干等共两万余骑，打着讨伐源赖朝的旗帜浩浩荡荡地杀入了下野国。然而佐竹忠义进入下野国的目的并不是攻打源赖朝，而是想获得下野国的武士足利俊纲的支持，让两军合流。佐竹忠义派出使者对足利俊纲说：“源赖朝以被流放的囚徒身份举兵与平家敌对，就如同螳螂用手刀砍向天子的车驾一样，无论如何也不会成功的。不如和我一起讨伐源赖朝，事成之后平家一定会给我们巨大的恩赏的。”足利俊纲却对佐竹忠义的邀请抱着怀疑的态度，他对使者说道：“佐竹忠义与源赖朝是同一族的武士，有道是打断骨头连着筋，他怎么可能会做出这种事呢？我不信，所以我也不去。”

被足利俊纲拒绝以后，佐竹忠义不得不率军返回常陆国。不过，在这时说“打断骨头连着筋”的足利俊纲，却在两年后跟随了源赖朝的亲叔父志太义广举兵反对源赖朝，真是让人捉摸不透。

源赖朝既然想要称霸关东，就必须要降服常陆国的佐竹氏，再加上佐竹氏长年来与千叶常胤争夺相马御厨的领地，此举也可以收买千叶常胤，顺便稳定千叶常胤的后方，让他安心追随自己打仗。

第八节　金砂城合战

十月二十七日，富士川合战发生一周后，源赖朝率军从镰仓出发，出阵常陆国讨伐敌对的佐竹氏。十一月四日，源赖朝抵达常陆国的国府，他派出与佐竹氏有着姻亲关系的上总广常前去探听佐竹氏的动向。

此时佐竹秀义在金砂城笼城据守，而佐竹秀义的哥哥佐竹义政则被上总广常骗出城，在大矢桥遭到伏击战死。很快，源赖朝兵临城下的消息就传遍

金砂城遗址

了常陆国，许多原本追随佐竹氏的武士们要么投降源赖朝，要么偷偷逃走，佐竹氏陷入孤立无援的境地。最后，源赖朝命土肥实平、下河边行平、和田义盛、熊谷直实、平山季重等武士率领三千人的军队将金砂城给包围了起来。

金砂城位于现在的茨城县久慈郡金砂乡町[①]，这是一座修筑于断崖上的十分易守难攻的城池。

包围金砂城的次日，源赖朝想趁着佐竹氏守备尚不完备之际攻打金砂城，派出平山季重作为先锋。可是金砂城的地势险要，镰仓军足足攻打了一整天，结果己方军队伤亡惨重，根本无法取得战果。

眼见攻城的伤亡巨大，土肥实平便向源赖朝表示："金砂城城高墙厚、地势险要，佐竹氏又兵精粮足，要是强攻的话，一时半会儿难以攻下不说，只怕己方也会伤亡惨重，不如想个计策智取。"

尽管如此，土肥实平也只是嘴上说说，并没有什么计策。

① 如今的西金砂神社也坐落在这个地方，到现在依然可以看出当初的金砂城的城郭遗迹。

这时，曾和佐竹氏关系密切的上总广常开口说道："佐竹秀义的伯父佐竹藏人义季狡诈贪财，要是我等予以重礼，想必他会背叛家族投靠我们的。"

上总广常的计策可行性不错，要攻打一座防御能力极强的城池，从内部将其破坏是最好的选择，攻城方也不必付出太多伤亡。源赖朝当即拍板决定采用此计，上总广常立即派出使者与佐竹义季私下勾通，表示现在东国的武士大多从属源赖朝，要是佐竹氏坚持笼城抵抗，只怕会招致灭亡。不如找机会杀死主战派佐竹秀义，加入源赖朝麾下，源赖朝也会将佐竹氏的领地赏赐给佐竹义季继承。

佐竹义季身为佐竹家庶流，无缘佐竹家的家主，被上总广常以重利收买后，偷偷打开了金砂城的后门诸泽口的大门，带着上总广常的军队杀进城内。敌军闯入城内后，守城的军队陷入了混乱，此时负责正面攻击的下河边行平、熊谷直实等人也开始攻城，双方里应外合，坚城金砂城就这样落入了源赖朝的手中，佐竹秀义弃城逃亡花园城①。

十一月七日，源赖朝对金砂城合战中立功的武士下赐恩赏，将佐竹义季收为自己的御家人，还面见了源氏一族的志太义广与源行家。志太义广本名源义宪，与源行家同为源为义之子，都是源赖朝的叔叔，以常陆国志太郡为根据地，自称志太三郎先生。不过这一次的会面却让源赖朝不是很高兴，因为这两个叔父似乎并没有把自己放在眼里，源赖朝也看出，二人日后可能会成为心头大患。

十一月八日，源赖朝将没收的佐竹氏领地封给诸将，千叶氏如愿以偿地得到了相马御厨的领地，源赖朝还买一送一，将下总国三崎庄也赐给了他们；宇佐美氏获得了原佐竹氏的领地多珂郡、佐都东郡；二阶堂氏获得了久慈东郡、久慈西郡；伊贺氏获得佐都西郡；大中臣氏获得了那珂东郡、那珂西郡。除此之外，世矢乡、大窪乡、盐浜乡三乡被源赖朝寄进给了鹿岛神社；而那个背叛自己家族的佐竹义季，当然也"如愿以偿"地获得了佐竹氏的"旧

① 花园城所在地一说在陆奥国，一说在常陆国。

金砂山城

领”——仅仅只受封一个小小的佐竹乡。

在源赖朝瓜分佐竹氏领地期间还发生了一个小插曲：

据说源赖朝的属下俘虏了几名佐竹家的武士，有个叫岩濑太郎的佐竹家家臣一直哭泣不止，源赖朝便询问他为何哭泣。

岩濑太郎看着源赖朝，止住了哭泣：“我只是痛惜我主冤死而已。”

“哦，原来如此。”源赖朝说道，“真痛惜的话，为何不追随你家主公去呢？”言下之意，源赖朝似乎有些瞧不起这名武士。

岩濑太郎听闻源赖朝如此发问，不卑不亢地回答道：“殿下要诛杀我家主公，我等理应为其战死。但是我之所以没为主公殉死，就是为了与源赖朝殿下见上一面，好当面陈述我的想法。源赖朝殿下不以讨伐平氏为重，反倒来攻打我佐竹家，殿下的敌人在平安京，大可以上京去与平家决一死战，可是殿下却反过来攻杀自己的亲族，这种亲者痛、仇者快的事，难道不正是平家想看到的吗？殿下诛杀亲族，以后谁还会为殿下效力？就算如今殿下手下猛将如云，前来归附的武士数不胜数，恐怕他们也只是畏惧殿下的威势而并不心服吧。殿下此举，难道不怕被后人诟病吗？”岩濑太郎说得头头是道，以至于源赖朝无言以对，他沉思了一会儿，便命人将这几位佐竹家的武士放了回去。

十一月十日，在返回镰仓的路上，源赖朝在位于小栗御厨的小栗重成的家中借宿。小栗重成是常陆平氏出身，在源赖朝攻打佐竹家时，他独自一人脱离亲族参加了源赖朝的军队，因此源赖朝才会如此重视他。

源赖朝在北关东的军事胜利不久就传遍了东国，然而他的胜利却引起了一个人的不快，此人即是源赖朝的堂兄弟——以信浓国为根据地的木曾义仲。木曾义仲于十月十三日从信浓国率军杀入关东的上野国，朝着父亲的旧领多胡庄进军，他此举除了是想与源赖朝“竞跑”外，还有继承父亲的遗产多胡庄以及对足利俊刚的上野侵攻做出回应的意义在其中。

木曾军进入上野国以后，多胡、那和、桃井、佐位、木角等上野国的强力武士均前往木曾义仲处参阵，说明在关东武士的眼中，源赖朝也不是唯一的选择。

十一月十七日，源赖朝返回镰仓，命令和田义盛出任负责统率家臣作战的“侍所”的长官“侍所别当”。十二月二十二日，上野国的源氏名门新田义重姗姗来迟，前往镰仓觐见源赖朝，同行的还有他的儿子山名义范、孙子里见义成等等。

新田一族的参阵使得源赖朝的势力也扩张到了上野国，与木曾义仲的势力正式接壤，源赖朝与木曾义仲争夺河内源氏嫡流的斗争正式开始。

那么，这最后一个敢同源赖朝争夺嫡流的势力信浓源氏，又是怎么样在内战中发展起来的呢？

和田义盛

第五章

／诸国内乱

DI-WU-ZHANG

ZHUGUO NEILUAN

YUAN PING HE ZHAN

| 源平合战 |

——日本武士的崛起

第一节　信浓源氏举兵

在以仁王的令旨广泛颁布至日本东国之时，除了伊豆的源赖朝、甲斐源氏举兵以外，信浓国的源氏武士也举起了打倒平家的大旗。

信浓源氏的代表是河内源氏出身的源义仲（下文统称木曾义仲）。木曾义仲是源义朝的兄弟源义贤的次子，幼名驹王丸，与源赖朝是堂兄弟的关系。然而，在平安时代末期，清和源氏一族内部纷争不断，尤其是河内源氏这一脉，源为义与源义朝的父子关系极其恶劣，以上野国至武藏国北部为势力范围的源义贤站到了父亲源为义的一方，与以镰仓为据点的兄长源义朝的势力对抗。

久寿二年（1155），源义朝的长子源义平突然袭击了位于武藏国大藏的源义贤的住处，将源义贤杀害，大藏据说就是木曾义仲的出生地。源义贤战死后，他的长子源仲家前往京都，成为摄津源氏源赖政的养子，并参加了后来以仁王的举兵。时年两岁的木曾义仲就没那么幸运了，他遭到了堂兄源义平的追杀。好在搜捕木曾义仲的武士畠山重能动了恻隐之心，放了他一条生路，秘密将木曾义仲藏在自己的住处。

恰好这段时间斋藤实盛公干路过武藏国，畠山重能便将此事告诉了斋藤实盛。可是，自从源义贤败死后，武藏国的武士大多追随了源义朝，将木曾义仲藏在武藏国终究不是办法，迟早有一天会被人发觉。斋藤实盛临走前将木曾义仲带走，送到了信浓国的木曾谷，托付给了木曾义仲乳母的丈夫、信

木曾义仲像

浓国权守中原兼远抚养。在《源平盛衰记》之中，这个中原兼远还是平家的家臣。

木曾义仲少年时生活在信浓国的一个小村子里，位于现在的长野县境内，这个村子也因为他的关系被命名为“日义村”。在信浓国长大的木曾义仲，像囚人源赖朝一样，身边也聚集了一批有勇有谋的武士，有中原兼远之子——以信浓国西筑摩郡樋口谷为根据地的樋口兼光；樋口兼光的弟弟——以西筑摩郡今井为根据地的今井兼平；以信浓国佐久地方为根据地的根井一族的根井行亲[①]；据说还有中原兼远的女儿——被称为巴御前的女武士。

信浓国的武士们聚集在了木曾义仲麾下，组成了一个颇有影响力的势力，其中樋口兼光、今井兼平兄弟，根井行忠、楯亲忠兄弟（根井行亲之子）四人也被称为“木曾四天王”，在《源平盛衰记》里根井行忠、楯亲忠兄弟则被他们的父亲根井行亲以及高梨忠直二人代替。

在《平家物语》的记载中，自从平治之乱以后，源氏出身的武士地位一落千丈，大权被平氏夺取。为此，木曾义仲前往石清水八幡宫自行举行了元服礼，取名木曾次郎。当以仁王的令旨抵达信浓国之时，木曾义仲召集了

① 保元之乱中，根井行亲参加了源义朝的军队。

一千余人马准备起兵。这个消息很快传到了平宗盛的耳朵里，平宗盛找来了中原兼远，先是呵斥了一顿，再命令他将木曾义仲逮捕缚送京都。中原兼远佯装答应平宗盛的要求，返回信浓国之后，非但没有逮捕木曾义仲，反而让木曾义仲前往根井行亲处招募兵马准备起兵事宜。

木曾义仲举兵的史料和记载相对源赖朝来说较少，因此想要确定信浓源氏举兵的具体时间比较困难。不过在《吾妻镜》的记载中，治承四年（1180）九月七日的信浓国发生了一场合战，当时信浓国的平家家臣笠原赖直发兵攻打信浓源氏井上一族的村山义直，村山义直向木曾义仲发去了援军请求。这件事大概就是木曾义仲反抗平家的直接导火索。

木曾义仲与樋口兼光、今井兼平从木曾口率军北上，在市原与笠原赖直交战并击退了笠原赖直，随后又杀向了善光寺。而被木曾义仲击败的笠原赖直狼狈地逃往了越后国，去依附越后国平家的有力家臣城长茂（城助职）。在《平家物语·卷八·鼓判官》之中，木曾义仲自称在市原合战以前曾在信浓国国府周边的麻绩御厨、会田御厨有过战斗。如果不算直接与平家敌对的话，推测在八月底至九月初时，木曾义仲就已经开始进行军事行动了。

第二节　畿内的烽火

在各国反平氏势力蜂起时，平家的大本营京畿和西国也出现了动荡。

十一月五日，在富士川合战落败的平家主帅平维盛回到了京畿，没有敢前往福原面见平清盛。平清盛得知讨伐军大败，大怒不已，想要驱逐平维盛，再将伊藤忠清斩首，多亏了其他家臣的求情这才没有实行。对平家来说，富士川合战的失败表示将源氏的举兵掐死在摇篮里的战略失败了，而在平家政权内，反对迁都的呼声也越来越高。以早先就对迁都福原持反对态度的平宗盛为首的平家武士与平清盛就“还都”问题产生了冲突。平家在富士川合战的落败，使得坚如磐石的平家一门产生了裂痕，平家内部已经出现了两极化

平维盛像

的倾向，这也间接影响了日后平家对源氏的征伐作战。

十一月七日，平家再度请得讨伐源赖朝、武田信义谋反的宣旨，让平维盛二度就任追讨使。朝廷的宣旨中将源赖朝与武田信义列举在一起，说明此时的平家已经认定平家讨伐军的讨伐对象是武田家与源赖朝的联合势力了。在二次讨伐前的军议上，平时忠提出了一个分化源氏的计策，他指出，可以先将美浓国的源氏武士拉拢到己方，从内部破坏源氏的团结。不过平清盛却拒绝了平时忠的提议，平时忠只能加强监视美浓源氏的动向，但是没有做任何对局面有利的事情。结果十一月十七日，美浓国、尾张国的源氏武士受到源赖朝的影响后，纷纷起兵反抗平家的统治。

浓尾源氏武士的起兵波及了离平安京近在咫尺的近江国。九条兼实的日记《玉叶》里记录：“十一月二十日，近江国的源氏武士山本义经以及其子柏木义兼，在势多埋伏袭击了前往伊势国的平家家臣伊藤景家和他的郎党，并在势多桥将其斩杀。”不过在诸多《平家物语》的版本中，还有伊藤景家出家为僧以及在水岛之战依然追随平家出阵的不同说法。

伊藤景家便是当初直接讨取以仁王的平家军队的大将（将以仁王射杀的伊藤景高是他的儿子），因此山本义经伏击他很可能是为了表现自己在为以仁王复仇。

近江源氏的行动引起了甲斐源氏的注意，为了乘势从平家手里夺取近江国丰富的物资，甲斐源氏的首脑武田信义向山本义经派出了使者，表示自己近期将会率军增援近江国，让山本义经暂缓对平家的攻势，等候援军。可以看出，治承四年诸国源氏起兵之后，甲斐源氏在东海道、东山道等地的军事影响十分巨大。在这之后的十二月二十四日，武田信义之子武田有义的妻子在平安京被杀害，首级被人斩下。虽然这件事的犯罪嫌疑人无法确定，但是很可能与甲斐源氏、近江源氏的联合有些关系——大概是平家为了报复甲斐源氏，才派出杀手将武田有义的妻子杀害的吧。

除了源氏武士以外，京畿的延历寺也是反平家的一大势力。延历寺作为镇守平安京鬼门的寺院，一旦都城迁走，其保护朝廷与平安京的作用就丧失了意义，地位自然也一落千丈，福原迁都事件从根本上影响到了延历寺的既得利益。在当年的九月底，就有寺院的僧徒上书朝廷，请求朝廷还都平安京。

十月下旬，因为平家在东国的节节败退，源氏在各地起兵反平，延历寺的僧徒底气越来越足，上书的言辞也愈加激烈起来，甚至向朝廷表示，若是不终止迁都的行为，朝廷将会丧失对山城国、近江国的有效支配。

延历寺的恫吓是不是单纯的威胁呢？明显不是的。延历寺是掌握京畿北部的山城国、近江国、若狭国等地宗教势力的北岭寺院之首，对社会发展的走向有着极大的影响，而僧徒们向朝廷的上书，与其说是威胁朝廷，倒不如说是对于自己利益的强势维护——若朝廷一意孤行，自己可能与朝廷决裂。

另一方面，高仓上皇在迁都福原之后也身患重病，表示想还都平安京。再加上此时平家的当务之急是平定平安京附近针对平家的叛乱，若是继续将政治据点设置在福原，是很不便于展开行动的。对此，平清盛不得不做出还都平安京的决定，这个决定可以说影响了平家的生死。

十一月二十一日，在高仓上皇的殿上会议上，朝廷做出了从福原还都平安京的决定，二十三日，平清盛就与安德天皇共同上路，于二十六日再度进入平安京。近几十年来一直以平安京的守卫者姿态出现的平家还都京都，大大安定了平安京以及附近百姓与武士的情绪。

平安京

还都平安京是平清盛为了讨伐源氏而做出的艰难决定，他自然不能白吃这个亏。早在十一月二十二日，平清盛还未从福原出发还京之时，福原的高仓上皇就向延历寺发去了追讨谋反者的命令，近江国的一大宗教势力石山寺开始警戒寺院周边的地域，并且要给予平家的军队通过寺社领地的权利。

此时的平安京有传闻说美浓源氏将要率军进入近江国，支援近江源氏。一进入十二月之后，平家就开始针对近江国的源氏展开攻击，想趁东山道、东海道的源氏势力还未侵入京畿前就平定近江国。

十二月一日，平家的家臣平田入道家继从伊势国、伊贺国率军杀入近江国，次日，平知盛也率领平信兼、平盛澄等军队自平安京出阵，击破了近江源氏山本义经与柏木义兼的军队，并在十二月六日攻下了近江国的矢仓城。

近江源氏武士完全抵挡不住平家在近江国的反击，最后一个负隅顽抗的源氏武士山本义经想以园城寺为据点夜袭六波罗府，却在十二月十三日遭到了平知盛、平资盛军队的攻击。山本义经属下战死二百余人，被俘四十余人，他只身逃往马渊城躲藏，最终连马渊城也待不住了，狼狈地逃往东国依附镰仓的源赖朝。

第三节　南都烧讨

镇压了近江国的源氏以后，源氏势力对平安京的威胁暂时得以解除，平家这才开始将工作重心转移到了平安京的防卫上来。为了在最坏的情况下也可以“拒源氏于东国”，平家需要在院宣发出时能够及时调集兵粮以及征调朝廷大臣、庄园领主等人的兵力。为此，平家构筑了一套前所未有的都城防卫体系，让原本准备派遣至东国讨伐源氏的平重衡、平经正二人担任新的内里警卫，建立起如盾牌一样的“京中在家”制度。

虽然全新的军事体制目的在于保卫都城，但是平家也不愿意放弃都城以外的领地，所以，平家便想利用一些地方势力来牵制源赖朝等暂时无法讨伐的源氏势力，他们同陆奥国、出羽国的藤原秀衡，越后国的城助永等地方势力组成了“源氏包围网”，将甲斐源氏、信浓源氏、镰仓源氏包围。

此时的关东盛传越后国的城助永将与奥州的藤原秀衡联合出兵关东的谣言。城助永在越后国积极地平定反抗平家的叛乱，并向朝廷请命讨伐信浓源氏与甲斐源氏，甚至在请愿书上扬言：“仅仅凭我一人也可将甲信平定。”

治承四年（1180）十二月中旬左右，近江国源氏的起兵已经被平家镇压。虽然说近江源氏的起兵可能是受甲斐源氏的影响，但是毕竟远水解不了近渴，在京畿支持近江源氏起兵的依旧是园城寺与兴福寺的僧徒们。近江源氏起兵之际，两寺及其下属的寺院均有大量的武装力量参与到近江源氏的军队中，因此在平定近江源氏的反乱之后，平家的注意力自然而然地就转移到了园城寺和兴福寺的身上。

早在十二月十一日，平家就听闻山本义经与园城寺勾结，准备发兵攻打六波罗府，所以在讨伐山本义经前，平重衡就率领军队先行攻打了园城寺，还在寺内放火。平家对园城寺发起的攻击，无疑是对京畿宗教势力下发了战书，并且很快就将矛头指向了南都兴福寺。

平清盛为了征讨南都，先是派出了心腹妹尾兼康前往大和国担任检非所别当，地方的检非所相当于平安京内的检非违使厅。然而，兴福寺的僧侣们拒绝平家的势力渗透到南都来，公然袭击了妹尾兼康的下属，砍下了六十多位平家武士的首级不说，还将这些首级摆在猿泽池旁示众。

一般的通说中，兴福寺嚣张的敌对行为大大地激怒了平清盛，招来了他的报复。不过近年来的研究表明，兴福寺在近江源氏被讨伐、平家占有优势时如此轻举妄动，实在不合乎常理，因此这件事很有可能只是平清盛故意编造出来的谣言。因为这样一来，兴福寺杀害地方检非违使的行为就不光是向平家挑衅，而且是公然与朝廷敌对了。平清盛用这件事堵住了反对出兵兴福寺的公卿们的嘴，并给予向南都进军讨伐兴福寺的平家大军一个大义名分。

十二月二十五日，平清盛以平重衡为大将，平通盛为副将，率军向南都进发。南都兴福寺的僧人们为了应对平家的讨伐军，派出了僧兵在南都各地的路口设立防线，并在奈良坂、般若坂修筑了防御用的城池。根据《平家物语》的记载，这些所谓的“城池”的筑法，其实只是在道路上掘出壕沟，用石头与盾牌并列着围起来修筑栅栏，同时将粗大的树木躯干的一头削尖，然后将尖的一端朝向敌人的简易城寨。壕沟、栅栏以及类似鹿角的“逆茂木”都是用来防御骑马武士的设施的称呼，从这便可以看出源平合战时期攻城战的大致形态。源平合战时代的这些城寨和后来中世纪中后期修

平重衡像

筑的城堡相比，与其说是城郭，倒不如说是防御工事，在当时并没有出现如战国时代那样的真正意义的城堡。

十二月二十七日，平家讨伐军的前锋阿波成良在泉木津与兴福寺的僧兵开始交战。次日，平重衡率领讨伐军突破了奈良坂、般若坂的防线，攻入了南都兴福寺，这场战斗便是日后让平家恶名满天下的“南都烧讨”事件。第一个在兴福寺放火的人是平家麾下播磨国的国人福井庄下司二郎大夫友方。在大部分版本的《平家物语》里，“南都烧讨”其实只是一场意外，平家讨伐军的武士们为了能够在昏暗的地方作战，因此点起了火把，却不慎引发了大火。然而在《延庆本平家物语》之中，这次的烧讨却是一场有预谋的纵火。前文有提到过，在以仁王举兵谋反之时，源赖政就有将自己的宅邸烧毁的记录，这说明在合战之时放火并不是什么奇怪的事情，那么这时候平重衡在与兴福寺的僧兵们作战中纵火，也只是一种基本战术而已。不过，平重衡在附近民宅放火之后，大火却超出了平重衡所能控制的范围，兴福寺、东大寺的佛殿都受到了波及，如此大规模的火灾，只怕也不是平重衡的本意。

平重衡率领的讨伐军进行的这场“南都烧讨”，可以说是京畿宗教势力的一大劫难。兴福寺算是公卿藤原氏的家寺，想当年纵使桓武天皇这样的强势之人也不得不迁都避开南都势力，如今被公卿们百般歧视的武士竟然敢率军“烧讨”兴福寺，不得不说时过境迁，物是人非啊。兴福寺内的大部分堂宇都在此次劫难中遭到焚毁，许多僧人以及大量的佛经、佛像也在大火中烧成了灰烬。在东大寺那边，除了正仓院等稍微离战场偏远的堂宇以外，包括大佛殿等主要建筑则几乎全都在大火中烧毁。东大寺是圣武天皇创建的寺院，攻打东大寺已是不敬，而兴福寺更是作为藤原氏的家寺存在的，家寺被烧毁，使得朝廷里的皇族与公卿们对平家怒目而视。

根据《百炼抄》的记载，平家在“南都烧讨”中共斩杀二百余名僧人，而在《源平盛衰记》里是七百余人，《平家物语》则高达千余人。烧死的人数也有不同，《吾妻镜》中在战火中被烧死的人仅有百余人，但是《平家物

南都烧讨

语》却为三千五百人，《源平盛衰记》则为两千四百余人，长门本《平家物语》更是惊人地扬言烧死一万两千三百余人。在上述史料中，公卿们都大大地夸大了“南都烧讨”中南都的损失人数，以体现平家的滔天罪恶，间接也可以看出，即便在平家灭亡以后，藤原氏出身的公卿们也依然因为家寺被烧而对平家恨之入骨。

十二月二十九日，平重衡带着砍下的四十九颗首级得意扬扬地回到了平安京。就这样，因为东国动乱而在京畿出现的源氏叛乱以及发生在平安京周围的反平家的叛乱，都被平家以绝对优势的军事力量一一平定。平定了京都附近的叛乱以后，平家便不再担心会后院起火，开始专心地发兵征讨各地的源氏武士们了。

值得一提的是，在这场被后世称为“源平合战”的战争中，虽然源赖朝在关东举兵，武田信义、木曾义仲等源氏也均掀起了反平氏的大旗，但是这次的“园城寺烧讨”以及“南都烧讨”却是平家与京畿的寺社势力之间的战

争而非源平的交战。可以看出，“源平合战”并不是一场彻头彻尾的单纯的源氏武士对决平氏武士的战争，而是一场将全国各地的各种势力都卷入其中的内乱，这也是为什么史学界习惯将“源平合战”称为“治承・寿永内乱”的原因。

第四节　西国的动乱

在“治承・寿永内乱”中，除了东国与京畿以外，还有很多地方也都陆续出现了反平家的叛乱。例如在前文“以仁王的叛乱”中提到的熊野权别当湛增，在这年十月以后，也出现了公开反对平家的举动。据说是湛增和自己的弟弟湛觉产生了矛盾，平家为了确认事情的真伪从而召唤湛增进京，而湛增则认为平家想要谋害自己，不但拒绝了平家的命令，还在当地构筑了城池，派出兵勇四下掠夺，起兵对抗平家。

湛增的起兵原因是为了追求自己的利益，因此他的行为与反平家势力有没有挂钩尚不好判断，为了应对熊野神社的叛乱，平清盛派出了平维盛作为追讨使，率军前往纪伊国讨伐湛增。

另外，公卿九条兼实的日记《玉叶》里在治承四年九月十九日那天记载："传闻筑紫也出现了叛乱的人，据说禅门[①]私自派遣了追讨使……"筑紫指的是九州北部的筑前国和筑后国一带，从九条兼实的记载中看，此时九州岛北部也出现了反平家的叛乱。从《玉叶》同年十一月一日的记录中可以得知，这场发生在镇西的叛乱直到湛增起兵的这个时间点，仍然没有得到镇压。

在《玉叶》里提到的筑紫的反叛者，指的应该就是平安时代后期肥后国的地方势力菊池隆直。菊池隆直在九州掀起了反抗平家统治的叛乱，并与肥后国的武士阿苏惟安、木原盛实等人一同袭击了北九州的大宰府。在《玉叶》当中还提到，平家讨伐源赖朝时，讨伐军是冠以"官军"的头衔出阵的，而在这次九州的叛乱之中，却是平清盛私自派出的追讨使。那么，平清盛为什么要将九州的这场战争私人化呢？其实，不是平清盛不想再以"官军"名义前往九州，实在是此时的日本是四处着火，让平家首尾不得兼顾。

十一月十七日，熊野权别当湛增向平家送去了自己的儿子湛显作为人质，从而归降平家，平家在赦免湛增的同时，顺便把菊池隆直的罪过也免了。可是与湛增不同的是，菊池隆直并没有表现出对臣服平家的热情，所以，平家应该也没有免除菊池隆直谋反罪的理由。在这一点上，究其原因，大概是因为此时平家为了全力应对京畿、东国的叛乱，没有富余的兵力可以派遣至九州岛作战。然而菊池隆直袭击大宰府已世人皆知，为了保存自己的面子，平家才不得不赦免菊池隆直的罪过，来掩盖自己无力西征的事实。

这年年末，四国岛伊予国的武士河野通清也掀起了反抗平家的叛乱，在河野通清的举兵之中，其实是可以看到源赖朝、木曾义仲等源氏举兵的影子的。在当时诸国的源氏里，四国岛上也有一个不能忽视的源氏势力，即被流

① 平清盛。

放到土佐国介良庄的源赖朝的弟弟源希义。治承四年（1180）十一月末，源希义疑似加入了源赖朝的举兵阵营掀起反乱，但是最终不敌平家败走，于土佐国长冈郡的年越山被平重盛的家臣莲池家纲、平田俊远讨伐。

像源赖朝在伊豆国一样，相对源希义来说，土佐国也有类似北条时政这样的武士，然而与源希义关系密切的当地武士夜须行宗的援军却迟了一步，使得源希义最终在没有援军的情况下不幸战死。在源希义身亡以后，夜须行宗也受到了莲池家纲和平田俊远的追击，最终不得不率领一族武士从海路逃脱，前往纪伊国。

源希义在四国的叛乱简直可以说是源赖朝的翻版，两人的身份同样是被流放的囚徒，并且都有当地的武士支持他们举兵反抗平家，最终，源赖朝在石桥山、源希义在年越山都被有绝对优势兵力的平家大军击败，而后源氏败军又走海路逃窜，以躲避平家的追击。唯一不同的就是，年越山的源希义并没有像源赖朝那样的好运，直接被平家的武士给斩杀了，要是源希义也从年越山脱逃了出来，西国源平之间的战争就和东国没什么两样了。

在离京畿相近的若狭国，十一月末也出现了在厅官人举兵反抗平家的情况，几乎与近江源氏的举兵如出一辙。到了次年，甚至连北陆道的反平家势力也蠢蠢欲动起来，东山道、东海道、北陆道都出现了源氏叛乱的局面。此时的平家连京畿的安稳都不能完全保证，同样是清和源氏河内源氏流出身的武士，以河内国石川庄为据点的武士团石川源氏，也呼应摄津源氏而举兵武装割据，反抗平家的统治。

平清盛忙于应付各地的叛乱，终于感到疲惫，在这一年年底他开始后悔之前废止后白河法皇的院厅的举动了，便上书请求后白河法皇复出执政，协助平叛。然而后白河法皇不是傻子，院厅不是平清盛想开就能开的——谁知道平清盛葫芦里卖的什么药？后白河法皇不断推脱，直到平清盛再三请求后，才重新开设了院厅。平清盛将美浓国与赞岐国作为供给院厅运作的分国献给了后白河法皇，并将平家的大小事务委托给了平宗盛打理。

可是，此时的局面也已经是后白河法皇都控制不了的了，在治承四年（1180）的下半年，全国规模的反平家叛乱此起彼伏，从京畿到关东，再到东海道、东山道、四国岛、九州岛，都出现了源氏武士举兵反抗平家政权的统治。平清盛主导下的日本因为在平治之乱后任用亲信，肆意打压源氏势力，压制源氏武士的地位，终于遭到了源氏武士集团的反噬，此时各地源氏武士的举兵，说明源氏与平氏之间的大规模战争已经是不可避免的了。

第五节　“总官”体系

平氏家纹扬羽蝶

治承五年[①]，因为前一年十一月至十二月平家构筑了一套新的以平氏为中心的平安京防卫体系，因此在这年正月，身为平家一门总领的平宗盛出任了畿内近国的“总官”一职。

正月八日，平宗盛收到了“总官”任命的书信，十九日院厅便正式发布院宣，该诏书收录于《警固中节会部类记》（引自藤原定长的日记《山丞记》）以及《延庆本平家物语》之中。“总官”这个职位非常特殊，早在“长屋王之变”爆发两年后的天平三年（731）就有命新田部亲王出任畿内总官以及诸道镇抚使的先例，此次也是效仿前人，任命平宗盛出任畿内总官，负责五畿内[②]以及伊贺国、伊势国、近江国、丹波国诸国的治安巡查，镇压暴徒的掠夺行为。

“总官”这个特殊的职位以及特殊的权限，形式上依旧是由高仓上皇的院厅发下的宣旨任命的，但是此时的高仓上皇却因为先前迁都之事病重，因

① 1181年，是年七月改元养和元年，然而源赖朝却依旧采用治承年号。

② 五畿内为：山城国、摄津国、河内国、和泉国、大和国。

此实际上很可能是平家擅自操控高仓院厅所下发的旨意。平宗盛获得了“总官”这个古代只任命过亲王的官职，实际上意味着平宗盛获得了作为武家栋梁的统治地位，同时，平宗盛还获得了在畿内诸国招募士兵以及征收军粮的权限，平氏一门希望通过借助朝廷的权威，将传统贵族阶层拉拢到平家的一方，在京畿建立一个新的统治模式。不过，朝廷之内的公卿们也十分记恨平宗盛出任“总官”，尽管已经是既成事实，但是他们仍然想要违逆时代潮流，不愿意武士爬到自己的头上，比如九条兼实为了防止平家趁机将九州岛收为自己的领地，就将九州数国置于九州太宰府的属下，防止这些分国被纳入平家的“总官”体系。

治承五年（1181）三月，平宗盛开始对位于大和国光明院领内的七座庄园进行诉讼纠纷的裁定。随后在《高山寺文书》中收录的推测是当年十月十七日淡路守平清房发出的请文，则是关于河内国田井庄与河内国国府之间的征收军粮的诉讼文书，平清房的官职是淡路守并非是河内守，此举表明平清房作为平宗盛的家臣，通过平宗盛的“总官”权限，从而获得了在河内国田井庄与国府之间受理征收军粮相关纠纷的权力。

“总官”设立的目的，除了要建立平家在畿内的新地位以外，还要在内部建立不同于平清盛时代的新的体系，从而强化作为平氏一门总领的平宗盛的地位。平家内部的一元化，使得平宗盛拥有绝对的军事动员权，这有利于保障平家的利益。而平宗盛出任的“总官”一职，也是日后镰仓幕府的幕府将军、守护制度以及六波罗探题制度的雏形。在源平两家的斗争中，一套以武士为中心的新的政治体系逐渐诞生，并在接下来的几年内得到完善。

卧病在床的高仓上皇在这年的正月十四日不治身亡，受到平清盛再三请求的后白河法皇重开院厅，然而此举并不意味着后白河法皇的院厅政治复活，而是平家想以后白河法皇作为安德天皇的后见人，确保平家政权的正统性，从而在讨伐各地的叛乱之中能够获得大义名分。然而，闰二月四日，平清盛也紧随着高仓上皇病逝，在这之后，平宗盛一面强化平家在畿内的“总官”

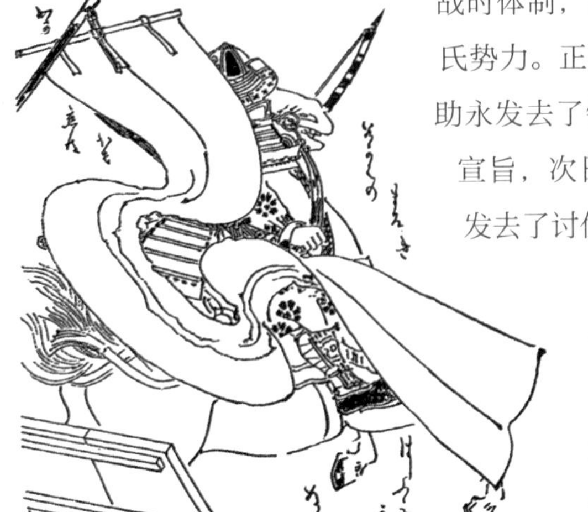
平通盛

战时体制，同时还试图包围分割东国的源氏势力。正月十六日，院厅向越后国的城助永发去了针对武田信义、源赖朝的讨伐宣旨，次日，朝廷又给奥州的藤原秀衡发去了讨伐源赖朝的宣旨。

二月七日，院厅又下发了任命平家的有力家臣平盛俊出任丹波国诸庄园的总庄司的院宣。院厅直接下令任命武士出任庄司十分少见。此时丹波国的国内局势也还不算十分紧张，任命平盛俊出任总庄司的原因大概是平家想在近期发起针对东国源氏的大规模征讨行动，由平家的家臣出任一国庄园的总庄司，可以确保大军所需的军粮供给。而在筹备军费方面，平家在平安京内向富人们征收“有德钱”，将其用在出征的军费上。

平家一边建立战时体制，一边开始向东国的源氏武士发起了反击。正月十八日，平家大军侵入美浓国，二十日，平通盛就攻下了美浓国反平家势力的据点浦仓城，压制了美浓国全境。

第六节　墨俣川合战

进入二月以后，院厅又向伊势国伊势神宫发去了征召领内的水手以及各式船只前往尾张国的墨俣渡口的院宣。值得注意的是，这纸院宣虽是由朝廷派出的使者送去的，但是平宗盛却将平家的家臣藤原盛经也随同派往了伊势国，命藤原盛经在伊势国负责院宣的具体施行，这也是平宗盛行使自己“总官”权力的行为。

美浓国安八郡是木曾川、墨俣川、揖斐川三条河流的交汇处，在这个交汇口形成了一个沙洲墨俣[①]，自古以来就是交通要道。这个地方同时也在美浓国、尾张国两国的国境上，墨俣这个易守难攻的地方是可以分割东西日本的要地，因此，西日本的平家大军与东日本的源氏大军即将在此相遇。

从正月末到二月的这段时间，平家陆续收到了以源行家、安田义定为首的源氏势力即将侵入尾张国的情报，因此平家才急忙调集了伊势国的水手充当平家水军前往尾张国，平家预想以墨俣为交战之地，在此一举击溃源行家这一支源氏势力。

而此时的源赖朝呢？二月中旬，京畿内又出现了新的谣传，说因为源赖朝并没有拥立以仁王为主，因此关东的许多武士都背离了源赖朝。不过，这只是一则谣言而已，此时源赖朝的镰仓政权代表着整个关东武士团的利益，关东武士又怎么会背离他呢？二月二十七日，源赖朝从安田义定处得知平通盛、平维盛、平忠度等人率领的平家的数千军队向尾张进军的消息，次日他便派出了和田义盛作为援军前去支援。

源赖朝向甲斐源氏派出援军是双方的一种军事合作模式，不过，当年闰二月七日，后白河法皇的院厅竟然向甲斐源氏的武田信义发去了讨伐源赖朝的院宣。虽然武田信义与源赖朝表面上并非敌对关系，但是可以看出，甲斐源氏与镰仓源氏之间为了争夺源氏总领之位，双方都将对方视作己方的潜在威胁，迟早会产生裂痕。对于源赖朝来说，虽然能够仰仗骁勇善战的甲斐源氏的军队来顶住平家大军的进攻，让他在镰仓好好增强实力，但是甲斐源氏的自立以及甲斐源氏的强大军力的存在，也可能从盟友变成威胁，必然会动摇自己的源氏嫡流地位。

就在伊势平氏与河内源氏大张旗鼓地将日本瓜分为几块相互对峙的紧张局势下，闰二月四日，平安京爆发了热病瘟疫，平清盛不幸染上恶疾，因病

① 墨俣城（又名“一夜城”）相传是由织田信长的部下木下藤吉郎（即羽柴秀吉，丰臣秀吉）于永禄九年（1566）一夜间筑成。地点是美浓国长良川右岸堤防下流。

去世。平清盛死前留下遗言，让平宗盛不要为自己大举操办佛事，应当以平定东国为首要任务。为了实现平清盛的遗愿，闰二月十五日，平家派遣平重衡前往美浓国，十七日，得到和田义盛作为援军的安田义定抵达远江国的浜松，同时源赖朝还向叔叔源行家派遣了弟弟源义圆作为援军，这便是墨俣川之战源平两家的主要军队构成了。

三月十日午夜，源平两军终于在墨俣爆发了大规模交战，《延庆本平家物语》当中记载平家的军队共三万人，源氏军队则是六千人；《玉叶》里记载的源氏军队则为五千人；《源平盛衰记》中的人数较少，平家仅有七千余人，而源氏更是仅有一千余人。虽然两军具体的人数无法肯定，但是从兵力来看，平家占有绝对优势应该是不争的事实。

战斗的具体经过并不明确，传闻是源氏军队想强行渡过墨俣川夜袭平家大营，而发现源行家想趁夜色奇袭的平家大军奋起反击。结果，兵力占优的平家大军击破了源氏的奇袭前军，而深入敌阵的源义圆则被平家的家臣平盛纲讨伐，源行家之子源行赖被平忠度手下的武士俘虏，源氏军队大败而逃。公卿吉田经房的日记《吉记》记载，这一战源氏方共三百九十人被割下了首级。

源氏军队大败的原因，是因为源行家与源义圆两员武将争功，二者想要抢夺前锋的位子，不顾己方阵型便向平家的军队发起进攻，指挥的混乱直接导致源氏军队阵脚大乱。因为是渡河作战，源氏军队的背后是一片低湿地，后撤困难，导致损失巨大。

源氏军队战败以后，源行家布置败军在三河国矢作川防御，也被平家大军趁势突破，在这之后源行家便行踪不明了，直到后来出现在木曾义仲的军中。不过，在《吾妻镜》之中，源行家在战败以后曾向伊势神宫奉纳祈求消灭平家的告文，但是神宫的神官却拒而不受。随后，源行家又向比睿山延历寺送去了通牒，请求延历寺起兵帮助源氏讨伐平家，也被延历寺给拒绝了。而在《延庆本平家物语》中，墨俣川战败以后的源行家逃往了相模国居住，并且为了确保自己的军粮征收，请求源赖朝封赏一国之地给自己，但是却遭到源赖朝的拒绝。源赖朝并不看好源行家的能力，对他没有太大的期望，在这之后，源行家便背离了源赖朝，前往信浓国依附木曾义仲。

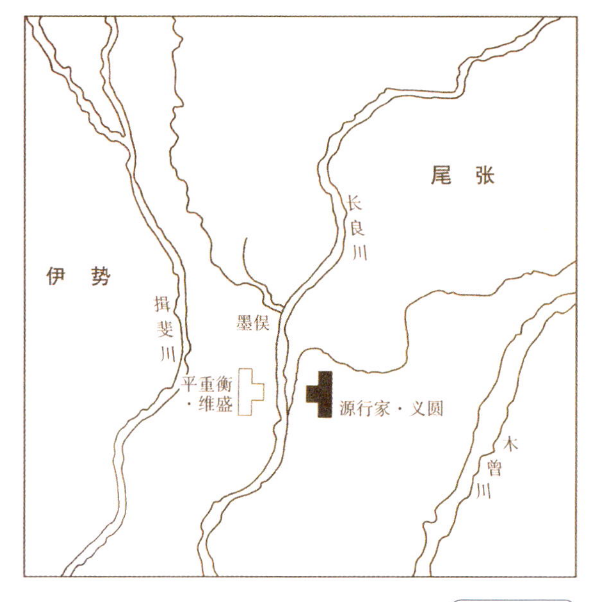

墨俣川合战

墨俣川合战以后，平家大大打击了东国源氏的军队，此时平家军队可以乘胜追击攻入三河国、远江国，但是平宗盛却让大军返回了平安京。在《平家物语》当中，平家大军的退却是因为平知盛在军中患疾，不过根据《玉海》与《吾妻镜》所记，早在二月份平知盛就已经因病返回平安京了，并未参与墨俣川合战。而《源平盛衰记》里则记载说，源行家虽然在墨俣川战败，但是他及时收拢残部布置了防线，平家大军将七千人分作五队攻来，前四队都被源行家击退。当平重衡、平维盛率领第五队军队进发，与前四队合兵一处大举攻来时，源行家寡不敌众，方才退守三河国矢作川。

在矢作川防御期间，源行家派出几名武士装成进京的民夫，故意被平家大军逮到。

随后平家武士问几人道：“你们看见源氏的败兵了吗？”

几人答道：“看见有四五百名武士往东去了。”

平家武士又问道：“那你们看到有东国的武士前来吗？”

几人又答道：“看见了，东国的武士已经西进了，漫山遍野都是，不知道有多少人。”

平家武士得知以后十分惧怕，便上报给了主帅，于是平家的军队才退军返回平安京。而平家退军之时，源行家还派出使者前往尾张国、美浓国，声称平家大军不战自溃，若是两国的武士里有看到平家军队退军却不发一矢的话，就是源氏的敌人。两国的武士不敢招惹源氏，只得拦路伏击平家的退军，把平家大军打得狼狈而逃。

《平家物语》失实，而《源平盛衰记》的记载则有些夸张，源行家在墨俣川打了败仗，在平家在浓尾兵力正盛之时，怎么可能还向两国武士派去使者请求追击平家，而两国的武士又怎么可能有人会真的去招惹平家大军呢？实际上，平家此时担心的还是后勤不足，除了粮草军饷的问题以外，平家也如同《源平盛衰记》中记载那样，担心万一逼急了源氏，源赖朝会亲自率军前来与甲斐源氏合流。此时平家的攻势有很大一部分是为了表明平宗盛实现平清盛遗愿的决心，征讨东国的准备并不完备，若是两源氏会合，平家未必是二者的对手。为了保险起见，平家决定暂缓攻势，先筹备军粮，专心巩固以平安京为中心的“京畿专守防卫体制”，这样至少能保证自己已有势力的完整。

第七节　横田河原合战

墨俣川合战的获胜，使得平家暂时摆脱了源氏沿东海道西进的危机，然而，这个时候，平家却没有喘息之机，除了甲斐源氏以外，北陆道也受到了信浓源氏木曾义仲的威胁——平家不希望在甲斐源氏、镰仓源氏这两个成型的势力之外再冒出来一个信浓源氏的势力。

木曾义仲自从起兵之后，与甲斐源氏、镰仓源氏的政治关系还算和平，同另两家相比，木曾义仲受到的直接威胁并非西进的平家，而是越后国的有力豪族城氏。城氏出自以“余五将军”自称的平维茂的后人，是大约在十一世纪后半期从出羽国迁到了越后国担任摄关家在越后国的白河庄代官，并以此地为据点发展兴盛起来的家族。

治承五年（1181）正月十六日，朝廷向城助永发去了宣旨，不过旨意却不是讨伐信浓国的木曾义仲，而是希望城助永从越后国发兵攻打源赖朝与武田信义。可是，城助永若是想攻打武田信义的话，就必须借道自家所在的越后国与武田家所在的甲斐国之间的信浓国。虽然后来被查明是误报，但是在闰二月的中旬就已经有城助永发兵侵入信浓国的谣言在平安京里传开了。然而，城助永在此时已患重病，三月左右就病死了，在这以后，城助永的弟弟城助职才代替他的哥哥率领城氏一门与越后国的军队侵入了信浓国。

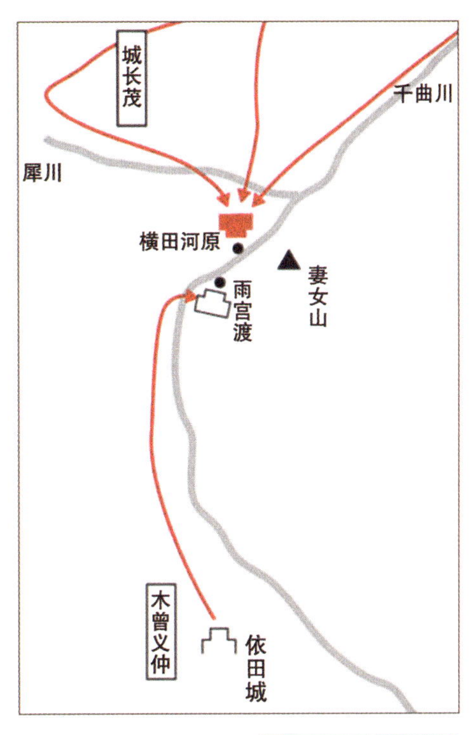

横田河原合战路线图

到了五月左右，越后城氏与信浓国源氏开始爆发小规模的冲突，到了六月份的时候，城助职将越后国的白河庄原本要上交给摄关家的年贡米作为出征的军粮，在六月十三日，城助职与木曾义仲于横田河原交战。不过在《吾妻镜》以及《平家物语》中，双方的交战时间被改到了寿永元年的十月。横田河原是千曲川的河水冲积成型的平地，此地以战国时代的武田信玄与上杉谦信之间的五次“川中岛合战”而闻名，历来都是防止越后国的军队南下的要地，此地一旦失守，则越后国的军队便可随意进出信浓国。

木曾义仲在小县郡的白鸟河原集结了两千余骑的军队，在《玉叶》里称木曾义仲的军队是由木曾党、佐久党与甲斐武田党构成的。木曾党便是指木曾义仲手下的直属士兵，佐久党则是指滋野氏一族的军队，甲斐武田党自然指的就是武田氏一族。不过，信浓源氏将信浓国各地势力的兵力集结起来对抗入侵的越后势还比较好理解，但是其中却出现了与信浓源氏互不相统辖的“甲斐武田党”，因此按照《玉叶》的说法，横田河原合战很有可能是信浓源氏与甲斐源氏结盟后，甲斐源氏向信浓源氏派出援军共同参战的一场战斗，与之前的富士川合战、墨俣川合战一样。

可是，《玉叶》的说法也不一定就是对的。九条兼实人在平安京，是很容易听到一些谣言的，而且朝廷之前下发的旨意也是讨伐武田信义，因此九条兼实听到错误的消息或者会错意也不是没有可能的。从木曾义仲的势力范围来看，如果说除了信浓国以外还有哪国的军队也参加了横田河原合战的话，那可能也只有上野国的武士了。早先木曾义仲就曾率军队出入过父亲的旧领地上野国，因此在这一场战斗中，木曾军的军队里是很有可能有西上野国的诸如那和、桃井、佐位、濑下、木角等武士家族的军队参阵的。

城助职率领的越后势力入侵信浓国时号称己方有四万余骑——一说是六万余骑，虽然有些夸张，但是越后国的优势兵力大举入侵却是事实。城助职的军队大多数是以旧朝廷权威动员起来的“驱武者”，上文提到平维盛担任统帅的富士川合战时，讨伐军也是多数由驱武者组成的。城助职的这支军队的毛病和平维盛的一样，因为大都是由驱武者组成，再加上从越后国大老远地劳师来到信浓国，虽然军队庞大，但是却都已经略显疲惫，战意不高，与人数虽少但是却同仇敌忾的信浓源氏相比，还没开战越后势力就输了一大截了。

城氏率领的讨伐军浩浩荡荡地向横田河原杀来，木曾义仲早就料到了城氏的侵攻，率军从信浓国的依田城出阵，先派出井上光盛率军三千人从东北方向攻击城氏的军队。在《平家物语》里，横田河原的交战过程是这样的：

井上光盛率领的军队打着平氏的红旗北上，城助职见到这支红旗招展的军队以为是前来参阵的支持平家的势力，所以没有防备。井上光盛靠近以后，突然命令手下的武士们将红旗丢弃，竖起了源氏的白旗，突击城助职的军队。越后来的讨伐军没有料到这是敌人的计策，猝不及防，在遭到突袭以后全军阵脚大乱，就在这个时候，木曾义仲率领着主力军前来与井上光盛合兵一处，杀得讨伐军全军崩溃，大败而逃。

据说在横田河原之战当中，井上光盛将手下的军队分成了七队，在这以后的合战当中，木曾义仲便都认为此举相当有效，经常也将军队分为七队进军了。

第八节　北陆道与平家

横田河原之战以木曾义仲方压倒性的胜利而告终，越后讨伐军的那些战意不高的武士们纷纷返回了领国，而城助职逃回越后国以后，将要面对在厅国人中反平家的武士们的叛乱。城氏统领越后国，完全是仰赖平家的强势，自身对越后国的影响力并不强，在横田河原大败之后，平家在越后的势力大减，城氏在越后国落入了劣势。一度尝试往会津逃亡的城助职，因担心会遭到藤原泰衡的攻击，只得在自家的领地阿贺野川北部的地域笼城防守，在这之后，直到后来的奥州征伐为止，战争中再也见不到城氏的影子了。

另一方面，击破了越后讨伐军的木曾义仲率军一路追击，杀到了越后国的国府，越后的武士们大多望风而降，随后木曾义仲便朝着日本海沿海进军，于阿贺野川与城氏对峙了一阵子。木曾义仲进入越后国，标志着他迈出了称霸北陆道的第一步——也是木曾义仲霸业的第一步。值得一提的是，城助职所依靠的领地是越后国摄关家的白河庄，在《九条家文书》中收录的《白河庄各年作田注文案》记录的在治承三年（1179）到建久七年（1196）之间

木曾义仲塑像

的文字可知，白河庄的作田[①]、得田[②]与损田[③]之间的数量也在战乱中发生了变化。除了治承四年这一年的年贡被城助职当作军粮充公，没有记载的田地以外，从横田河原之战以后到治承五年这段时间里，城氏管辖的白河庄的损田数量大幅度增加，这大概是因为城氏战败后引起的连锁反应。在战争的年代，一旦当地领主卷入了战争之中并且战败，想要保存自己的领地完整是很难的，即便是对仍在自己领内的土地，也没有十足的支配权，时常遭到敌人的破坏。从另一方面来看，对公卿们来说，战乱导致庄园经营恶化，农田歉收，他们不得不开始仰仗武士来停止战乱，以维持庄园年贡的稳定。

在镰仓这边，源赖朝得知木曾义仲在信浓国打了个大胜仗，便开始向朝廷进行政治交涉，试图让朝廷承认自己在关东的地位，巩固自己的势力防止被信浓源氏或甲斐源氏侵占。

七月，源赖朝便给后白河法皇写了一封密信，《玉叶》中提到源赖朝的

① 可以耕作的田地。

② 有收获的田地。

③ 没有收获的田地。

声明:

“我（源赖朝）绝对没有想要谋反之意，仅仅是想起兵消灭后白河法皇的敌人，恢复旧日源平并存的局面，西国由平氏来负责，东国则交给源氏来管理。”

源赖朝动摇了讨伐平家的决心，同时也担心自己辛辛苦苦打下来的江山给他人作嫁衣，不得不向朝廷和平家抛出橄榄枝。当然，源赖朝也是有资本的，他的起兵虽然被定义为谋反，但是在关东却俨然已经成为当地的一大地主，相比朝廷更有能力控制关东的土地。

源赖朝不仅仅向朝廷派出了使者交涉，同时自己也计划了上洛的日程。八月初，九条兼实就由从骏河国上洛而来的人口中得知源赖朝已经命令在镰仓前往京都需要经过的各国修筑屋敷，并在各地征调粮米作为上洛时使用的物资的传闻。

后白河法皇也赞同让日本恢复往日由源平两家共同侍奉朝廷的局面，他向平宗盛打探平家的意思，可惜的是，平宗盛坚守父亲平清盛的遗志，主张武力剿灭朝敌，十分果断地拒绝来了源赖朝的提议。

不过，此时平家所担心的并不是遥远的源赖朝，而是木曾义仲在横田河原大胜的连锁反应引起的北陆道反平家势力的起兵。平家不得不向北陆道派出大军镇压这些势力，八月十五日，派遣平经正前往北陆道，十六日又再度派出平通盛。平家在北陆道有着许多的知行国，为数众多的领地导致北陆道与濑户内海沿岸以及九州岛一同成为平家的主要经济来源，保障北陆道的平静才是平家要面对的首要问题——没有了钱，无论想讨伐谁都是一句空谈。

《吾妻镜》当中记录，此时平经正、平通盛前往北陆道是为了讨伐木曾义仲。结合二者前往北陆道以后遇上的信浓源氏的军队，似乎这件事确实很符合逻辑。然而，从其他的史料来看，平经正与平通盛前往北陆道很可能不只是讨伐木曾义仲那么简单。从七月下旬开始，加贺国与能登国反平家的势力纷纷起兵，并流放了平家在当地设置的代官。进入八月以后，平安京里更是流传说，能登国的国守平业家的郎党被能登国起兵的逆贼用斧头砍去了头颅，引得京都里人心惶惶。在这样的情况下，平家方才派出平经正与平通盛，前往北陆道安定北陆诸国。

在平通盛抵达越前国国府的八月二十三日，加贺国的源氏就已经起兵在大野、坂北两乡烧杀掳掠，可以看出，在木曾义仲杀进北陆道诸国扩张势力以前，北陆道反平家的势力就已经起兵，双方的矛盾与冲突早已浮出水面。这些北陆道反平家势力的组成，大多数是北陆道诸国的源氏武士以及各地的宗教势力，他们起兵并非响应木曾义仲，而是想趁着浑水举兵反抗平家的统治，顺便获取自己的利益。

《吾妻镜》与《百炼抄》等后世编纂的史料将平家此次进入北陆道解释为“是为了讨伐木曾义仲”，而在源平合战同一时代的《玉叶》与《吉记》等书中却并没有出现木曾义仲的名字，说明朝廷与平家此时暂时还没有决定讨伐木曾义仲，派出平经正与平通盛前往北陆道仅仅只是为了安定北陆道的领地，顺便监视木曾义仲的动向。《吾妻镜》的编者站在事后诸葛亮的角度，很可能误解了当时的局势，认为平经正与平通盛是为了讨伐木曾义仲才前往北陆道的。

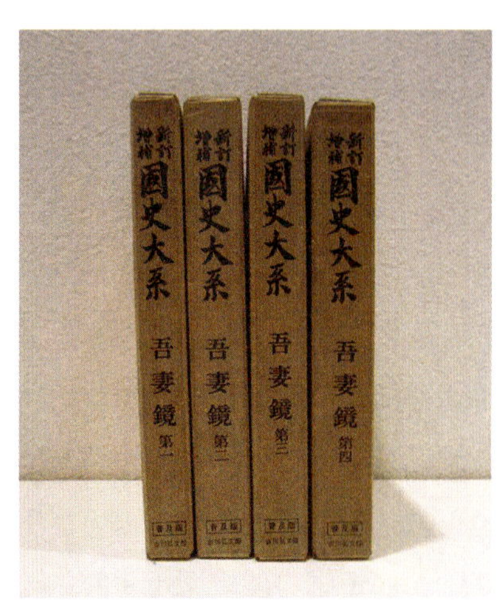

镰仓史料《吾妻镜》

当然，平经正与平通盛也没想到，他们进入北陆道的同时，木曾义仲竟然也率军杀进了北陆道。木曾义仲的出现，可是在平家的意料之外的，平家为了镇压北陆道的反叛势力，在八月十四日力排众议，任命当地武士城助职为越后国的国守，给予城助职大义名分，希望城助职能够通过越后国来将木曾义仲的势力压制在信浓国，好解决平定北陆的后顾之忧。然而，此时的城氏已然成了惊弓之鸟，城助职从阿贺野川北上，前往小河庄的赤谷举办了诅咒源氏的法会，除此之外并没有任何实质性的行动。

第九节 养和年的窘境

养和元年（1181）八月十四日，在城助职任官的同一天，雄踞奥州的藤原秀衡也被任命为陆奥守。平家的算盘打得很好，藤原家虽然占据日本东北多年，但是一直没有名分，这下等于是卖给奥州藤原氏一个巨大的人情，顺便请求藤原秀衡一同攻打源赖朝，即便藤原秀衡没有动作，关东的源赖朝也会猜疑接受任官的藤原氏进而不敢轻举妄动。

九月以后，平通盛率领的平家讨伐军就与越前国、加贺国的叛乱者交战了。九月六日，平通盛自己坐镇越前国国府，命令平清家为大将，统领平家讨伐军前往越前国的水津与叛乱军作战。然而战斗一开始，从属平家一方的越前国的国人新介实澄、平泉寺的长吏斋明就背叛了平家倒戈投敌，平家讨伐军大败，平通盛的郎党共有八十余人战死在水津合战中。

在《吾妻镜》当中，水津合战时，木曾义仲军与平通盛交战，木曾军的先锋根井太郎率军突破了平通盛的本阵才导致合战的胜利。然而，此时的木曾义仲虽然已经进入了北陆道，但是人却在越后国的国府，离越前国有着十万八千里远呢，上文也提到，平通盛并未参战，而木曾义仲可能仅仅也只是对叛乱者派出了援军而已。若脱离了“源平史观”，就会发现实际上交战的双方应该是平家讨伐军与越前国、骏河国的叛乱者，《吾妻镜》当中对这天的描述十分模糊，站在镰仓立场修撰的史书很可能是因为关注点不在北陆的战斗上，因此才会笼统地归结为是平家讨伐军与木曾义仲军的交战。

在平家讨伐军战败以后，平通盛也不得不离开越前国的国府，退往敦贺防守，而平家在收到平通盛的求援以后，于九月十一日派出了平教经、平行盛等人作为援军前往北陆道。然而，平通盛却等不及援军的到来，九月十二

日就放弃了敦贺城，逃往山林里打游击去了，而和平通盛一起出阵越前国的平经正，则一直都待在越前国的邻国若狭国，丝毫没有举兵越过国境平叛的动向。可以看出，在木曾义仲正式参战以前，平家在面对以越前国、加贺国国人为主体的叛乱军时就已经是采取守势了。

北陆道陷入一片乱战当中，为了给北陆道的反平家势力一定的军事压力，平家派遣平维盛进入了近江国，随后又决定派遣平知盛、平清经进入越前国，但是却因为出阵时间多次延期导致计划搁浅。然而，感受到平维盛出兵近江国的威胁的源赖朝，也做好了向远江国派遣足利义兼、土肥实平、土屋宗远、和田义盛、源义经等人的准备。不过因为平维盛等人延期出阵，最终，源赖朝也取消了派遣计划，导致源义经与平家直接交战的时间往后推迟了一年多。十一月二日，平通盛等人返回了平安京，北陆道的战况陷入胶着状态，同时，冬天带来的大雪也暂时让所有人都暂缓了军事行动。

在北陆战况陷入胶着的同时，纪伊国的熊野神社也开始蠢蠢欲动起来，之前就与平家闹出矛盾的权别当湛增再度与平家对抗。九月初，湛增向源赖朝表达了自己会加入镰仓方的意愿，同时向后白河法皇送去了自己并非谋反

熊野神社

的书信，到了九月末，熊野神社的势力就占据了鹿背山来响应源赖朝的举兵。

面对熊野的反叛，平家派遣平赖盛作为平定熊野的追讨使，后来又改任平赖盛之子平为盛为追讨使。十月十一日，纪伊国北部的亲平家势力汤浅党率军于鹿濑之巅与熊野神社的军队对峙，不过平家的军事威胁显然没有对熊野神社造成影响，此时的熊野神社已经坚定地站在了反平家的一方。

不过，湛增的反叛主要原因依旧是因为熊野三山的别当之位。熊野神社又分为三个神社，被称为熊野三山，而世袭熊野别当之位的家族分为两支，一支是新宫别当家，另一支则是湛增出身的田边别当家。承安四年（1174），新宫别当家的范智出任熊野别当，而湛增只得出任熊野权别当辅佐新宫家。新宫别当家原本是亲近源氏的，因此在以仁王举兵时，觊觎别当之位的湛增才会向平家举报，可是新宫范智之子行命却一反常态地站在了平家的一方与整个家族敌对。新宫行命在本家遭受孤立，不得不只身逃往京都依靠平家，而行命的儿子与郎党则全都被熊野的反平家势力讨伐。

在《熊野别当各代次第》中，新宫行命靠着平家的支持坐上了熊野别当之位，惹怒了新宫别当家的人们，同时也激怒了想出任熊野别当的湛增，因此才会在熊野得不到支持。而湛增在行命逃亡以后，又顺便驱逐了与自己不和的弟弟湛觉，从而成了熊野三山的实际领导者。根据《熊野别当系图》的记载，湛觉后来前去依附木曾义仲，并在木曾义仲与后白河法皇之间的法住寺合战中战死。

第十节　平家的战备

养和二年（1182，是年五月改元寿永元年），日本爆发了“养和大饥荒”，各地的饥荒导致平家暂缓了对各地叛乱的镇压，因为军事行动不光只靠武士和武器，兵马未动粮草先行，平家需要筹集足够的粮草，才能够发起大规模的军事行动。也是天亡平家，在平安京附近的路上处处可以见到饿死的人，

樵夫图

感受到上天降下灾祸的朝廷不得不下旨改元寿永元年，以消除上天的怒火。

在这段时期，木曾义仲也开始朝着北陆道发展自己的势力，从养和元年末到养和二年初的这段时间里，他以越后国的国府为根据地，建立起了一个庞大的北陆道木曾势力圈，而平家任命的越后国国司城助职，却丝毫发挥不出牵制木曾义仲的作用。从镰仓时代残留下来的文书中可以得知，养和二年二月左右，木曾义仲曾任命砺波郡的武士藤原定直前往越中国石黑庄广濑村担任下司职役，可以看出，在这个时候，木曾义仲至少已经能够有效地统治越中国了。像源赖朝对待南关东的武士们一样，木曾义仲保障北陆道领主阶层武士们的利益，从而换取他们的忠诚，带领这些反抗平家统治的领主们继续与平家作战。

进入三月以后，平家在北陆道的影响力被木曾义仲大大压制。为了镇压北陆道的叛乱，平家开始对可控制的领内发起大规模的军事动员行动，平家操控后白河法皇发出院宣，派遣检非违使前往诸国征收粮草作为军粮。同时，平家的军事动员还不仅仅局限于筹集军粮，在给兴福寺发去的文书里提到，朝廷征集军粮的同时还征召了兴福寺在大和国和束杣[①]庄与山城国天山杣庄的樵夫作为出征北陆道的兵士。

以砍伐木材为生的樵夫被作为士兵征召在当时十分罕见，按照文书中所言，这些樵夫完全不习兵事，连弓也拉不开，战斗力可谓十分低下，那么平

① 杣在日语里有伐木工的意思。

家为什么要召集这些樵夫前往战场呢？前文已经提到，在源平合战的时代，当时的城郭大多数都是一些小寨子，多以壕沟或栅栏、鹿寨等围成一圈或者摆在某处交通要道为主，目的在于阻拦敌军。若要修筑这些以木材为主要材料的防御工事“城”，就需要这些樵夫去砍伐树木了，樵夫前往战场并不是作为作战的士兵，而是作为修筑工事的工兵存在。

可以看出，在源平合战的时期，日本军队的组成发生了巨大改变，军队不再单纯的全是作战的武士，而是由各种各样的兵种所组成。不过，这种以总动员为前提的军役，在较为和平的镰仓幕府时期就比较少见了。

不过，作为给兴福寺修房子的樵夫们自然是不想去战场送命的，他们纷纷向兴福寺提出免除军役的要求，因此平家征召非战斗人员作为技术兵种的想法实际上在施行的过程中也是困难重重。同时，因为在各国临时征集大批粮草，许多地方也纷纷爆发了反抗平家的起义，平家政权仿佛陷入了一个死循环——为了镇压叛乱就必须出兵，为了出兵，就得在各地征集粮草，而越是征集粮草，各地的反平家叛乱就越来越多。

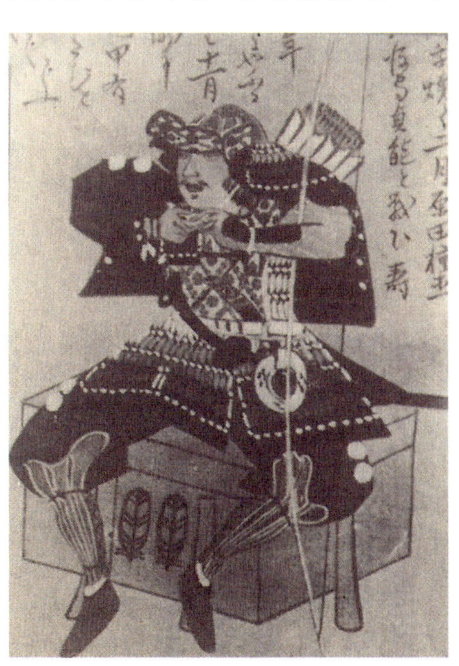

菊池隆直像

这一年，京都流传着菊池隆直在九州的叛乱已被平定的消息，而后来证实这只是谣传，此时的九州依然陷在平家与菊池隆直的战火之中。平贞能镇压九州的最大难题实际上也是军粮问题，早在养和元年平贞能前往九州的途中就给朝廷发去了提供军粮的要求。高山寺的残留文书里记载，十一月平贞能在九州筑前国的野介庄征收军粮，而国人们为了逃避上交粮食竟然纷纷弃家逃走。到了次年三月，为了讨伐作乱的菊池隆直，平贞能下令没收肥后国国内的公私物品，一切充公，到后来甚至将贵族们在肥后国任命的代官驱逐出了肥后国，亲自统领肥后国。这件事被公卿吉田经房给写进了日记里。肥后国是吉田经房的知行国，吉田经房作为被平家征收军粮的直接对象又敢怒不敢言，只能唉声叹气地将这件事写进了日记里，以待日后复仇。

平贞能的做法虽然鲁莽，但是却十分有效，肥后国一国在他的统领下军事效率大大提高，到了四月左右，菊池隆直的叛乱就被平贞能平定了。五月十一日，消息传到了平安京，九条兼实在他的日记《玉叶》里写下："西海的安定，令全天下都感到高兴……"

平贞能在战后于九州获得领地，并在此留了下来。不过平贞能在肥后国的举动显然吓到了公卿们，在丰后国爆发了反平家的叛乱以后，丰后国的知行国主藤原赖辅竟然从平安京一路跑到了丰后国，亲自前去平定叛乱。平贞能作为朝廷任命的追讨使，在当地征集粮草显然遭到了公卿们的忌惮，他们担心一旦武士们习惯了这种权力，就会得寸进尺，进一步侵犯他们的庄园。不过，在远离根据地的地方征收粮草确实不是一件容易的事，后来木曾义仲便是亡于后勤粮草，而源赖朝派出的讨伐平家的大将源范赖在西国作战的时候，同样也陷入了粮草后继无力的窘境。

七月二十八日，曾经是以仁王近侍的武士前马允行光在近江国高岛被平宗盛与平重衡的家臣们逮捕。九条兼实在《玉叶》里提到，行光的目的地是东国，近江国的高岛位于琵琶湖以西，因此根据推测，这个东国指的应该是北陆道。再加上八月十一日以仁王幸存的儿子在乳母的丈夫藤原重季的护卫下前往北陆，结合这一连串发生的事情可以得知，以以仁王旨意为大义起兵的木曾义仲可能想拥立以仁王的遗孤为皇位继承人，保障他讨伐平家的大业。而此时的平家竟然没有做出任何应对北陆沦陷的措施，九月十四日，平家在平安京开始准备安德天皇的登基大典。不过综合来看，平家终止向北陆派遣讨伐军转而拥立新天皇的举动实属无奈，此时各地征召士兵与征集粮草的计划都陷入了困境，再加上严重的饥荒，平家元气大伤，无力出征北陆。另一方面，木曾义仲此时如日中天，军事实力十分强大，没有十足的把握，平家也不敢轻易派出讨伐军。

九月二十日，北陆的叛乱军一度杀进了近江国，而在平经正返回平安京以后，若狭国的局势也变得动荡起来。在平家还没有真正派出讨伐军前，北陆就已经完全落入了反抗平家的当地武士手中，而他们在日后又纷纷效忠于木曾义仲，这也为木曾义仲后来能够通过北陆道快速上洛占领平安京提供了坚实的基础。

第六章

／义仲上洛

DI-LIU-ZHANG

YIZHONG SHANGLUO

YUAN PING

HE ZHAN

| 源平合战 |

——日本武士的崛起

第一节 野木宫合战

在平家直接面对木曾义仲的威胁时，各方势力终于度过多灾多难的寿永元年，步入了新的一年。这一年（1182 年）二月，源赖朝所在的关东率先爆发了反抗源赖朝的战事，源赖朝的叔叔志太义广攻击镰仓，掀起反旗。

志太义广起兵之前，下野国的武士小山朝政曾经向其表示过自己会支持他，然而当志太义广的军队从常陆国进入下野国之后，小山朝政却突然变心，在下野国的野木宫布下了防御工事抵抗志太义广。小山朝政是源赖朝信赖的御家人，因此此次志太义广的举兵很可能是中了源赖朝的引蛇出洞之计。

二月二十三日，志太义广与小山朝政在野木宫交战，《吾妻镜》记载，此时源赖朝的弟弟源范赖也在小山朝政的军阵中，这是源范赖初次在《吾妻镜》中登场，很有可能此战就是他的初阵。

源范赖是源赖朝同父异母的弟弟，他的母亲地位低下，是远江国池田宿的一个游女[①]，据说他自幼被后白河法皇的院别当高仓范季收养，后来元服拜领了高仓范季名字中的“范”字，取名源范赖。不过源赖朝的这几个弟弟包括源义经在内，皆因母亲的身份地位不高，导致史料对他们童年的记载十分模糊。

北关东的武士们诸如长沼宗政、结城朝光、下河边行平、八田知家、小栗重成、宇都宫信房等人均已成了源赖朝的御家人，因此在野木宫合战中纷

① 妓女。

野木宫位置图

纷加入了小山朝政的军队，实力大大超过了志太义广。志太义广军寡不敌众，伤亡惨重，志太义广孤身一人败逃，前往依附源赖朝的堂兄弟木曾义仲。下野国的平家家臣足利忠纲在野木宫合战中是支持志太义广的一方，可是他没有赶上交战，在得知志太义广战败后，也带着家人们逃出了关东，前往平安京依附平家，而足利忠纲的领地足利庄则被源氏出身的足利义兼领有，源氏足利家正式取代藤原氏足利家在关东立足。

野木宫合战导致源赖朝在关东的统治力进一步加强，二月二十七日，捷报传到了正在镰仓鹤冈八幡宫祈祷胜利的源赖朝的耳中。次日，源赖朝便开始论功行赏。在攻伐了佐竹家以后，其实常陆国反对源赖朝的势力依然存在，这些矛盾如果不趁早解决，只怕日后会“后院起火”，而志太义广的起兵刚好给了源赖朝口实，他没收了志太义广以及支持志太义广的武士们的领地，将许多御家人安插进了常陆国，将自己的势力完全渗入了常陆国的基层领主之中。

不过，这一场小小的野木宫合战不仅仅对源赖朝来说意义重大，对木曾义仲也有着深刻的影响。志太义广在战败后逃往木曾义仲处，木曾义仲也毫不避讳就将其收入麾下，加上之前与源赖朝不和的源行家也是在关东待不下去后加入了木曾义仲方，使得源赖朝与木曾义仲的关系大大恶化。木曾义仲俨然已经成了在源氏武士集团中反抗源赖朝的武士们的保护伞，今天他可以收留谋反的志太义广和与自己不和的源行家，明天木曾义仲就有可能联系关东的反源赖朝势力挥师东进，与自己争夺源氏嫡流之位，这是源赖朝万万不能接受的。

源赖朝决心敲打一下木曾义仲。

三月，源赖朝率军队前往木曾义仲父辈的领地上野国，这里是木曾义仲这支源氏的根据地，对木曾义仲来说意义重大。虽然从治承四年(1180)开始，木曾义仲就因为一边要发展势力，一边要与平家交战而极力避免与源赖朝的冲突，甚至担心源赖朝的猜疑而没有再进入过上野国，但是此时源赖朝已经是一副撕破脸皮的样子。可是，木曾义仲这个时候的大敌依旧是平家，平家度过前一年的饥荒以后，经过大半年的筹备，随时都有可能朝着木曾义仲发展势力的北陆进军，木曾义仲本来兵力就不算多，同时两线作战显然也不现实，因此他只得将儿子木曾义高送往源赖朝处作为人质表示诚意，与源赖朝议和。暂时稳住源赖朝以后的木曾义仲，就开始专心攻略北陆，并决心向京畿和西国发展势力，日后再找源赖朝算账。

第二节　追讨军出阵

果然，四月的时候，平家就已经召集了大量的军队，备齐粮草，决心夺回北陆道了。四月九日，平家在伊势国的神社祈愿平定北陆的法事结束，四月十七日，平维盛率领的平家讨伐军从平安京出发，向北陆前进。

《延庆本平家物语》中记载："军队十万余骑，大将军六人，宗族郎党共二十余人，先阵后阵暂时没有决定，大家都抱着各自的想法进军。"平家为了征伐北陆出动了十万大军，虽然略显夸张，但是根据《玉叶》的记录，讨伐军共有四万余兵马，这在当时已经算是一支十分庞大的军队了，足以见得平家平定北陆乱军的决心。不过，从另一方面来看，从讨伐军的"先阵后阵暂时没有决定，大家都抱着各自的想法进军"则可以看出，此时的平家讨伐军与富士川合战时并没有太大的区别，依旧是平家以及平家一族或家臣与朝廷征召的“官兵”混编在一起，这样一支军队虽然庞大，却也只是乌合之众罢了，同样这支平家讨伐军也有着富士川合战时讨伐军的弱点——士气低落，尤其是以朝廷公权召集来的士兵，连带着将平家武士也一并给影响了。

平家终究还是没有学乖，他们完全没有意识到自己之前失败的重要原因，反而一再想利用朝廷的权威将自己打造成“官军”，将源氏打造成“贼军”，却不曾想到，在这个武士初次登上舞台的时代，朝廷所谓的“官军”哪有多少影响力呢？况且源氏一方也有自己的大义名分——“以仁王的令旨”，打的是清君侧的旗号，平家一味地想为自己谋求利益，学着平安时代的皇族与公卿们，忽视了当地武士们的利益，这样凑起来的一支讨伐军，除了平家武士与家臣们，又会有多少人是真心实意地想要出征讨伐源氏的呢？

《平家物语》经常塑造出一种“平家已死，源氏当立”的历史观——平家武士沉醉于纸醉金迷的平安京，不习武艺，而源氏武士虽然远在蛮荒之地，却不忘老本，骁勇善战。实际上平家的军队中也有许多如斋藤实盛、足利忠纲这样能征善战的关东武士，源氏的军队里也有不少京畿甚至西国的士兵，因此这根本不能成为两方优劣的关键。

此次平家的出阵显然没有意识到木曾义仲的崛起，他们的这次北陆出阵目的依旧是平定北陆的反平家势力，没有把木曾义仲放在眼里，要讨伐的主要对象也依旧只有源赖朝与武田信义。木曾义仲虽然是新近崛起的势力，却是敲响平家丧钟的第一人，很快平家的讨伐军就会在北陆遇上这个劲敌了。

平家的讨伐军从平安京出阵以后，兵分两路，一支从敦贺越过木之芽峠，另一支则从近江国进入越前国，通过栃木峠进军。四月二十六日，两支军队在越前国合流，四月二十七日，平家讨伐军与占据燧城防守的平泉寺的长吏斋明以及越前国、加贺国的利仁流藤原氏出身的源氏方武士交战。燧城位于越前国的要道今庄，四面环山，源氏又在日野川设置水坝，造出了一个人工湖防守。平家面对早有准备的燧城守军陷入了苦战，湖水大大阻碍了平家攻城的步伐，不过好在斋明在交战途中叛逃出城，并将人工湖的秘密告诉了平家讨伐军，众人破坏了堤坝以后，人工湖消失，燧城就这样被攻下了。斋明在前一年的战争中原本归属于平家，后来叛逃依附了源氏，这次又再度回归平家的怀抱，究其原因，这只是当时的不同派系势力在大战当中来回摇摆的常态罢了。

平家讨伐军在五月二日进入加贺国，相继攻陷了林氏、富樫氏防守的城池，兵力处于劣势的北陆源氏武士们赶忙向处于越后国国府的木曾义仲发去了求援信。为了应对平家的讨伐军，木曾义仲派出了今井兼平率军六千在越中国的妇负郡吴羽山布阵，相对的，平家也派出平盛俊率军五千在越中国的般若野布阵。平盛俊曾经出任过越中国的国司，相对来说，他对越中国的地形也比较熟悉，有地利之便。

第三节　砺波山合战

五月九日上午六时左右，木曾义仲军与平家讨伐军在般若野交战，战斗持续到了傍晚，平家讨伐军战死两千余人，被木曾军杀得大败，于半夜朝着俱利伽罗峠败退。木曾义仲紧随其后，追击败退的平家讨伐军。然而，关于般若野合战后的战斗日期，诸本《平家物语》记载都有所不同，按照《玉叶》里的记录推测，越中国、加贺国交界处的砺波山（俱利伽罗峠）是北陆道的交通要道，对平家来说，砺波山是防止木曾义仲军向西进军的重要防线，若是砺波山失守，那么北陆道西部甚至平安京，都将会受到木曾义仲的威胁。《源平盛衰记》里记录，平维盛作为总大将亲自率领七万大军防守砺波山，而平通盛、平知盛则率领三万骑武士朝着能登国的志保山前进——当然，这个兵力是有所夸大的。

砺波山这个天然屏障，竟然成了木曾义仲展现自己战术技巧的舞台。在平家讨伐军进军越中国后，木曾义仲从越后国出阵，率军进入了越中国的国府，并且越前国的本庄氏、樋口氏、斋藤氏，加贺国的林氏、富樫氏、井上氏、

砺波山合战

津幡多氏，能登国的土田氏、关氏、日置氏，越中国的野尻氏、川上氏、石黑氏、宫崎氏等武士纷纷加入到木曾义仲的军队当中。虽然军队成分也很复杂，但是这些新来参阵的武士们都只有一个目的——驱逐平家，保障自己的利益。

木曾义仲为了早已计划好的夜袭行动暂缓了攻势，他将手下的五万军队如横田河原之战一样分为七队，自己率领三万人作为本队，而根井小弥太率领两千骑、今井兼平率领两千骑、余田次郎率领三千骑、巴御前率领一千骑包围了在砺波山的平家讨伐军，另派出樋口兼光率领三千骑绕道平家布阵的后方，再派源行家率领最后一支一万人的军队前往志保山攻打平家的偏军。此时的木曾义仲为了营造自己手下军队众多的假象，特意命人多竖起许多源氏的白旗。

准备完成后的木曾义仲于五月十一日夜里命令军队敲着太鼓吹着法螺从三个方向突然向平家讨伐军发起进攻。平家讨伐军远道而来，在越中国又刚打了败仗，遭到木曾军的夜袭之后阵脚大乱，朝着唯一一个没有木曾军的方向逃窜，即砺波山的南面，一个被称为地狱谷的地方败退。

混乱之中，平家的讨伐军人马互相推搡践踏，有许多武士在夜色里失足跌落谷底摔死，场面惨不忍睹。传闻木曾义仲在此战用了“火牛计”，吓得平家讨伐军的士兵们自乱阵脚，实际上这只是从中国的古代传说中移花接木的一个故事而已。木曾义仲巧妙地利用夜色做掩护向平家讨伐军突袭，并有意将讨伐军赶往地狱谷才是此战的关键。战后，平维盛带着两千余残兵往加贺国逃窜，五月二十五日撤退至加贺国安宅以后，平维盛方才稳定了军心，收拢了失散的残军，在加贺国的平冈野布阵等待木曾义仲的到来。

此时木曾义仲击退了平维盛的大军，可是他派出的源行家的军队却在与平家讨伐军的偏军之间的交战中落了下风，遭到讨伐军的追击，最终木曾义仲不得不派出今井兼平率军前去支援，方才击退了平家讨伐军。《玉叶》五月十六日那天记载着“木曾义仲与源行家击破了官军”，因此此战发生的时间应当是在五月十六日以前，而这也是木曾义仲的名字初次出现在公卿们的口中。源行家在墨俣合战中就曾经大败于平家，源赖朝，看出了这个人并没有什么才能，因此不用，而木曾义仲却傻乎乎地接受了这位叔叔，还委以重任，这才拖了自己的后腿。

第四节　筱原合战

在砺波山战败的平家讨伐军退到了加贺国，寿永二年（1183）六月一日，木曾义仲率军追至加贺国筱原，与在此防守的平家讨伐军交战，平家再度败北，平知度于此战中战死。

值得一提的是，平家讨伐军中的一员——年过七十岁的斋藤实盛也在这场战斗中被木曾义仲军中的武士手塚光盛讨取了首级。斋藤实盛在富士川合战之后曾经被人嘲笑为胆小，因此他早已做好此战中证明自己的准备。斋藤实盛的领地原本在越前国，后来转移到了武藏国的长井庄，在出征前，他曾经面见平宗盛，对平宗盛说越前国乃是自己的故乡，希望平宗盛赐予自己衣锦直垂，达成衣锦还乡的愿望，这样自己就算战死在北陆，也没有遗憾了。在那个时代的日本还流行“一骑讨”的行为，筱原之战中平家军队败退，唯独斋藤实盛一人迎敌而上，遇上了诹访武士团的统领手塚光盛，手塚光盛报上自己的姓名之后，询问斋藤实盛的名讳，可是斋藤实盛却不回答，只说："给木曾义仲看看就知道我是谁了。"

早年斋藤实盛一直是源氏的郎党，曾跟随源义朝参加了保元之乱与平治之乱，在那之后，平家十分器重这位武士，将他纳为己用。久寿二年（1155）时，源义朝之子源义平率军袭击了叔叔源义贤在武藏国大藏的住处，斩杀了源义贤，而在这之后，源义平试图杀死源义贤之子驹王丸（木曾义仲），斋藤实盛不忍心杀害驹王丸，违背了源义平的意思，将其送往信浓国木曾谷躲藏。

对木曾义仲来说，斋藤实盛其实是自己的救命恩人，在检验敌将首级的时候，木曾义仲看到了曾经的恩人的首级，可是斋藤实盛年纪已老，这个首级的头发却是黑色的。木曾义仲知道樋口兼光认识斋藤实盛，连忙命人找来樋口兼光。樋口兼光一看果然是斋藤实盛的首级，他对木曾义仲说道："早年曾听斋藤实盛说，年老以后上战场为了不被年轻的武士嘲笑，要把自己的头发染成黑色，想必他一定是照着那样做了。"木曾义仲用水冲洗了斋藤实盛的头发后，果然露出了白发，确定首级是自己的恩人斋藤实盛的之后，他不禁抱着首级号啕大哭，最后命令手下将斋藤实盛厚葬。

斋藤实盛死去的加贺国筱原后来还一直流传着有关斋藤实盛的传说，室町幕府时期的史料《满济准后日记》中记载说，应永二十一年（1414），斋藤实盛的亡灵在筱原出现，同时因为斋藤实盛亡灵的作祟，导致当地发生了大规模的虫灾。

平家讨伐军在北陆道败北以后，九条兼实在寿永二年（1183）六月五日的日记《玉叶》里写下："前飞驒[①]守有安来拜访，偷偷告诉了我官军战败了。四万余骑齐装满员的武士，估计只剩下四五骑了。官军过半死伤，剩余的都丢盔弃甲，争相逃进了山林里，然而还是大都被敌军给杀死了。"

九条兼实同样在日记里提到，平家讨伐军战败的原因是因为朝廷征召的

① 飞驒国，古称斐太属之岐阜县北部地区，大化改新时立为一园。。

军队与平家的郎党互相不服，可以看出，平家讨伐军成分复杂，指挥系统混乱，才会导致连续的败仗。

斋藤实盛石像

不过，九条兼实的日记《玉叶》里的内容是在平安京里听别人说的，在这段时间里，他所得知的般若野之战、砺波山之战、筱原之战等一系列的战事战败的消息实际上也有些混乱，同样后来的《军记物语》也有这样的毛病，将北陆的战事写得十分杂乱。

六月六日，在北陆道大败的平家讨伐军返回了京都，与出发时的意气风发相比，此时回到平安京的讨伐军减员了将近一半。在这之后，六月十日，木曾义仲率军从越中国出发，在十三日抵达了近江国。木曾义仲率军上洛的消息在京都传开的同时，结束了九州战事的平贞能也带着平家的希望率军返回了京都。

然而，平贞能于六月十一日抵达福原，在十八日率军进京，其麾下的军队却大大出乎平家主从的预料，原本平家认为平贞能会率军数万东进，然而当他上洛之后，方才发现此时平贞能手下的军队实际上仅仅只有千余人，在木曾义仲大军的面前只是杯水车薪罢了。

第五节　木曾义仲上洛

进入近江国以后的木曾义仲，在此处稍做休整，同时派出使者与平安京的“地头蛇”延历寺交涉。不过，延历寺的态度模棱两可，一方面表示会加入源氏方，另一方面又试图劝说木曾义仲与平家议和，对此，木曾义仲命令手下的右笔大夫房觉明给延历寺送去了牒文。

牒文的内容大致是：我等今日要从比睿山附近进京，但是我尚有个疑问。尔等延历寺的僧徒们是想加入源氏呢，还是想加入平氏？若是协助恶徒平氏的话，那我只好与尔等交战了，一旦交战以后，那就是尔延历寺灭亡之时。

大夫房觉明是信浓国的国人滋野党的领袖海野幸亲之子，曾经在奈良兴福寺担任过学僧，最早以最乘房信救为名字。在前几年以仁王举兵之际，他曾经执笔写了一封给园城寺的牒文，并在牒文里大骂平清盛。以仁王举兵失败以后，觉明遭到平家的追捕，不得已逃回了老家信浓国，在木曾义仲举兵后又加入了木曾义仲方，成为木曾义仲军中军师一样的存在。砺波山合战时，觉明也曾为木曾义仲写了祈祷胜利的祈愿文，送进了埴生八幡宫。

木曾义仲进军京畿的同时，平家也向延历寺发去了起请文，希望与延历寺、日吉社缔结氏寺、氏社的关系，争取让延历寺加入己方。然而，此时的平家对延历寺的态度虽接近于卑躬屈膝，其临时抱佛脚的举动却并不被延历寺接受，延历寺已经做出了加入源氏的决定。

虽然木曾义仲与延历寺的交涉取得了成功，但实际上延历寺却十分不满木曾义仲的言语。木曾义仲送给延历寺的牒文句句都带着恐吓的意思，此时延历寺与木曾义仲合作，并不是因为要协助木曾义仲攻打平家，而只是畏惧木曾义仲的军队，进行自保罢了。与木曾义仲的暴力相比，同一时期的源赖朝也与延历寺有来往，比如请求延历寺为自己办祈福的法事、保证延历寺在关东的庄园年贡不被侵犯等，作风强悍的木曾义仲同传统的宗教势力延历寺的关系，自然比不上作风温和的源赖朝，而相比骄横的平家，延历寺也更加亲近镰仓的源赖朝。

七月十一日，木曾义仲率军抵达近江国的濑多，十四日，源行家进入伊贺国。七月二十二日，木曾义仲率军渡过琵琶湖，从东坂本进入了比睿山的东塔，而源行家则往大和国的方向进军。《平家物语》里，源行家与木曾义仲一直都是共同行动的，然而实际上双方此时是分开进军，各自有着作战的计划。

木曾义仲军进入京畿后，畿内震动，京畿已经许久都没有出现过平家以外的强大势力了，七月九日，大和国金峰山的僧徒们响应源赖朝的呼吁起兵反平，而面对畿内的反旗以及上洛的木曾义仲，平家却丝毫没有应对的举措。

平宗盛已经被吓蒙了，为了抵抗木曾义仲的进军，后白河法皇直接下令平资盛与平贞能率军前往近江国，这是后白河法皇亲自下的旨意，并没有经过平宗盛的同意，也是平宗盛担任“总官”后第一次有人越过他派出军队出战。同时，从这时候开始，平清盛长子平重盛一族的平氏小松家也与平家一门若即若离，开始脱离家族独自行动了。

面对木曾义仲的进军，平宗盛不得不做出决断——是在平安京死守呢?

比睿山延历寺

还是放弃平安京出逃？尽管平知盛、平忠度力主在平安京迎敌，但是经过北陆道的一系列败仗之后，平家的兵力在短时间内恢复过来显然不可能，以一支败军迎敌，究竟会是接着惨败还是哀兵必胜，谁也没有底。同时，被流放到安艺国的多田行纲阴谋反叛平家，平家从九州运往京畿的年贡米在淀川和尻川被多田行纲手下的太田太郎赖助给扣押了，再加上平安京内平资盛与平贞能等小松家的一族与郎党又对平宗盛抱有二心，于是在仔细考虑后，平宗盛认为此时的平家不足以守住平安京，决定暂时放弃平安京，前往平家领地同样众多的西国避避。

平宗盛放弃平安京并不意味着就要放弃控制政权了，实际上，他还是有尽早夺回平安京的准备的，一旦平家以西国的领地为资本慢慢恢复，还是有足够的实力与远道而来的木曾义仲在京都一战的。然而，平宗盛的计划却在一个环节上出现了失误——平家政治权力正统性来源于后白河法皇与安德天皇，平家必须保证控制住这两个人。可是七月二十四日深夜，后白河天皇秘密逃出了法住寺，前往比睿山避难，平家失去了对后白河法皇的控制。

平资盛像

七月二十五日，木曾义仲已经近在咫尺，平家烧毁了六波罗府和西八条府，带着安德天皇与三件神器[①]逃出了京都，朝着平清盛曾经苦心经

① 日本皇室有三件神器，即八咫镜、天丛云剑和八尺琼勾玉，简称镜，剑、玉，这三件东西看似很普通，在日本却是神秘而又神圣的三件宝物。

营的福原逃去。平宗盛没有想到的是，这一次放弃平安京的决定，竟然是平家最后一次活着待在平安京里。

在放弃平安京的这段时间里，平氏小松家出现了与平家一门完全不统一的举动。在之前平资盛、平贞能奉后白河法皇之命出阵近江国以后，平宗盛以平资盛等人手下的军队也是平家一门，不能单独行动为由，将他们召回了平安京内。不过平资盛却依然想着归附后白河法皇，与后白河法皇保持着男色关系并十分受宠的平资盛尝试与在莲华王院的后白河法皇接触，虽然最终没有成功，但是足以见得平资盛此时已经不大瞧得起自己的叔父平宗盛了，有自立门户的倾向。再后来，接触失败的平资盛于次日加入了平家的本队，朝着福原前进。

平贞能在这个时间内则祭拜了平重盛的坟地，命人将其尸骨送往高野山，将坟土倒进了贺茂川中。而在七月二十九日，以伊藤忠清等为首的小松家的家臣们则拒绝随平宗盛离京，选择削发出家。平家一门的平重盛一党与平宗盛一党之间的裂痕，在这个时候完全表面化了。

平家弃守平安京以后，七月二十七日，后白河法皇从比睿山延历寺回到了法住寺。在《平家物语》里记载，木曾义仲拥戴着后白河法皇还京，实际上，木曾义仲与后白河法皇进京完全没有联系，木曾义仲在次日才独自率军进入京都，而源行家也从伊贺国经过宇治川进入了平安京。

第六节　三分天下

进入平安京的木曾义仲军以源行家、木曾义仲联军为主力，志太义广、石川义兼等参阵势力为辅助。木曾义仲与源行家等人并没有缔结主从关系，而仅仅只是因为讨伐平家的共同目的，又都是源氏出身，这才走到了一起。相比源赖朝的绝对独裁，木曾义仲显然对亲族血缘看得更重些，敢爱敢恨重情重义的木曾义仲，自然也被后世包装成了当世英雄，要是他不是晚节不保的话，兴许名声还会更好一些。

距离上一次东国武士大量出现在平安京的平治之乱已经过去了二十多年了，这时平安京的百姓与公卿们大多数都是初次见到东国的武士，他们就如同看狂欢游行一样来到路边看着这支进京的源氏大军。《愚管抄》里写道，此时的贵族们见到木曾义仲的军队，纷纷感慨："东国的武士从侍到民夫人人都带着弓箭，难怪平家不是他们的对手。"

公卿与百姓们见惯了在平安京里早已风雅得如同公卿一般的平家武士，初次见到木曾义仲率领的东国武士自然感到十分新鲜，不过很快的，他们就会感受到这群东国"乡巴佬"的威力了。

平家带着安德天皇离开了平安京，对朝廷来说，今后何去何从总得想个法子。寿永二年（1183）七月二十八日，后白河法皇在院厅召集了群臣商议，可是众位公卿的意见却都不统一，藤原经房、藤原实家、藤原实定等人认为，应该立即颁布讨伐平家的院宣，而藤原忠亲、藤原长方则表示，安德天皇和三件神器尚在平家的手上，应该以招安为主，将天皇与三件神器迎回京都。

后白河法皇最终决定下发讨伐平家的院宣，随后便给木曾义仲、源行家颁发了命令，然而此时的木曾义仲与源行家之间却隐隐约约藏着巨大的矛盾，源行家认为自己辈分大，理应地位要比木曾义仲高，而木曾义仲的实力又比源行家大很多。

虽然后白河法皇命令木曾义仲与源行家前去西国追讨平家，在他的心中，取代平家成为新的武家栋梁的人物早就内定为镰仓的源赖朝了。在给木曾义仲与源行家发去讨伐平家命令的同一天，后白河法皇派出了中原康定作为使者前往镰仓，在七月三十日，法皇商议出了将平家赶出平安京后的功勋所属：源赖朝为第一，木曾义仲、源行家分别列第二与第三。后白河法皇期盼着源赖朝能够响应自己的号召上京——他并不看好平家与木曾义仲等人。

然而，此时占据平安京的军队是木曾义仲手下的，后白河法皇也不可能完全忽视木曾义仲的存在。八月一日，后白河法皇任命木曾义仲为京都守护，命其手下的源氏军队在平安京以及平安京周围部署，防卫都城。

此时木曾义仲手下的源氏武士也达到了一定的数量，比如有摄津源氏的源有纲（源赖政的孙子），美浓、尾张源氏的源广长、高田重家、泉重忠、苇敷重隆，甲斐源氏的安田义定，信浓源氏的村上信国，近江源氏的山本义经、柏木义兼，甚至连信浓国的平氏出身的仁科盛家也在木曾义仲的军中。

八月十日，后白河法皇的院厅任命木曾义仲为从五位下左马头、续任越后守。然而到了八月十六日，木曾义仲的越后守又突然改为了伊予守，这很有可能是木曾义仲不满自己被封为已经是自己根据地的越后国国司的缘故。越后国现在牢牢掌控在木曾义仲的手上，有没有越后守的官职都改变不了事实，而改任其他诸如伊予守等国司，则可以给木曾义仲染指这些分国的大义名分，伺机扩张势力。

在《平家物语》里，后白河法皇下发了任命木曾义仲为“朝日将军”的院宣，不过在其他的史料里却没有见到这样的记录。“朝日将军”作为木曾义仲的别称尤为出名，很可能是木曾义仲的自称，而《平家物语》的作者却误以为这是院厅给木曾义仲封的官位。另一方面，志大才疏的源行家自从上洛以后，只封了个从五位下备后守的位阶与官职，并且论功行赏方面处处位于木曾义仲的后头，使得他这个“叔父”非常没有面子，源行家的不满，埋下了日后二者决裂的种子。同时，平家往西国的逃亡使得后白河法皇面对着一个重大的政治难题——大义名分，要知道，后白河法皇自己虽然有着足以维持朝廷日常运作的院厅，但是其院厅的统治却是建立在是天皇的父祖辈的大义名分之上的。此时平家带着安德天皇与三件神器西逃，理论上来说，拥有三件神器的安德天皇与平家才是正统的朝廷，后白河法皇下发讨伐他们的院宣其实等同于是谋反一般。即便后白河法皇能够安排其他皇子亲王即位，没有三件神器的新天皇的正统性也得不到保证，因此后白河法皇在宣布讨伐平家，剥夺平家一门所有人的官职之际，并没有解除平清盛的小舅子平时忠的大纳言的官职，他希望在平家里能够有一个人作为双方交涉的中间人。

然而，后白河法皇的热脸却贴了平时忠的冷屁股，八月十日，后白河法皇的使者来到赞岐国的屋岛，见到了平时忠，并表示希望平家能够归还三件神器。平时忠却果断地拒绝了使者的提议，平时忠的态度表明，此时的平家在西国还有着强大的实力与军力，并非到了穷途末路的地步。九条兼实得知后白河法皇的使者在平时忠那里碰了一鼻子灰之后，暗暗在日记《玉叶》里写下："当今的天下分为三国了啊……"此时在朝廷公卿们的眼里，平家割据西国、木曾义仲割据京畿与北陆、源赖朝割据关东，三股势力水火不容，俨然是三足鼎立的局势。不过九条兼实却忽视了在奥州的藤原氏，显然对公卿们来说，位于穷乡僻壤的藤原氏暂时还入不了他们的法眼。

此时，平家准备在西国建立根据地，于备前国的儿岛布下了防御，阻止反平家势力的西进，随后平家又率军抵达九州大宰府，拥立安德天皇住进了九州武士原田种直的家中。

九州岛是传统的平家势力所在，并且在"治承·寿永内乱"早期就派遣了平贞能在九州征战多年，平定了各个反平家势力，理应有着许多支持者。然而，许多武士却在此时态度开始变得暧昧不清起来，平家一方的绪方氏、臼杵氏等丰后国的武士，并没有率军前来参阵的动向，丰前国的宇佐八幡宫也没有表态，而肥后国的菊池氏，更是直接躲进了自家的城池里笼城防守，也拒不奉诏。作为平家长久以来的势力所在地，平家在九州岛本有着许多武士团与寺社的支持，然而平宗盛在失去了对平安京的控制以后，权力来源的正统性也产生了动摇，因此这些势力纷纷不敢表态甚至背离了平家。

第七节　乡巴佬义仲

回到平安京这边，虽然平家拒绝归还三件神器，安德天皇也被平家挟持而走，但是新天皇却是不得不立的，不然院厅的正统性也会动摇。八月十八日，院厅召开会议商量新任天皇的人选，就在这个时候，木曾义仲不合时宜地跳到前台来，表示应该让以仁王的遗孤，也就是北陆宫亲王继承皇位。木曾义仲表面上表示这是为了实现以仁王的遗志云云等大义，实际上他作为北陆宫亲王的后见人，一旦北陆宫亲王坐上了皇位，那朝政还不是由木曾义仲一人说了算了吗？

木曾义仲插手皇位继承之事，大大出乎了后白河法皇的意料，他没想到这个乡下武士才上京几天就敢这么大胆，才刚赶跑了一个平家，却又来了个比平家还不要脸的木曾义仲。不过后白河法皇碍于面子，并没有驳回，而是对木曾义仲表示，皇位的传承应该凭天意，而不该由在场的人指定。

后白河法皇自然不会让木曾义仲实现自己的野心，在他的操控下，表面上是由抽签选出新的人选，实际上他早就动了手脚，按他的意思抽中了高仓天皇的另一个皇子尊成亲王。八月二十日，尊成亲王举行了登基仪式，即后鸟羽天皇，这也是日本头一回出现没有三件神器的天皇登基。

安德天皇像

在后鸟羽天皇登基的同一天，朝廷将从平家处没收的五百余官领庄园封赏给了众臣，其中，木曾义仲受封一百四十余处，源行家则受封九十余处。表面上，木曾义仲虽然没有在政治上获得上风，但是却得到了许多庄园作为经济补偿，可是这五百余处庄园却大多数都在西国，实际都掌握在平家的手上，木曾义仲实际上等于从后白河法皇处领了许多张白条，并没有获得直接利益，并且这些白条的兑现，还得看他有没有本事攻略下西国。

朝廷对木曾义仲的不满，除了木曾义仲想要插手天皇继位之事以及在朝廷获得更大的政治权限以外，更是因为瞧不起这个来自乡下的乡巴佬。《平家物语》的作者很不客气地在书里写道：“（木曾义仲）言行举止非常粗鄙，毕竟从两岁开始就在信浓国的木曾山里一直住到了三十岁……”

同样在《平家物语》中记载了两则故事：

话说有一天，中纳言藤原光高来到木曾义仲宅邸拜访，这个藤原光高因为居住在“猫间”这个地方，因此也被人称为“猫间中纳言殿”。

于是木曾义仲手下的武士向木曾义仲报告说道：“猫间殿前来拜访。”

木曾义仲听了哈哈大笑道：“猫也会拜访人？”

家臣连忙解释道：“大人，是猫间殿，不是猫殿，猫间应该是那位大人的宅邸所在地。”

“哦？那就快快有请吧。”木曾义仲这才一副恍然大悟的样子。

猫间中纳言殿入座之后，木曾义仲说话却一直说不清“猫间”，而一直称藤原光高为“猫殿”。

“猫殿难得来做客一次，请务必赏光留下来吃饭。”

猫间殿摇了摇头：“多谢好意，用餐就不必啦。”

“猫殿不用客气，这时候正是饭点，岂有不吃饭之理。”随后，木曾义仲对着手下叫道：“把‘无盐’的平菇端上来吧。”

无盐在日本特指没有用盐腌过的新鲜的鱼，木曾义仲久居信浓国山中，误以为新鲜的食材都可以称为“无盐”。

猫间殿拗不过木曾义仲，只好答应留下用餐，结果木曾义仲的家臣用了个非常巨大的碗，还在碗里装满了饭，配上了三个小菜加一碗平菇汤，摆在了二人的面前。

猫间殿觉得这样吃饭很不雅，浓浓地带着一股村野之味，便一直没有动筷。

“这是我敬佛时用的碗呀。”木曾义仲说道。

猫间殿只好拿起碗筷，佯装吃饭，结果木曾义仲又开口道：“想必猫殿饭量小，可是也不用像吃猫食一样呀，请大口地吃呀……”

猫间殿在木曾义仲家中“享用”了一餐以后，连要前来和木曾义仲商量的事都没提，就匆匆离开了木曾义仲的宅子。

除了与猫间中纳言的这则笑话以外，木曾义仲还有一次相当滑稽的乘车事件被写进了《平家物语》之中：

话说木曾义仲升官以后，因为不能穿着武士的直垂任官，需要穿着狩衣戴着乌帽子，乘着牛车任职。但是木曾义仲却穿着铠甲背着箭袋持着弓箭，仿佛骑马一样坐在公卿的牛车里出行。

木曾义仲的牛车是平宗盛以前使用的，并且赶车的“牛饲”（车夫）也依旧是当时平宗盛手下的牛饲，牛车被木曾义仲缴获后，牛饲和牛车都被他留下来自己用了。不过这位牛饲对新的“乡巴佬”大人明显非常不满，在牛车出门的时候突然在牛屁股上重重地打了一鞭子，结果疼得牛突然飞奔起来，坐在牛车里的木曾义仲猝不及防，失去重心，两只手像张开翅膀的蝴蝶一样乱舞着，最后四脚朝天地摔在车内。

“哎呀！拉车的！哎呀！拉车的！”木曾义仲不懂得要叫车夫为“牛饲”，而是在车内大声地叫着“拉车的”，牛饲以为木曾义仲叫他快走，

今井兼平像

急忙赶着车走了五六町的地。

直到木曾义仲的家臣今井兼平骑马从后方赶来，牛车才放慢速度。

“为什么把车赶得这么快？”今井兼平质问牛饲道。

牛饲吓得只好回答说：“牛不受控制。”而后又对车内摔得鼻青脸肿的木曾义仲说道：“车内有个扶手，木曾殿可以扶着那个扶手，就不容易摔倒了。”

木曾义仲握着扶手，果然不再容易摔倒了，连忙称赞道：“这玩意儿真厉害，真好用啊。拉车的，在这儿安装扶手的主意是你出的，还是平宗盛出的？”

在到达目的地后白河法皇的御所以后，木曾义仲哧溜一下从车后掀起帘子就下车了，在御所周围的人连忙教木曾义仲道：“牛车应该是从后方上车，从前方下车的。”

木曾义仲回答道：“反正都是下车，从哪儿下都一样。”

在这之后，京都的人们纷纷将木曾义仲搭牛车的滑稽样当成茶余饭后的笑谈，嘲笑木曾义仲是个什么都不懂的乡野村夫。

在我看来，木曾义仲虽然是粗俗了点，带着些村野气息，同时也爱做鸡犬升天的美梦，但是他的心眼并不坏——至少在车夫把他摔得人仰马翻的时候，他非但没有责难车夫，还称赞车夫让他扶着车内的扶手是个好主意。

木曾义仲的行为在现代人看来其实没什么，可是在当时以公卿引导时尚潮流的日本来看，就是个实实在在的乡巴佬。木曾义仲是个英雄，而且是性格十分耿直的英雄，可惜动荡的年代并不会容纳他这样的人存在，很快，木曾义仲便遇上了难题。

第八节　十月宣旨

寿永二年（1183）八月，木曾义仲军上洛没多久，平安京附近的治安变得越来越差，盗贼横行，公卿们开始怀疑木曾义仲是否有能力保障京都附近的治安。到了九月，贵族们更是开始在日记里记录下了木曾义仲手下的士兵在京都里抢劫偷盗的恶行。木曾义仲性格鲁莽，他压根儿就没想明白，前一年平家因何不出兵北陆。此次虽然上洛，可是木曾义仲却没有带齐上洛所需的粮草，兵粮不足导致木曾军的士兵们只得靠劫掠才能维持生计。

实际上，劫掠粮草并非是木曾义仲的意思，但是公卿们却都把责任归咎于木曾义仲与他的郎党们，公卿们十分期望镰仓的源赖朝能够取代平家与木曾义仲，为他们带来安逸和平的生活。九条兼实在日记《玉叶》八月二十七日那天提到京都风传源赖朝即将上洛，九月五日，九条兼实又在日记里满腹牢骚地写下了为了制止木曾义仲手下的士卒到处抢劫，京都的人们都强烈希望源赖朝能够上洛之事。

九月十九日，后白河法皇给木曾义仲发去了追讨平家的院宣，此时的平家已经从“官军”变成了“朝敌”，木曾义仲在接到命令之后，于次日率军出发前往播磨国。木曾义仲这么着急出阵，一方面是后白河法皇与公卿们急着催他西进，想赶他离开京都，另一方面也是因为手下军队极度缺乏粮饷，再这样靠士兵们自给自足，迟早会闹出民变，不如加紧向西国进发，占领已经在木曾义仲名下的平家在西国的庄园，从中征收粮草供给大军。当然，那些跟着木曾义仲上洛的武士们也不能白干，木曾义仲准备将新占的西国土地封赏给立功的武士们，和他们结成类似源赖朝与关东御家人那样的主从关系。

九条兼实像

十月四日，后白河法皇派去关东邀请源赖朝上洛的使者中原康定从关东返回了京都，带来了源赖朝的回复。源赖朝十分聪明，他投其所好地向朝廷上奏了三个请求：其一，归还寺院、神社的领地；其二，将平家占领的公卿、摄关家、院厅的领地归还给原主；其三，平家的郎党要是有来投靠的，可以视情节从轻处罚。

源赖朝的提议瞬间在平安京里炸开了锅，人们纷纷赞扬源赖朝是个忠君爱国的武士，相比之下，木曾义仲与平家就显得十分不受人喜欢了。朝廷这边欣喜若狂，认为自己选对了人，连忙在十月六日派出使者加急给关东送去了允许源赖朝讨伐木曾义仲的旨意，后白河法皇急切地想在保障朝廷与院厅利益的基础上将平家与木曾义仲一网打尽。十月九日，后白河法皇又下令恢复源赖朝的从五位下的位阶，向源赖朝示好。

然而，源赖朝在收到后白河天皇的命令之后却依旧窝在镰仓没有动向。按源赖朝的解释说，关东尚有佐竹家的残党存在，东北又有藤原秀衡这样一支势力对关东虎视眈眈，他担心一旦大军西进，镰仓会变成一座空城，遭到这两股势力的攻击。再加上派出数万军队上洛也不是一件容易的事，为了避免重蹈木曾义仲的覆辙，源赖朝也要好好准备下粮草，宣布一下军纪。

源赖朝表面上说得言之凿凿，十分有理，实际上是担心让后白河法皇占据政治的主导权，源赖朝此时已经有构建关东政权的意向，他这么做无非是向后白河法皇表示自己上洛是必然之事，并不是完全响应院宣的号召。

十月十二日，木曾义仲率军杀入了备中国，在这里遭遇到了妹尾兼康的阻击。妹尾兼康原本是平清盛的家臣，在砺波山之战中被木曾义仲麾下加贺国的国人仓光成澄俘虏，仓光成澄知道妹尾兼康是个有名的武士，不忍心杀他，将他派往弟弟仓光成氏的麾下效力。

妹尾兼康曾深受平清盛器重，他佯装投降，很快就取得了仓光成氏的信任，在木曾义仲西进时，他故意向仓光成氏表示自己的领地妹尾庄水草肥沃，怂恿仓光成氏向木曾义仲请求封赏妹尾庄，而自己则可以做向导，带着新的领主前往妹尾庄接收领地。仓光成氏果然向木曾义仲讨要了妹尾庄，并与妹尾兼康一同先行西进，在这期间，妹尾兼康之子妹尾宗康也率军前来迎接。众人抵达备前国时，妹尾兼康趁仓光成氏酒醉将其杀死，又袭击了源行家在备前国任命的在厅官人，招募了一部分忠于平家的武士，抵抗木曾义仲的西进。

木曾义仲得知妹尾兼康背叛了自己，十分愤怒，派遣今井兼平率军三千人攻打妹尾兼康，妹尾兼康不敌今井兼平，只得退守备中国。在这时，追兵又杀到了备中国，妹尾兼康的救命恩人兼仇人仓光成澄也在追兵之中。妹尾兼康与仓光成澄是仇人相见分外眼红，双方搏斗了一番，妹尾兼康杀死了仓光成澄，夺取了仓光成澄的马匹逃走。只是妹尾兼康的儿子妹尾宗康体态肥胖，又摔伤了脚，无法行走，妹尾兼康原本已经逃走，又因不忍心儿子，故而返回了战场，然而追兵过于强大，带着受伤的儿子在被人围堵的情况下，无论如何也是走不脱了。在被追兵包围的情况下，妹尾兼康亲手杀死了受伤的儿子，随后杀进木曾军中，砍死数人后力竭被杀。

木曾义仲在西国作战的同时，朝廷也没有闲着，他们眼瞅着源赖朝赖在关东不动，知道源赖朝这是不想当第二个木曾义仲，在和朝廷讨价还价呢。无奈，十月十四日，朝廷只得下发一份新的宣旨，内容只有两个：“一、东山道、东海道、北陆道的所有的私人庄园、国衙领地都交由源赖朝调遣；二、如果有人不服从命令，源赖朝有权讨伐他。”当这份宣旨下发以后，朝廷无疑是承认了源赖朝在东山道、东海道、北陆道等地的军事指挥权，并在确保这几个地方的年贡的条件下将这些地方的庄园交给源赖朝处置。不过，朝廷

妹尾兼康之墓

颁发的宣旨将木曾义仲的地盘也全都划给了源赖朝，这也引来了日后木曾义仲对朝廷的仇恨。

在《延庆本平家物语》中，这份十月宣旨颁布的同时，还出现了任命源赖朝就任征夷大将军的院宣，不过这显然是时间上的错误，源赖朝正式就任征夷大将军的时间应该是在十年后的建久三年（1192）。不过这份宣旨的意义却与源赖朝就任征夷大将军基本相同，都标志着朝廷正式将公权交予源赖朝。

第九节　水岛合战

十月宣旨下发之后的下半月，平安京里流传着源赖朝已经从镰仓动身，会在十一月一日抵达平安京的谣言，这些谣言的流传使得木曾义仲无心继续在西国作战，急切地想动身返回平安京。然而，奉命出征的木曾义仲若是在此时返回平安京，无异于是抗命，原本想扩大地盘并加强自己实力的西国征伐，反而变成了制约木曾义仲的战争。

此时的平家也不安宁，虽然在寿永二年（1183）四月左右就平定了九州岛的菊池隆直之乱，但是如前文所述，九州岛并不是平家的地盘，此时的平家在九州岛遭到了丰后国的武士绪方惟荣的攻击，陷入了困境。绪方惟荣原本是平重盛的家臣，但是在平家丢失平安京西逃之后，也站在了反平家的一方。

十月，平家带着安德天皇逃离了大宰府，前往筑前国的山鹿庄避难。山鹿庄的领主山鹿秀远是被称为“九国一之强弓”的武士，然而此时山鹿秀远也挽救不了平家，在绪方惟荣的追击下，平家只得再度逃离山鹿庄，于丰前国的柳浦登船，经过长门国的彦岛，再往赞岐国的屋岛逃去。平家此时犹如丧家之犬一般，四处逃窜，寻求一处安身之地。

在这次出逃的过程中，一直跟随平家的平贞能脱离了平家的大队伍，独自出逃。平贞能家代代服侍平家，他曾被平清盛称为唯一可以信得过的人，可是在面对源氏强大的攻击时，平贞能所服侍的平氏小松家（平重盛家）与一门总领平宗盛产生了裂痕，再加上平贞能活跃的战场一直都是九州岛，平家放弃了九州岛，使得平贞能彻底对平家的前路感到绝望。平贞能在这之后，前往关东下野国依附宇都宫朝纲，便在关东定居了下来，如今北关东有许多平重盛的坟墓，大都是由平贞能一族建立的。

平家在屋岛建立了据点之后，木曾义仲进军的方向便从九州岛改为了屋岛，他派出了足利义康之子矢田义清作为大将，信浓国的国人海野行广作为侍大将，率军七千骑在备中国的水岛驻扎，准备进攻屋岛。在木曾义仲看来，只要他再加把劲，如风中残烛一样的平家就会在他的铁骑之下灰飞烟灭。

然而事实真的是如此吗？

闰十月一日，不愿坐以待毙的平知盛、平重衡、平教经率领一千余艘平家的战船，朝着驻扎在水岛的木曾军发起了进攻。在这一战中，平家用木板将战船互相连接起来，保持船只的稳定，向木曾军发起突袭，而木曾军仅仅只有五百艘船只，匆忙上船迎战的木曾军被平知盛杀得大败，主将矢田义清、副将海野行广都战死在这场战斗中。

在《平家物语》中，水岛合战是发生在妹尾兼康之战前，但是在《一代要记》里记载的时间则是在之后。对于平家来说，水岛合战是一场大胜仗，一方面挫败了连战连捷的木曾义仲，打破了木曾军不可战胜的神话，使得平家武士士气大振，一瞬间恢复了面对源氏武士的信心；另一方面，这也表示着平家仍然有可能打败源氏，夺回平安京。《平家物语》卷八《水岛合战》中写道："平家在水岛获得的胜利，就像是为会稽之仇雪耻一样"。

水岛合战的战败也使得木曾义仲乱了阵脚，胜败原本乃兵家常事，但是木曾义仲此时陷入了政治困境之中，与平家作战的大败使得他的处境急剧恶化，木曾义仲生怕平安京会抛弃他这颗棋子而选择源赖朝或平家，于是愈加想要返回平安京。此时的木曾义仲陷入了两难的境地，远离根据地不说，在西国又打了败仗，平安京内的后白河法皇时不时还会在背后捅他几刀。

闰十月九日，朝廷再度颁发了十月宣旨的补充，将北陆道从源赖朝的支配地中去除，这大概是考虑到了木曾义仲的关系，木曾义仲对朝廷许可源赖朝占有北陆道等地表现得极度不满，朝廷不敢惹这个刺儿头，因此才出现朝令夕改的情况。

第十节　木曾军分裂

源赖朝的势力此时开始向平安京伸手，闰十月时，源赖朝曾离开镰仓西进，行使十月宣旨许可的权力在东国征收年贡，向平安京进贡。然而，闰十月八日，源赖朝在相模国国府与平赖盛见面，在这之后，源赖朝又以军粮不足为理由返回了镰仓，改派弟弟源义经与国衙下级官人出身的中原亲能代替

水岛合战

自己上洛。这是源义经真正开始出现在源平合战舞台之上的时刻，此时源义经的上洛目的仍然不是打倒平家，而是作为源赖朝的代官将东国进贡的年贡送往平安京。

源义经在闰十月的下半月抵达伊势国，平安京的皇族与贵族们得知这个消息之后喜出望外，他们最关心的就是在这场内乱之中，被武士们趁机占领夺走的庄园与年贡能否恢复到战前的局势，因此他们非常急切地关注着作为源赖朝代官上洛的源义经的动向。在十一月左右，九条兼实、吉田经房都分别在日记《玉叶》与《吉记》里提到了源义经的名字，平安京内流传着源义经奉了源赖朝之命带领数万骑上洛的谣言，而实际上源义经身边仅仅只有五六百骑武士护送年贡品而已。

可是，平安京里既然流传着这样的谣言，木曾义仲没理由不会知道，对木曾义仲来说，源义经的上洛无疑就是一个警示信号。

寿永二年（1183）闰十月十五日，木曾义仲在西国接到了源行家向后白河法皇进谗言要除掉自己的消息，连忙率军返回平安京。源行家本来就在上洛之后与木曾义仲不和，趁着木曾义仲离开平安京的这些日子，他在京都里大肆发展自己的势力，并向后白河法皇靠拢，试图抱住后白河法皇的大腿。

此时的局势对木曾义仲非常不利，西国与平家的战事不利，源行家和后白河法皇在平安京捅刀子，源义经又率军上洛，远离根据地的木曾义仲陷入了孤立状态。闰十月十九日，平安京内流传着木曾义仲即将掳走后白河法皇与公卿百官前往北陆的谣言，次日木曾义仲亲自向后白河法皇与公卿百官表示这是源行家散布的谣言。然而，此时的木曾义仲，内心说不定已经有点退缩，想要回到北陆去重新整顿势力也说不定。

没几天，平安京内又流传出了木曾义仲准备与平家媾和的谣言，说木曾义仲想与平家一同讨伐源赖朝，控制朝廷。虽然这则消息是否属实无法判断，但是在这个时候木曾义仲即便是想同平家议和也不是什么匪夷所思的事情，他先是要求后白河法皇封叔叔志太义广作为征讨平家的追讨使，自己则希望留在平安京。不过志太义广是被源赖朝驱逐的人，后白河法皇现在巴不得同源赖朝穿一条裤子，又怎么可能任命此人担当这么重要的职务呢？因此，在二十六日，后白河法皇再度下发了院宣，表示平家追讨使别人都干不了，只有木曾义仲能干，实际上院厅是想快些将木曾义仲赶出平安京，好迎接源义经的镰仓势上洛。然而，在闰十月二十七日，河内源氏的石川义兼率军离开了木曾军，返回了河内国的领地，随后，木曾义仲对兴福寺发去了攻击源赖朝的命令，但也没有人理睬他。

十一月七日，源义经与中原亲能一同抵达了近江国。虽然此时源义经上洛的目的如前文所述，并非讨伐木曾义仲，而是作为源赖朝的代官运送年贡，然而已经对木曾义仲十分厌恶的朝廷公卿们与后白河法皇，都希望作为源赖朝军队代表的源义经能够将木曾义仲赶出平安京，因此便想将讨伐木曾义仲的任务交给源义经。

十一月八日，与木曾义仲不和的源行家率军二百七十骑从平安京出阵，前往西国讨伐平家，他之所以敢率领这么少的军队出阵，是因为在之前就已经获得了山阳道与南海的武士动员的权力。在《延庆本平家物语》中，这份命令是十一月十一日发下的，但是《延庆本平家物语》将给源赖朝的闰十月九日颁布“十月宣旨”记成了十一月九日，因此这份给源行家的命令应该也是被《延庆本平家物语》搞错了时间。后白河法皇将追讨平家的任务交给了源行家，使得木曾义仲十分愤怒与焦虑，才会有前文得知源行家进谗言便返回平安京的事情。另一方面，平家此时也因为胜仗对西国发起了反攻，十一月九日，平重衡率领三百骑武士在备前国的东川与备前国检非违所的检非违使交战，取得胜利之后朝着播磨国的室泊前进。播磨国的东边便是摄津国的福原，福原到平安京的距离，则可以说是朝发夕至了。

第十一节　法住寺合战

得知平家卷土重来的后白河法皇对抗命的木曾义仲失去了信心，在十一月十七日对木曾义仲下达了命令表示：你要么就去西国讨伐平家，要么就东进与源赖朝合战，反正不准待在京城里。后白河法皇的这条命令无疑是对木曾义仲下了逐客令，木曾义仲接到命令之后也彻底爆发了，在这一天他将以仁王的儿子北陆宫亲王控制在了自己手上——只要握着一个有皇位继承权的皇子，他随时都可以将皇子扶上大位与后白河法皇决裂。同一时刻，后白河天皇也知道了，木曾义仲并不是靠政治手段可以化解得了，做好了要与木曾义仲交战的准备。在《平家物语》中，后白河法皇身边的近侍、有着“鼓判官”之称的检非违使平知康奉命前往木曾义仲军中传达院厅要求制止木曾军劫掠行为的命令，却遭到了木曾义仲的侮辱。愤怒的平知康返回了后白河法皇的院厅，将此事转告给了后白河法皇，因此后白河法皇才会下定决心要与木曾义仲交战。实际上，木曾义仲的行为，要想激怒后白河法皇这只老狐狸还是比较难的，其实在当时的政治环境下，后白河法皇本身应该是已经想要讨伐木曾义仲了。此时源义经与源范赖还没有上京，后白河法皇决心在镰仓势上洛之前先对木曾义仲发起攻击。

为了讨伐木曾义仲，后白河法皇下达了召集延历寺、园城寺的僧兵的命令，源平合战早期经常登场的僧兵再次出现在了战场上。与此同时，后白河法皇为了扩充院厅的军队，还征集了平安京里的地痞无赖、寺院的低级法师等等乌合之众加入院厅的军队中——当然，其中也有不少背离了木曾义仲的武士。

得知后白河法皇在进行战斗准备的今井兼平、樋口兼光向木曾义仲谏言，不要以院厅为对手交战，这样会失去大义名分的。而愤怒的木曾义仲却拒绝了今井兼平等人的建议，决心要与院厅交战。

在《平家物语》中，木曾义仲在这个时候说道：

> 我自从信浓举兵以来，每次参加合战，从来都没有将背后展示给敌人过。即便是十善帝王（后白河法皇）在我面前，我也不会脱下铠甲放下弓箭投降。难道守护京都的人连马匹都不能骑吗？只不过是割了一些田里的青苗喂马，法皇就对他们降罪。那些年轻的武士，为了守护京都，因为粮草不足，去都城的郊外夺取些财物充当军用，这又有什么错呢？

虽然这段话很有可能是出自《平家物语》的创作，但是确实如站在木曾义仲的角度上来考虑当时的情况，当时气昏了头的木曾义仲，即便说出这样的话也不是什么奇怪的事。

十一月十九日上午，木曾义仲对后白河法皇的御所法住寺发起了进攻，然而在法住寺合战开始之前，许多看出木曾义仲气数已尽的北陆的武士都脱离了木曾军，木曾义仲的军队仅仅剩下六千到七千骑左右。木曾义仲为了取砺波山之战时的彩头，将军队分成了七支，向法住寺进攻。

正午时分，木曾义仲军向法住寺的西门前进时，在此守卫的后白河法皇的亲信平知康竟然穿着铠甲，一只手拿着薙刀，一只手举着金刚铃摇着对木曾军喊道："大逆不道的人向法皇射出的箭是无法射中的，全都会返回射死他们自己。"平知康在西门的这种奇怪姿态，可以看出此时他对木曾义仲抱着极大的怨恨，这很有可能就是因为之前传达命令时被木曾义仲侮辱的原因。

看见平知康在“作法”的木曾义仲也十分愤怒，他下令点起火矢射向法住寺，没多久，法住寺就燃起了大火，在一片大火之中，骁勇善战的木曾军突破了法皇军的防御，仅用两三个小时便杀进了法住寺，击溃了后白河法皇的军队。混乱中，平知康偷偷丢下军队逃走，天台座主明云法亲王与园城寺的长吏圆惠法亲王（后白河法皇之子）被木曾军的士兵杀死，后白河法皇则被木曾军俘虏，随后被送往位于五条大道的近卫基通的宅子里软禁，而后鸟羽天皇也被木曾军关进了内里。“法住寺合战”与源平合战期间的其他合战不同，是历史上首次出现的武士与院厅的合战。之前的源赖朝以及上洛前的木曾义仲都只是打着“清君侧”的旗号进攻平家，到了这时木曾义仲却因为私怨公然与院厅敌对，足以看出院厅权威的下降。

十一月二十日，天台座主明云法亲王以及园城寺长吏圆惠法亲王的首级被放在了五条河原示众，木曾义仲军在平安京愈加肆无忌惮起来。二十一日，木曾义仲剥夺了后白河法皇的近臣共四十九人的官职，要知道在治承三年

法住寺合战

（1177）的“治承政变”中，平清盛才解除了院厅的四十三名近臣，此次木曾义仲解职的人数竟然超过了平清盛。《平家物语》中写道：“昔日平家也方才解职四十三名大臣，此次木曾义仲解职四十九人，其恶行已经大大超过了平家。”前关白松殿基房——也就是被平重盛派人砸了马车的那位大人，他的女儿被木曾义仲给强娶了，因此木曾义仲就顺便拥立松殿基房之子松殿师家为摄政。

十一月二十五日，朝廷召开了朝会，商量将从平家处没收的官领交给木曾义仲之事。十二月二日，在木曾义仲的操控下，院厅下发了将官领交给木曾义仲的命令。在之后，木曾义仲又将受到解官事件波及的近卫基通的领地收入自己手中，木曾义仲此时已经意识到了军粮的重要性，这些手段都是他为了确保自己的大军能够有足够的军粮而不得不用的非常手段。然而，在获得充足的年贡粮米作为军粮的同时，木曾义仲还给了源赖朝一个非常好的讨伐理由——对院厅、天皇举兵，视同谋反。

第十二节　木曾义仲的补救

在《源平盛衰记》《平家物语》中记载，木曾义仲在这期间对将士们说道：

> 天下大事，现在尽在我手。你们想要做公卿，就可以随便做，我也想当天皇，可是天皇都是小孩子，我又不可能变回小孩子。想想我又想做上皇，可是上皇又都是老和尚，我也不想出家。只有摄政和我年纪相仿，做的事也差不多，我想我可以出任摄政，以后你们叫我摄政大人就好了。

因为在这之前的几个天皇大多数都是小孩子，因此木曾义仲以为只有小孩子才能做天皇，而对于上皇，木曾义仲也只认识后白河法皇一个，误以为要当上皇就必须是老人还得出家当和尚，因此找来找去，便觉得摄政这个职位刚刚好适合自己。结果今井兼平听了连忙对木曾义仲说道：“摄政从来都是藤原氏担任的，从来没有听说过有藤原氏以外的人担任摄政的先例。”木曾义仲这才放弃担任摄政，拥立了小舅子上位。

木曾义仲想了想又问道：“那判官代怎么样呢？”

今井兼平回答说：“这可不是什么大官。”

木曾义仲思前想后，最终一拍大腿：“还是做法皇院厅的御厩舍别当好了，可以有好马给我骑，岂不快哉。”于是木曾义仲就这样给自己封了个“御厩舍别当”的官职，放着大官不当去当弼马温，这自然也成为公卿们嘲笑他是乡巴佬的一件蠢事。

而此时的源赖朝同平家、木曾义仲相比，简直就是一个标准“好青年”——既没有对朝廷、院厅、摄关家表现出敌对态势，又保障了他们的收入，同时还没有插手天皇皇位继承人之事，并且忠君爱国，可以说是武士中的典范了。原本源赖朝还发愁不知道用什么理由攻打控制了法皇、天皇的木曾义仲，现在倒好，木曾义仲自己送了一面大义旗帜给他。

可以看出，老实巴交的木曾义仲其实根本一点都不了解朝廷、院厅的斗争。与在京都待过的源赖朝相比，木曾义仲确实就是个乡巴佬，凭着自己的性子在这里胡闹，虽然他的所作所为可以理解，但是毕竟是夹在老狐狸后白河法皇与小狐狸源赖朝之间，木曾义仲的前途一片黑暗。

很快地，盛极而衰的木曾义仲就将遭到镰仓势的攻击，当然木曾义仲早就对此有所准备了，毕竟源义经率领大军上洛的谣言早就在京畿传开了。不过他万万想不到的是，木曾军竟然会先于被讨伐的平家灭亡。

木曾义仲与后白河法皇决裂以后，便决心正面对战镰仓的源赖朝了，为了能够抽出足够的兵力对付源赖朝，木曾义仲甚至准备与平家议和。

十一月二十九日，之前与木曾义仲分开的源行家独自出兵西国讨伐平家，在室山与平知盛、平重衡率领的军队交战。在室山合战中，源行家低劣的军事能力体现得淋漓尽致，脱离了木曾义仲以后宛如军事弱智一般，被平家打得大败，郎党百余人战死以及被俘，源行家本人也灰溜溜地从海路逃到了和泉国的石川城，他在和泉国有着一定的影响力，逃回和泉国即表示此时除了老家，已经没有地方接纳这个人了。

室山合战的胜利使得局势又变得模糊起来，平安京内流传着平家将要返回京都的谣言，而平家的武士与支持者们也纷纷想要返回平安京，主张乘胜追击顺势上洛的平知盛甚至与平宗盛产生了争吵。

木曾义仲这边呢，因为在室山合战败于平家，东边的源义经又即将上洛，陷入了四面楚歌的境地。感觉镰仓才是首要敌人的木曾义仲在十二月对平家发去了起请文，希望能够与平家达成和睦，一同对抗源赖朝。和谈的结果自然是以失败告终，木曾义仲的名声一直都不怎么样，再加上平家此时在军事上连战连捷，士气大振，大有重返京都的趋势，政治上还有三件神器以及安德天皇作为大义旗帜，自然没有答应木曾义仲和谈的理由。

十二月十日，在木曾义仲的操纵下，院厅向奥州平泉的藤原氏发去了命令其与木曾义仲一同讨伐源赖朝的院宣，在寻求与平家和谈的同时，木曾义仲还希望与奥州藤原氏的藤原秀衡建立起共同战线。木曾义仲的行为从某个角度说明了：源平合战其实并不仅仅是源氏对平氏那么简单，这场内乱不过是想要争权夺势的武士因为一己私利而发起的而已。

然而，小富即安的奥州藤原氏并没有南下关东夺取天下的野心，藤原秀衡想要的无非和之前的安倍氏、清原氏一样，在东北建立起一个相对独立的国土而已。因此无论是平家还是木曾义仲向平泉发去的请求，都像石沉大海一般没有任何回应。

第十三节　镰仓势上洛

在《平家物语》中记载，寿永三年（1184，四月改元元历）正月十三日，源义经的军队在伊势国集结，麾下有安田义定、大内惟义、畠山重忠、佐原义连、梶原景时、熊谷直实、佐佐木高纲、涉谷重助、平山季重等两万五千余兵力；而源范赖的军队则在近江国濑田集结，手下有着武田信义、一条忠赖、加贺见远光、坂垣兼信、稻毛重成、榛谷重朝、土肥实平、小山朝政等三万五千余骑武士。尽管《平家物语》中源范赖与源义经麾下的军队略有夸张，但是两支源赖朝的军队都摆出了针对平安京的攻势。

前文提到过，源义经原本只是作为源赖朝的代官上洛护送给公卿、皇族们的年贡而已，手底下的人仅仅只有五六百人，而在源赖朝命令源范赖率领镰仓的军队上洛之后，也委托源义经统率部分军队，这些兵力应该是从源范赖带出关东的军队里分出来的。不过学者川合康氏根据对《源平盛衰记》的研究得出的结论，说源义经在与源范赖分开以后，进入了伊势平氏的发家地伊势国并得到了伊势平氏的武士平信兼以及伊贺国的平家家臣平田家继的支持，在获得了这些当地武士的支持以后，方才组织起了一支军队上洛。平信兼是源赖朝举兵时杀死的伊豆国代官山木兼隆的父亲，不过山木兼隆与平信兼父子不和，所以平信兼会投靠镰仓也不是什么怪事。而平家的家臣平田家继之所以加入了源义经军，则是因为他与以近江国甲贺郡为根据地的柏木义兼不和，两家在当地多有争斗，而柏木义兼此时加入了木曾义仲一方，因此平田家继才会在平家丧失了京畿主导权以后加入了源义经军，对付以木曾义仲为靠山的柏木义兼。

在《源平盛衰记》中，源义经上洛途经伊势国铃鹿郡，沿着大和街道向伊贺国的柘植、仓部前进，随后经过伊贺国上野的野田抵达南山城的笠置，朝着宇治川北上。在《源平盛衰记》中源义经的动向并非是作为源范赖的偏军策应主攻部队，而是到伊势国、伊贺国动员当地的武士，随后带领他们上京作战。

与此同时，木曾义仲这边虽然战胜了后白河法皇的乌合之众，但是却也只是“柿子挑软的捏”而已。在源义经、源范赖着阵近江国、伊势国的前三天，即正月十日，平安京内再度流传着木曾义仲将要绑着后白河法皇等皇族一同

源义经像

逃回北陆的传言。正月十六日，九条兼实又记录下了木曾义仲给手下的郎党发去了监视后白河法皇的命令的消息，看来木曾义仲想放弃平安京逃往北陆并不是空穴来风。

木曾义仲在得知源赖朝派遣的源范赖、源义经上洛的消息后，因为自己手下的军队兵力不足，因此想放弃平安京，同时为了不在政治上落入下风，他准备带着后白河法皇等皇族前往北陆。这样一来，木曾义仲不过是又一个平家而已。

正月十一日时，在木曾义仲的强烈要求下，院厅下达了册封木曾义仲为征东大将军的命令。表面上这只是恢复几百年前的最高级的武官官职，实际上则是木曾义仲为了与获得“十月宣旨”后取得东国统治权的源赖朝对抗的结果。要知道，当年的征东大将军讨伐的正是东国的蛮夷，木曾义仲想先取得这个官职，日后再出阵东国，用朝廷赋予征东大将军的公权与大义名分与源赖朝决战也说不定。

可是在正月十三日源义经以及源范赖抵达京畿以后，木曾义仲却没有立即出阵迎战，想来他之所以不敢轻易离开平安京，有可能是因为西国的平家正在大举东进，木曾义仲担心在远离平安京的地方与镰仓势交战的话，会被平家给端了京都老窝。第一个上洛却没能消灭平家的木曾义仲夹在镰仓与平家之间，首尾受敌，十分尴尬。

木曾义仲的考虑其实有些多余，此时平家想要上洛也并不一定是件容易的事，平安京虽然是个重地，但是却如同鸡肋一般，食之无味，弃之可惜，平家要是在这时候上京，只怕会落入与木曾义仲一样的下场。平家与木曾义仲的和平交涉失败后，平家的军队仍在丹波国与木曾军交战，另一方面，平家也担心狗急跳墙——要是木曾义仲被逼急了，带着后白河法皇逃往北陆，那么还京的政治意义就小了很多了，再加上此时与木曾义仲不和的源行家虽然战败躲在京畿，但其动向仍然牵动着京畿的局势。

第十四节　宇治川合战

就在平家、源义经、源范赖都在思索下一步怎么办时，木曾义仲率先动手了。

正月十九日，木曾义仲派遣今井兼平率军前往源范赖进军的濑田布防，阻击源范赖，再派出仁科盛家等人前往宇治抵御正在朝着宇治进军的源义经，而木曾义仲自己则率军护卫后白河法皇的御所。木曾义仲此举名为护卫，实则是做好战况万一不利就立即带上后白河法皇逃往北陆的准备。

据《平家物语》中所述，木曾义仲此时的兵力不过一千余骑。在这之前，木曾义仲军中就有许多武士脱离了军队，一方面是因为木曾义仲上洛已久，却仍然没有足够的粮草供应，根本无法在京畿养活这些武士，另一方面则是在木曾义仲与后白河法皇决裂以后，担心会跟着木曾义仲“越走越黑”的武士便偷偷逃离了军营。更加雪上加霜的是，此时源行家在河内国拉起了大旗反抗木曾义仲。得知此事之后，木曾义仲便派出了手下的大将樋口兼光率领一支偏师前往河内国，大败源行家与石川义兼，二人在战败后灰溜溜地又逃向了纪伊国。

虽然征讨源行家与石川义兼进行得很顺利，但是木曾义仲的分兵再次导致己方的兵力严重不足。

正月二十日，源义经在宇治川对着兵力极度劣势的木曾军发起了进攻。在战前，木曾军为了阻止源义经军的西进，撤走了宇治川的桥板，这是以仁王谋反时在宇治川采用的战术，同时木曾军还在宇治川内丢了非常多的渔网，这同样也是因为以仁王谋反时，尽管撤去桥板，却仍然有平家武士骑着马越过宇治川，木曾军想利用河底的渔网来绊住马脚。

冬天的雪水融化，使得宇治川的水位上涨，流速变快，源义经军要想渡过宇治川非常难。可是尽管如此，仍然有立功心切的武士跳进川中，为首的便是梶原景时之子梶原景季以及佐佐木一族的佐佐木高纲。

梶原景季胯下的坐骑磨墨、佐佐木高纲胯下坐骑生食，都是此次出阵之前，源赖朝在镰仓亲自送与二人的名马。佐佐木高纲看到梶原景季在前，担心被抢功，便连忙大叫："梶原殿下，马的腹带松了。"

梶原景季听了信以为真，连忙放慢速度查看马的腹带，结果佐佐木高纲抢到了他的前头。梶原景季得知上当，连忙大叫："佐佐木殿下，要想立功可要小心河底的渔网啊！"

不过佐佐木高纲没有上当，而是顺利渡过了宇治川，梶原景季的马则被水流冲走，在宇治川下游上的岸，此即《平家物语》中宇治川合战时，十分有名的"宇治川争夺先阵"的故事。《平家物语》是个逸话众多的军记物语，很多内容都分不清是不是作者的创作，而在承久之乱时，佐佐木高纲的侄子佐佐木信纲也有过类似的传说，因此这些可能是佐佐木一族代代相传的故事也说不定。

争夺先阵之事发生以后，源义经军的武士纷纷以二人为榜样，跳下河渡过了宇治川，朝着木曾军进攻，由于人数优势巨大，源义经成功突破了木曾义仲在宇治川布置的防线。不过，源范赖一方突破濑田防线的时间却晚于源义经这边，因此在源范赖进京之前，源义经就率军进入平安京了，源义经与源范赖二人的军事才能，在这时候就已经能体现出一定的差距了。

虽然木曾义仲在六条河原抵抗源义经军，但是此时根本无法阻止源义经的大军，木曾义仲手下的军队几乎全部溃散，战败后的木曾义仲连后白河法皇都来不及挟持，直接就朝着北陆逃去。

据说木曾义仲原本想进入平安京自尽，但是此时与源范赖交战后也落败的今井兼平回到了木曾义仲身边，劝说木曾义仲前往北陆道再做打算，并且自己愿意为木曾义仲殿后。木曾义仲欣然接受了这个建议，结果在路过近江国的粟津松原时，遭到了甲斐源氏的一条忠赖的阻击，在《平家物语》当中，木曾义仲的爱妾巴御前此时也跟着木曾义仲，木曾义仲不忍心让巴御前战死，便令其自行逃去。巴御前不愿意独自求生，木曾义仲只好说："你若是落入敌手，敌人会嘲笑我临死还不忘了带着女人在身边，会玷污我的武名的，还是快逃命去吧。"巴御前无奈地离开木曾义仲独自逃生。在杀死了武藏国的国人御田八郎师重后，木曾义仲卸下铠甲丢弃武器，独自朝东国逃走。巴御前在离开了木曾义仲以后，改嫁给了镰仓幕府的有力御家人和田义盛并生下儿子朝比奈义秀，巴御前晚年独自在越中国的石黑出家，并用其余生为木曾义仲祈祷冥福。

在巴御前逃走之后，木曾义仲身边所剩士卒寥寥无几，祸不单行的木曾义仲坐骑的马蹄又陷入了农田之中，就在这时，一支流矢飞来射中了他的脸，枭雄一世的木曾义仲就这么狼狈地死在了农田里。跟随在木曾义仲身边殿后的今井兼平看到木曾义仲被流矢射死，悲愤地对着追兵大喊道："看好了，日本第一的勇士在此自尽！"随后将刀尖对准自己口部，从马上跌下以刀柄

宇治川合战

粟津合战

着地的方式自杀。

值得注意的是，在《平家物语》与《吾妻镜》当中，杀死木曾义仲的那支箭是相模国的武士三浦氏一族的石田为久所射，但是在《愚管抄》里，却记载说讨取了木曾义仲首级的是源义经的郎党伊势三郎义盛。

从木曾义仲战死前来看，跟随他逃往北陆的武士大多数都是信浓国的武士。不过，以北陆道西南部地区即越前国等地为根据地的武士却很少有在这次镰仓与木曾义仲的交战中战死的，想来大概是因为木曾义仲军粮草不济，很多武士早早就离开了木曾义仲返回领地了吧。在这些武士返回领地以后，木曾义仲的军队成分就发生了变化，从起兵之始以信浓国、北陆道武士为主，变为大多数由当地的领主组成。而这些领主，加入木曾义仲军队的原因也并非臣服，而仅仅是因为木曾义仲势大，与其同盟罢了，当更强大的镰仓势上洛以后，这些领主当然全都毫不意外地加入了源义经、源范赖的军队。

第七章

／追讨平家

DI-QI-ZHANG

ZHUITAO PINGJIA

YUAN PING
HE ZHAN

| 源平合战 |

——日本武士的崛起

第一节　镰仓势西征

源义经率军进京以后，禁止麾下士卒劫掠京都，而这时候后白河法皇正待在大膳大夫大江业忠在六条的宅邸里，源义经便带着畠山重忠、佐佐木高纲等人前往此地拜见后白河法皇。大江业忠听到动静后，爬上了房子的围墙查看，见到有几骑武士骑着马前来，以为是木曾义仲来了，慌忙大叫起来，使得宅邸内的后白河法皇等人大惊失色。过了一会儿，大江业忠又说道："好像不是木曾义仲，似乎是东国的武士。"随后，源义经抵达正门，下马对着门里头喊道："我是源赖朝的弟弟源义经，方才已经击破贼军，现在前来护驾，请快快开门吧。"

大江业忠听了之后，兴奋得从墙上摔下，摔伤了腰，不过他顾不得疼痛，立即向后白河法皇汇报此事，后白河法皇连忙下令召见源义经，并命其守卫此宅。

在寿永二年（1183）的十月宣旨当中，源赖朝从后白河法皇处获得了东国的支配许可，虽然其中也包含了北陆道，但是因为木曾义仲的关系后来一直没有实现。待到寿永三年（1184）正月，木曾义仲死去之后，源赖朝便派了比企朝宗作为劝农使前往北陆道，行使自己的支配权力。

正月二十一日，源义经向院厅上报了木曾义仲已经被讨伐的消息，五天之后，木曾义仲、今井兼平、根井行亲的首级被检非违使带着在平安京内来回地游街，游完街以后，三人的首级被挂在城门上示众。

樋口兼光像

木曾义仲死后，从河内国返京的木曾义仲手下大将樋口兼光也在二月二日被斩首。原本与樋口兼光交好的武藏国武士团儿玉一族提出将樋口兼光交给自己一族囚禁，放其一条生路的要求，得到了源义经的认可——他替樋口兼光在后白河法皇处说情。可惜的是，在法住寺合战时，后白河法皇身边的女官被这些武士扒光衣服侮辱了，抱着这样的怨恨，女官们向后白河法皇提出要将樋口兼光斩首，在法住寺合战时同样受到羞辱的后白河法皇便下令将其处刑。

正月二十二日，后白河法皇召开了院御所评定，商讨接下去对平家的追讨方案。评定会上，公卿们的意见发生了冲突，有许多公卿认为平家此时保有三件神器和安德天皇，仍然握着大义名分，应该以和谈为主，让平家将三件神器引渡回平安京。不过，在二十六日，朝廷依旧给源赖朝下发了讨伐平宗盛的命令，二十九日，朝廷再度下达了旨意，命令源赖朝优先讨伐木曾义仲的残党，在扫平木曾党后，再进行讨伐平家的战事。

此时，领到院宣的源赖朝已经从曾经的朝敌摇身一变成了讨伐朝敌的官军，在院宣下达以后，源范赖、源义经受命集结了数万大军，朝着西国前进，准备讨伐平家。镰仓势向西国摆出攻势以后，西国也陆续出现了反平家的活动，首先是四国岛赞岐国武士集团进攻备前国下津井庄的平教经、平教盛，结果遭到平教经的反击，大败而逃，只得前往淡路国，追随淡路国的当地武士贺茂义嗣及淡路义久修筑城池防御，然而当平家的追兵到达之后，城池很快沦陷，反平家势力共一百三十二名武士战死。

平家在濑户内海经营多年，在沿岸有着极其强大的势力，再加上濑户内海沿岸的反平家势力得不到本州岛的镰仓势的援助，因此十分容易就被平家给讨伐了。在这样的背景之下，平家一族进入了平清盛旧日经营的据点福原，为平清盛举办逝世三周年的祭祀。因为之前一连串的胜利，平家也产生了可以反攻京都的错觉，因此才会在这个时间点率领一门进入离京畿近在咫尺的福原吧。

二月五日，在平家进入福原的第二天，镰仓势进入了摄津国。同讨伐木曾义仲时一样，此时的镰仓势分为两支军队，分别由源义经、源范赖带领，源范赖手下有梶原景时、小山朝政、武田有义、坂垣兼信、下河边行平、长沼宗政、千叶常胤、佐贯广纲、畠山重忠、稻毛重成等，号称有五万六千余骑武士；而源义经麾下则有土肥实平、安田义定、大内惟义、山名义范、田代信纲、大河户广行、佐原义连、糟屋有季、平山季重、平佐古为重、熊谷直实等，号称两万余骑武士。

为了攻取福原，镰仓势决定采用东西夹击的方式，由源范赖率领主力军沿着西国街道进军，自东向西攻打福原，而源义经率领偏师从丹波路绕路绕到平家的后方，自西向东进攻，双方约定在二月七日同时对福原发起进攻。

值得注意的是，在镰仓时代早期创作出来的史料《儒林拾要》里，有镰仓势动员京畿武士的书信流传下来。书信中，镰仓以“追讨使源朝臣”为名向摄津国渡边党的武士丰岛太郎源留、远藤为信以及摄关家领地垂水牧内负责维护治安的武士牧权追捕使中原宗景、垂水武者所橘正盛等人发去了催促参阵的命令，并表示如果不在规定的时间内参阵，即视为加入谋反者（平家）进行处罚。

这些武士以及摄关家领地内的武士，在“治承·寿永内乱”中纷纷成为源赖朝的家臣——也就是后来镰仓幕府的御家人。而这位“追讨使源朝臣”

命令武士们抵达京都的七条口参阵，随后沿着丹波路进军前往一之谷，因此这有可能是一之谷合战前，源义经向当地武士们发去的书信。这种形式在镰仓幕府成立后被延续下来，发展成镰仓幕府时期的守护制度，守护成为将军在分国的代官，拥有一国的军事指挥权。

察觉到源义经、源范赖动向的平家立即做出了应对措施，命令平知盛、平重衡在福原东边的入口生田森布阵防御，西边的入口一之谷则由平忠度布阵防守，在两军中间是一块低地，此地由平通盛防守，平家军队的总大将平宗盛则带着安德天皇乘着船待在福原边上的近海，福原四面环山，万一失守，从陆路撤军十分困难，因此让平宗盛率领水军在海上保障平家的后路。

源范赖抵达摄津国昆阳野后，摆出了进攻生田森口的态势，而此时的源义经却在播磨国的三草山遭遇了平家小松家（平重盛一族）的平资盛、平有盛、平师盛等人的阻击，在《平家物语》中，此时源义经的军队共有一万余人，实际上人数应该更少，不过总归是大于现在的平家守军的。

第二节　一之谷合战的通说

三草山虽然位于播磨国，但是却十分靠近丹波国与播磨国的国境线，是一处交通要道，此地易守难攻，平家在三草山附近还有着自家的庄园福田庄，因此虽然人数少于源义经，却占有地利之便。

若是源义经在此地被阻挡，那么就赶不上二月七日的总攻了。因此，源义经决定对平家的守军发起夜袭作战。二月五日夜晚，源义经率军在三草山附近的山林里放火，并烧毁附近的民宅，对三草山发起夜袭。平家的守军完全没有料到源义经会如此着急地进攻，从睡梦中惊醒的平家守军在遭到源义经军的攻击之后立即溃败，四下逃散。

最终，取得胜利的源义经率军继续前进，而平家的败军在平资盛、平有盛的带领下沿着海路逃往了屋岛，平师盛则前往福原与平家主力会合。

三草山

三草山合战的胜利意味着源义经的军队即将与源范赖配合展开一之谷合战的攻势了。通常认为说，一之谷合战是日本史上一场十分重要的战斗，这场合战充分体现了源义经的军事才能，并且为源氏取得天下奠定了坚实的基础。

在《吾妻镜》《平家物语》中的一之谷合战是如下的情形：

在三草山合战胜利后，二月六日的黎明时分，源义经将手下的军队分为两支，一支由土肥实平率领，共七千人，从一之谷口的西方向东进攻；另一支则由自己率领，共三千余人，率军前往鹎越山麓。

到了夜晚，因为道路险峻不知从何处进军，源义经命令武藏坊弁庆寻求当地的向导，武藏坊弁庆很快找到了一对当地的老夫妇。老头对武藏坊弁庆说，自己是当地的猎户，不过现在年老，已经不方便出门了，可以让儿子代替他为大军带路。

武藏坊弁庆带回猎户的儿子以后，源义经以他居住的山鹫尾山为苗字，给他取名鹫尾经春，并赐给他刀具、甲胄、马匹，命其为大军带路。

鹫尾经春回答说："此地名叫鹎越，可以从此前往一之谷。只是这里是此山的险要位置，人马都无法通过。”

源义经问道：“连鹿也不能通过吗？”

鹫尾经春回答说：“鹿可以通过，人和马不能通过。”

源义经又问道：“山崖下可有平家布置的陷阱吗？”

鹫尾经春再答说：“此地险峻，平家并未设防。”

源义经知晓以后，便传令诸将说：“只要是鹿能通过的地方，马一样也可以通过。”随后命令鹫尾经春为其带路，想通过鹎越前往一之谷战场。

待到二月七日，土肥实平、源范赖率军自福原的东西两边对福原发起进攻，正面的源范赖朝着平家在生田森的防线进军，而一之谷口，土肥实平手下的熊谷直实、平山季重则在此地互相争夺首功，朝着平家守军进攻。

平家的守军兵力充足又熟知福原地形，源义经军的攻势陷入胶着之中，就在这个时候源义经在鹎越的山上看着一之谷口的战场。

源义经先是命令放下几匹没有载人的马，看看马匹是否能够通过这个峭壁，结果有的马受伤了，有的则没有受伤，源义经便对诸将说：“看吧，让马匹自己沿着峭壁奔下也不过如此，要是我们骑着马，就更不容易摔伤了，你们跟着我一起上吧！”

源义经手下的武士们见到地势如此险峻，不敢上前，纷纷说道：“要是就这样冲下去，只怕此地就是我们的葬身之处吧？”

这时，相模国三浦党出身的武士佐原义连拍马上前对着诸将说：“各位，这里的地势和东国的地势没有什么区别嘛，我们三浦家经常在这种地势骑马奔驰，没有什么好怕的。”

佐原义连出身的三浦半岛确实也是多山之地，武士们听到佐原义连这么说，便有了一些信心，在这个时候，源义经、佐原义连等几名武士更是率先从对面下，见到有人往下冲，其他武士也担心落在后头立不了战功，连忙也拍马就往山崖下冲。

平家的防御都布置在一之谷口以及生田森口，并没有对城门以内采取防御措施，结果源义经率领的军队自鹎越从天而降，吓得平家守军四下溃散，自相残杀无数。源义经顺着攻势下令手下军队放火烧营，在海风的帮助下，一之谷口燃起了熊熊大火。

源义经在一之谷口的奇袭，导致平家在西边的防线彻底崩溃，同时一之谷口的溃败还顺带着引起了生田森口的溃败，平家在福原的防线被镰仓势突破，守军一溃千里，死伤惨重。

在一之谷口防御的平忠度无法制止溃败，只得带着一百余武士往岸边逃去，可惜的是，平忠度久在平安京染上了公卿的坏习惯，剃眉染齿的平忠度被源义经手下的军队认了出来，被武藏国猪俣党的武士冈部忠澄砍去了首级。冈部忠澄在平忠度的遗物里发现了一卷书籍，乃是平忠度平常所创作的和歌，这才知道自己砍下的是平忠度的首级。

当初平忠度离开京都时，曾去找过教自己创作和歌的藤原俊成，给了他一本自己平日创作的和歌，说自己此次离去，只怕没有机会回来，希望藤原俊成能够在日后编纂和歌集时摘录几首自己创作的和歌，也死而无憾了。藤原俊成边抹着眼泪边答应平忠度，后来果然在自己编纂的和歌集里摘录了一首平忠度创作的和歌。

除了平忠度，《平家物语》当中还记录了平敦盛之死的故事。话说源义经麾下的猛将熊谷直实，原本跟随源义经前往鹎越，但是担心会在正面战场落下战功，便偷偷又跑到了土肥实平率领的军队里。在一之谷合战的前夜，熊谷直实听到平家阵地上传来了一阵阵优雅的笛声，仔细品味之后，熊谷直实不禁连连称赞：“想不到敌军之中也有如此风雅之人，虽然在大战前夜，笛声却丝毫没有紊乱的迹象，妙哉，妙哉！”

待到第二日大战爆发，平家在一之谷口的防线由于源义经的奇袭而崩溃，熊谷直实在追击平家落败武士之时，看到了一骑身着淡绿色大铠，头兜上装饰着锹形前立的武士逃向海边，并骑着马跳入了海中。

熊谷直实猜到对方必是平家的大将，连忙高喊：“身为武士，临阵脱逃，

一之谷奇袭

难道不感到羞耻吗？为何不回头与我一战？”

没想到，那名武士听闻此言，竟然立即掉头挥刀来战，可是没几下就被猛将熊谷直实击落马下。

熊谷直实正准备割下对方首级之时，发现敌将只是一位十六七岁的少年——用铁水染着黑齿，容颜秀丽，很像自己的孩子。

熊谷直实心生怜悯，于是发问道：“你是何人，报上名来，饶你不死。”

少年武士反问道：“你又是何人？”

熊谷直实大笑：“在下行不改名坐不改姓，武藏国国人熊谷直实是也。”

少年武士回答道：“那么，我倒是不用通报姓名了，阁下只要割了我的首级，自会有人认得我是谁。”

看到如此少年英雄，熊谷直实不禁感到佩服，在心里盘算道：“这小子倒还有些英雄气概，杀了他，该输的战斗也赢不了，不杀他，该赢的战斗也输不了。”于是，熊谷直实松开了抓着少年的手劝说道：“看你年纪还小，何苦在战场送命，如今我放你回去，以后不要再到战场上来了。”

二者僵持之下，土肥实平的追兵已至，熊谷直实见到后，料知即便自己不杀他，他也会被其他源氏武士斩杀。无奈之下，熊谷直实对少年说道：“我本想放你一条生路，只是追兵已至，与其被他们杀死，不如让我动手吧，日

敦盛草

后还可以为你祭祀祈祷。”

那名少年倒也不害怕，只是回答他：“那么，就快快动手吧。”

熊谷直实只得含泪斩下了少年武士的首级，这时，他发现少年武士腰间还别着一支笛子，不禁感慨：“莫非昨日的笛声就是从此少年的笛子中传出的？想我源氏数万大军，却没有一人有如此风雅，此人之死，颇为可惜啊。”

事后，熊谷直实才打听到，这名少年武士乃是平清盛的弟弟平经盛的幼子平敦盛。平敦盛的笛子原本是鸟羽天皇赏赐给平忠盛的，后来平忠盛将此笛传于平经盛，平经盛又传给了平敦盛，而平敦盛多才多艺，素来爱吹笛子，因此经常将笛子带在身边。这件事让熊谷直实感到世事无常，不禁万念俱灰，看破红尘，后来便出家入道与佛相伴了。

因为平敦盛确实死在了一之谷合战当中，而熊谷直实也确实出家了，这件事流传到民间以后，就被编成了著名的幸若舞《敦盛》，在民间，日本的百姓们甚至将一种兰花取名为“敦盛草”，以纪念这段悲惨的故事。

约四百年后的永禄三年（1560），日本进入了战国时代，尾张国的大名织田信长在其成名之战桶狭间合战的出阵前，也在居城清洲城中跳起了幸

若舞《敦盛》[①]：

人间五十年，与下天相比，如梦亦如幻，但凡世间万物，又岂有永生不灭乎……[②]

第三节 合战的新说

《吾妻镜》《平家物语》当中的一之谷合战固然精彩纷呈，逸话众多，不过，要是我们想通过真实历史来了解一之谷合战的话，这场战斗究竟又是怎么一回事呢?

前文提到，通说中的一之谷合战完全就是围绕着源义经一人而展开的，其余所有的角色不过是源义经展现自己战术天才的配角而已。不过，近年来的研究却对一之谷合战时源义经的战功产生了怀疑，令人感到不解的主要有两点：一、源义经是否有率军从山崖上往下冲？二、《平家物语》中源义经率军奇袭平家的那个悬崖位置究竟在哪儿?

先来谈谈第一个问题，历来的通说里，基本上都是按照《平家物语》中的描述，说是源义经率军在一之谷后的山上从悬崖往下冲，包括日本的屏风图和当代的电视剧、电影等都是通过《平家物语》来体现源义经在一之谷合战中的战功的。

《平家物语》中是这样描述的：

六日凌晨，源义经将麾下一万余骑兵力分作两路，一路由土肥实平率领，共七千骑，从一之谷的西侧进攻一之谷口，一路则由源义经自己率领，前往一之谷背后的鹎越，绕袭敌人的背后……

---

① 《敦盛》是日本传统戏剧“能剧”中“幸若舞”的名篇。

② 此处为译文，原文为日文。

《吾妻镜》中则是如此：

> 七日丙寅，雪降，寅刻，源九郎引勇士七十余骑，藏于一谷后山[①]，援武藏国住人熊谷次郎直实、平山武者季重等。卯刻偷迂回于一谷前路，自海道竞袭于馆际……

按照《平家物语》与《吾妻镜》的记录，一之谷口背后的山崖是一个叫鹎越的地方，源义经正是通过了鹎越，再从山上率军从悬崖冲下山。

现如今的一之谷附近，确实有座叫作铁拐山的山，不过要是到这个地方走一走，就会发现铁拐山东南方向的悬崖的垂直程度，是不可能实现所谓的一之谷奇袭的，铁拐山东南方向的悬崖非常险峻，要是骑着马从这里往下冲，只怕源义经等人只会变成崖底的肉饼。在《平家物语》当中，畠山重忠甚至为了保护坐骑的马蹄而下马背着坐骑的前蹄往下冲，要是“坂落”奇袭地真在铁拐山的东南悬崖的话，那就只能感慨畠山重忠运用“查克拉[②]”的技术真是炉火纯青。

可是，《吾妻镜》与《平家物语》同时都记录了这件事，难道一之谷奇袭只是这两本书创作的故事吗？这就需要解开第二个谜题了——“鹎越”究竟在哪儿？

《平家物语》《吾妻镜》中很明确地将鹎越的位置确定为一之谷背后的山麓，按照现在的地理位置考证，就是一之谷背后的铁拐山无误了。然而上文也强调过，铁拐山的东南面悬崖，是不可能骑着马平安地冲下来的，那么这就有疑问了，鹎越如果不在一之谷的背后，那么在哪儿呢？

搜寻地图可以发现，在距离一之谷口约八公里的位置，有一个叫“鹎声”

---

① 号鹎越。

② 查克拉，日文为チャクラ，粤语译作“卓罗”，是人体掌控各组分能量完美融合所产生的一种能量。是施展忍术、幻术、体术或制成线状捆绑对手或切断同为查克拉所构成的物质的能量来源。这里作者调侃原文中的人从这么陡峭的山向下冲犹如施展了仙术。

一之谷合战进军图

的地方，而鹎声则是学者们考证出来的《平家物语》与《吾妻镜》中的鹎越。只是这个位置并不在一之谷口的背后，而是在一之谷口与生田森口之间的平家军队的中部位置。平家在福原的防线是这样的——一之谷口与生田森口的东西距离较远，而北部防线与海岸却十分近，这大概也是为了更加方便从海上逃亡而布置的，这就造成了平家的阵地是一个狭长的长方形，鹎越正好在这个长方形正中央的北面，而在朝向鹎越的平家军队布阵的位置是由平通盛防守的。

源义经不管是身在一之谷还是一之谷口的后山，都是不可能脱离大军这么远来到此地进行奇袭击破平家的，即便在此地奇袭平家，也与《吾妻镜》《平家物语》中的于一之谷口背后的山上冲下导致一之谷口的平家守军崩溃的作战过程不符。那么，进攻这个地方的不是源义经又是谁呢?

九条兼实的日记《玉叶》里，记载如下:

由源义经率领的搦手[①]军先后攻陷了丹波城与一之谷，取得一等功。源范赖率领的主力军自浜地攻往福原。但是，多田行纲虽然不是最大的一等功，却是最先从山上攻破山手的，乃是头功[②]。

作为“治承·寿永内乱”中重要的一级史料《玉叶》，其作者九条兼实虽然不在战场，但是却通过传闻获知了战场的讯息，因此记录下来。当然，《玉叶》里的记录也不一定全都可靠，尤其是传闻这类的讯息，通常都会局限于当时通信落后的时代环境，例如前文就有提到九条兼实多次在《玉叶》里提到传闻源赖朝上洛之事。《玉叶》里将播磨国与丹波国边境、位于播磨国境内的三草山给记成了“丹波城”，这大概就是传闻误传所致。不过尽管如此，源范赖从浜地进攻，源义经经过三草山后进攻一之谷，多田行纲沿山手进攻却是没有问题的。值得注意的是，多田行纲进军的“山手”位置，正是“鹎声”的所在地，即《平家物语》《吾妻镜》中的“鹎越”。日本学者菱沼一宪在其著作《源义经的合战与战略》中提出，源义经确实是沿着搦手的一之谷口进攻，但是从山崖上往下冲的“坂落”却是多田行纲进攻的一路所发起的攻势。

第四节　奇袭的真相

源义经在一之谷合战当中确实为攻陷一之谷口立下了战功，但是这也不过是按照原本的作战计划执行的，并非因为源义经的出彩的奇袭战术导致。但是，因为在后来与平家的交战之中，源义经多次采用了精彩的奇袭战术，导致其“奇袭战术天才”的身份成为既认知，因而后世的人们才会将由多田行纲发起的沿着陡峭的山坡率军往下冲刺奇袭平家大营的故事给移花接木到了源义经的头上。再加上前文说过，《平家物语》与《吾妻镜》一个是站在“治

① 搦手，城的后门，引申为从敌军背后攻击的军队。

② 原文为日语，此处为作者译文。

承·寿永内乱”是源平之间的交战的立场上写的，一个则是站在镰仓幕府的角度撰写的，多田行纲乃是出身摄津源氏，两书为了突出河内源氏在“源平合战”中的功劳，自然会让源义经“冒名顶替”成为“坂落”奇袭的施行者，隐瞒多田行纲的战绩。

既然找到了一之谷合战的真相，那么我们就来还原一下当时一之谷合战的过程吧。多田行纲原本是跟随着源义经沿着丹波路进攻，并一同在三草山击破了平家的守军。在这之后，多田行纲与源义经军分开，独自率军往南进军，而源义经则率领着主力军继续西进，前往一之谷口的西部。身为搦手军大将的源义经必须按时抵达一之谷口以配合正面进攻的源范赖，所以他自己是不可能脱离大部队太远的，即便在《平家物语》《吾妻镜》当中，源义经的奇袭军与土肥实平军的距离也仅仅是“一之谷口内”与“一之谷口外”的区别而已。

源义经是属于镰仓麾下的大将，必须忠实遵从原定的作战计划，而相比之下，多田行纲就没有这样的顾虑了。多田行纲此时脱离大部队的原因尚不知道，不过若此次分兵是源义经的主意的话，那源义经的战术天分就实在是太高了。然而，从多田行纲本人的行动来看，他分兵南进并非在镰仓势攻打福原的既定计划内，若源义经有此眼光，为何不早早制订此项计划，反而在行军途中突然擅自分兵，这要是胜了还好，万一失败，就得背负重大的罪过。与源义经、源范赖相比，摄津源氏出身的多田行纲本来就是福原所在的摄津国武士，再加上他长时间

多田行纲像

在平安京内效力于院厅，熟知京畿与摄津国的地形地貌。同时，身为清和源氏嫡流的摄津源氏，自然也没有服从河内源氏的必要，因此这次分兵很可能是多田行纲本人自己的主张。在战后，多田行纲的军功被埋没的原因，一方面是因为他并非真正意义上的镰仓御家人，另一方面则是因为源赖朝在墨俣川合战的惨败以后，非常讨厌武将在战场上因为贪功擅自行动。

多田行纲在脱离源义经军以后，从鹎越的山上沿着陡峭的山坡攻向了平通盛的守军，在低地布阵的平通盛军猝不及防，被多田行纲杀得阵脚大乱，随后大败。而伴随着平通盛军的崩溃，平家在福原的防线被从正中央给撕成了两半，在一之谷口、生田森口防御的平家守军腹背受敌，最终也随着平通盛的战败而溃败，福原就此沦陷。

值得注意的是，现如今虽然历史学界将此战定名为“一之谷合战”，但是一之谷实际上只是平家在西边防御的入口而已，其余的如鹎越的坂落奇袭、生田森口的交战都与一之谷相隔甚远，这一仗的主要交战地应该是包含三处交战位置的福原，正确的名字应该为“福原合战”。不过就如同战国时代的“长筱·设乐原合战”的原名应为“连吾川合战”一样，因为《平家物语》《吾妻镜》过于扩大源义经的功劳的原因，导致这场福原合战被二书影响，最终合战名变成了以源义经为主角的“一之谷合战”。

前文提到，在一之谷合战平家大败以后，平忠度遭遇到了武藏国猪俣党的国人冈部忠澄的攻击，在被砍去了右手以后，平忠度的首级被讨取，而以吹笛见长的平敦盛也死在了武藏国国人熊谷直实的手上。除了这两人，平敦盛的哥哥——擅长弹琵琶的平经正也被武藏国的国人河越重房斩杀。平经正曾经效力于仁和寺，仁和寺的给事守觉法亲王曾下赐名琵琶“青山”给平经正，在平家决定弃守平安京之际，平经正也担心青山琵琶在战乱中损毁，而将青山交还了守觉法亲王，约定日后有机会再见的话，再让亲王下赐一次给自己。同时，平经正的兄弟平经俊也战死在一之谷合战当中。

平清盛的弟弟平教盛的长子平通盛被佐佐木俊纲杀死、三子平业盛被常陆国的国人土屋重行兄弟杀死；平清盛长子平重盛之子平师盛、四子平知盛之子平知章、八子平清房、养子平清贞、家臣平盛俊也都战死在了一之谷。同时，平清盛的五子平重衡在败逃的途中被梶原景季等人活捉。

在一之谷合战的惨败以后，平清盛的嫡孙、平重盛的长子平维盛从平家在屋岛据点逃出，前往纪伊国的高野山参拜，随后自杀身亡。平维盛对平家的前景是一片悲观，同时身为被夺嫡的小松家的继承人，他与平宗盛原本关系就不算太好，在福原沦陷以后，认为平宗盛的无能导致平家最终会走向灭亡的平维盛脱离了平宗盛等平家一门，绝望地自杀了。值得一提的是，虽然在《平家物语》等书中，平重盛的次子平资盛一直跟随平家一门直至战死，

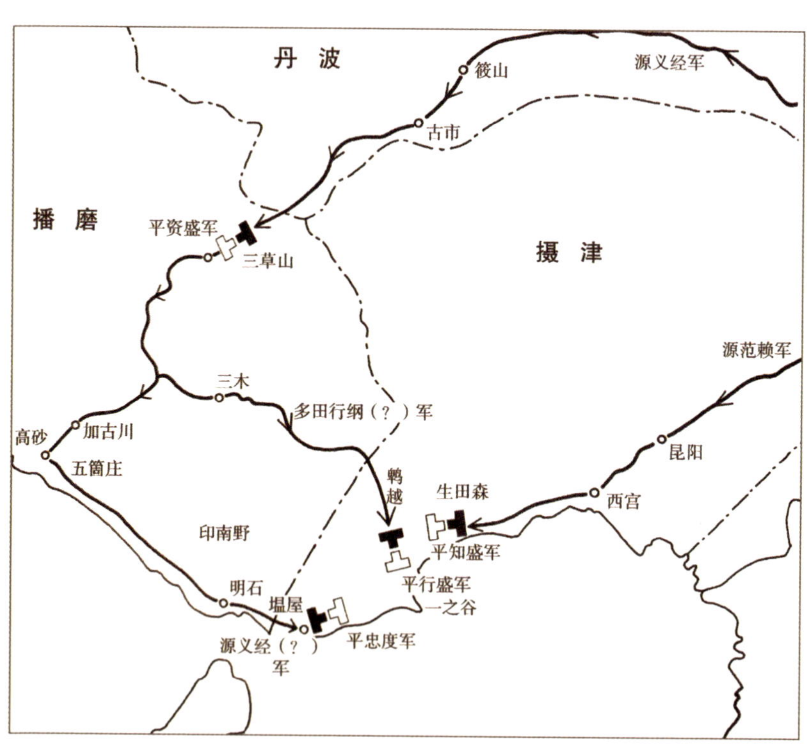

一之谷合战

但是却也有记录说平资盛早在平家被赶出九州岛时就跟着平贞能一起出逃，并未追随平宗盛领导的一门众，这才最终逃过一劫，这也是为何在后世有许多平资盛的后代存在的原因吧。平维盛的自杀，也是平家一门内部小松家一党与一门总领平宗盛分裂的体现。

第五节　院厅与源义经

一之谷合战当中，平家死守福原的计划失败，不仅战死了多位大将，还损失了大量的兵力，基本上是告别夺回平安京的愿望了。在这之后，以源赖朝为代表的源氏在源平合战中彻底占据了上风。

在一之谷合战以后，后白河法皇再度向平氏发去了命令，命其交出三件神器，伴随着后白河法皇命令的是源氏对西国的强劲攻势。可是平家依旧是拒绝了后白河法皇的要求，后白河法皇无奈，又以平重衡为条件交换三件神器，但是依旧遭到了平宗盛的拒绝。

二月九日，源义经率军返回了平安京，随后在二月十一日将一之谷合战中讨取的平家一门的首级在京都内游街示众。被梶原景季俘虏的平重衡也被押送回了京都，并在三月十日随着梶原景时一同前往镰仓回见源赖朝。虽然被源氏俘虏，但是平重衡却丝毫没有显露出慌乱的神情，这使得源赖朝十分欣赏。

平家战败以后，大多数平家一门都一同逃往了屋岛，而除了上文提到的小松家的长子平维盛自杀、次子平资盛很可能也离开了平家一门以外，平重盛的末子平忠房也前去依附了平重盛的旧臣汤浅宗重。在汤浅城与熊野神社的别当湛增交战战败以后，平忠房被俘，随后押往镰仓处以斩首，汤浅宗重却得到了源赖朝的原谅，让他位列镰仓幕府的御家人之一。

此时，木曾义仲灭亡，平家败逃，在京畿却又重新出现了让后白河法皇头疼的问题——镰仓源赖朝的家臣们在上洛之后，同样也出现了与平家、木曾义仲一样的问题，许多武士频繁侵犯公卿与院厅的庄园，夺取年贡米作为军资。

二月十六日，后白河法皇派出了中原亲能作为使者前往镰仓，提出了让源赖朝上洛的请求，同时后白河法皇还说若是源赖朝不上洛，自己就将亲自行幸关东。二月十九日，源赖朝收到了后白河法皇的讯息，便发布了禁止武士们侵犯庄园的命令，同时源赖朝还向后白河法皇的使者表示自己需要镇守镰仓，维持秩序，暂时还不会上洛，但是委任源义经作为自己的代官，处理武士们侵犯庄园的事件。

源赖朝是个狡猾的政治家，他与后白河法皇之间已经完全不似主君与臣子的关系，而更像是两个政权首脑之间的外交。源赖朝明确拒绝了后白河法皇的上洛要求，虽然他颁布了禁止掠夺庄园以及让源义经作为自己在京畿代官的命令，可是要是觉得他是好心，就太高看他了。源赖朝同时还对后白河法皇提出了授予源义经在畿内等分国内动员源氏、平氏出身的武士国人的权力的要求。先前在一之谷合战时源义经就曾动员过摄津国的国人，不过从书信的内容和语气来看，动员的过程并不十分顺利。从中可以得知，相对于东国来说，源赖朝在京畿、西国的影响力还是不足，镰仓势麾下的武士大多数依旧是从关东跟随源范赖上洛的那些御家人。源赖朝希望通过要求后白河法皇下发动员权给予自己的代官源义经，实际上就是授予源赖朝自己在京畿、西国招募军队的权力。

源赖朝像

三月一日，源赖朝向九州岛九国的武士发去了动员命令，命令九州的武士以源赖朝的御家人身份出兵讨伐平家。源赖朝并未许可给予九州武士新的领地，而是向他们保证，只要参加了讨伐平家的行动，就可以保住现在的领地，成为镰仓的御家人，若是拒不从命，即便在讨伐平家过程中没有追随平家的举动，在战后也必然会遭到清算。

不过，对于源赖朝的有意扶植，源义经却做出了让源赖朝大失所望的举动——源义经认为现如今的世道仍然是那贵族当道的平安时代，竟然主动向后白河法皇的院厅靠拢，甚至私自接受后白河法皇的任官成为院厅直属的武士。要知道源义经可是源赖朝在京畿的代官，源赖朝之所以扶持源义经就是想让其代替自己在京畿建立起一个忠于镰仓的体系，结果没想到源义经却是第一背叛御家人体制的人。

此时源义经的自大也不是不可以理解的，他的手下有着武藏坊弁庆、伊势义盛、佐藤继信、佐藤忠信等并不属于御家人而忠于自己的家臣，源义经的这些家臣，同样也活跃在讨灭平家的战争当中。在《延庆本平家物语》中，武藏坊弁庆是比睿山延历寺出身的僧兵，不过也有说法说武藏坊弁庆乃是熊野别当湛增之子，虽然有人怀疑武藏坊弁庆的存在，但是在《平家物语》《吾妻镜》当中都有武藏坊弁庆的记录，想必此人并不是虚构的。后世的文学作品《义经记》里有这样的逸话，说是恶僧武藏坊弁庆在五条大桥袭击路人，夺取刀剑，后被源义经打败，便成了源义经的忠实家臣。不过这很可能只是《义经记》里的创作罢了，在“治承·寿永内乱”期间，本来就有许多活跃的僧兵的身影，并不是什么特别奇怪的事情，《义经记》作为宣扬源义经英雄形象的艺术作品，创作出一些传奇故事并不奇怪。

源义经的另一个家臣伊势三郎义盛据说是伊势国出身，在《平家物语》当中此人乃是山贼出身，在受过牢狱之灾后逃往上野国居住，在源义经前往平泉依附藤原秀衡途中成为源义经的家臣。不过此人的出身与经历并不明确，排除《平家物语》的说法，此人也有可能是伊势平氏出身的武士，在源义经上洛讨伐木曾义仲的途中，源义经曾经动员起伊势国、伊贺国的武士组成军

队，伊势义盛也很有可能只是一个伊势国武士，在此役中服从征召，并成为源义经的家臣也说不定。

至于佐藤继信、佐藤忠信兄弟，前文有提到过，是在源义经离开平泉之时，藤原秀衡派出追随源义经的家臣。

尽管如此，源义经在京畿的脱离御家人的“独立之路”并不顺利。原本接受后白河法皇命令的源义经准备在三月一日出阵，讨伐逃往屋岛的平家。然而到了临阵之时，源义经却又推迟了出阵时间，其理由自然是源义经的出阵并没有受到响应，手下的兵力严重不足。

此时通过后白河法皇的委派，源义经在京畿已经有了一定的军事动员权以及行政权，在流传下来的文书里表明，源义经在此期间曾给京畿寺社发去了免除军役、军粮征收的许可。

跟随源义经、源范赖上洛的镰仓御家人对源义经的行为非常不满，认为源义经这是在招募私兵、征收私粮。实际上此时源义经在京畿征收军粮、招募士兵的权力来自院厅许可的国家公权，但是如同曾经的平家一样，在国家公权丧失的时代，光想靠朝廷的名分来保持统治地方是十分困难的，源义经也陷入了这样的困境。并且，以源赖朝为中心的镰仓公权正在逐步建立，因此源义经的所作所为被御家人们认为是私自募军也并不奇怪。因为上述的种种原因，源义经想要建立起一个直属于自己的军队的期望宣告失败，同时，这也埋下了日后源赖朝与源义经决裂的伏笔。

不过，对于当时最优秀的政治家源赖朝来说，这一切都是小打小闹罢了，源赖朝才是真正一步一个脚印，稳扎稳打建立政权的那个人，无论是源义经还是木曾义仲，甚至平清盛、后白河法皇，都不如源赖朝。

第六节　源赖朝的手段

早在寿永二年（1183）十月宣旨的时候，源赖朝就曾经命令亲信梶原景时以谋反的罪名杀死功臣上总广常、上总能常父子。上总广常并未有谋反的迹象，并且源赖朝也并不是一个鸟尽弓藏的人，那么这又是怎么一回事呢？

其实，上总广常是坂东平氏出身，继承了坂东平氏历来的独立愿望，他想要源赖朝在东国建立一个独立于朝廷的武家政权。可是源赖朝却不是平将门那样的乡巴佬，为了遵从十月宣旨，达成自己建立独立政权的目的，在此时日本大权未定的情况下，镰仓必须名义上从属朝廷，上总广常自然就成了源赖朝的拦路石，因此才会遭到源赖朝的诛杀。

在一之谷合战后，源赖朝并没有急着乘胜追击，而是逐步巩固自己的地位，寿永三年（1184）四月二十一日，源赖朝下令诛杀木曾义仲的儿子木曾义高，二十六日，木曾义高就在武藏国入间川被杀害。据说之前与木曾义仲有着婚约的源赖朝的长女大姬得知此事以后从此便一直郁郁寡欢，后来就病逝了。

在杀死木曾义高以后，源赖朝以讨伐木曾残党为名，命令足利义兼出兵甲斐国、信浓国讨伐亲近木曾氏的势力，实则是想趁此机会将镰仓的影响力扩大到这些地方。此时源赖朝已经有动员东海道、东山道、北陆道兵员的权力了，平家的灭亡势在必得，在最后的决战前，源赖朝必须将现在的势力范围内的潜在威胁除掉。

足利义兼像

源赖朝的考量并非没有道理，五月四日，先前便与源赖朝敌对的叔父志太义广在伊势国掀起反旗，志太义广在与源赖朝对战失败以后被逐出关东依附木曾义仲，在木曾义仲败亡以后继续对抗源赖朝。不过志太义广终究掀不起风浪，他在伊势国的羽取山与大井实春、山内经俊、波多野义定交战之后战败身亡。

六月，源赖朝终于对先前的盟友甲斐源氏动手了。甲斐源氏在响应以仁王起兵的早期与源赖朝同为互相独立的势力，但是与源赖朝不同的是，无论在军事上还是政治上，甲斐源氏都差着富二代、官二代源赖朝一大截。在源赖朝逐步壮大以后，甲斐源氏也渐渐变成了依附于源赖朝的势力，但是这股势力虽然比不上源赖朝自己，却也曾独自在富士川合战中击败平家的讨伐军，不可小觑。因此虽然同木曾义仲、志太义广相比，甲斐源氏一族并没有做出敌对源赖朝的举动，但是源赖朝却仍要敲打一下甲斐源氏，让他们认清事实，成为源赖朝的家臣、镰仓的御家人。

六月十六日，在镰仓源赖朝的御所内，甲斐源氏出身的武田信义之子一条忠赖遭到源赖朝手下的御家人小山田有重、稻毛重成、结城朝光、天野远景等人的诛杀，同时跟随一条忠赖的几名甲斐源氏的家臣也一并被杀害。一条忠赖之子在这之后被流放至了常陆国，次年也遭到源赖朝的杀害。在源赖朝杀害甲斐源氏的有力一族以后，武田信义等甲斐源氏不得不臣服源赖朝，彻底沦为镰仓幕府的御家人，源赖朝也因此排除了源氏一门中的又一大隐患。

七月十一日，信浓源氏出身的武士井上光盛也被视为是一条忠赖一党，在骏河国浦原驿遭到杀害。井上光盛其实并不一定是一条忠赖的同党，但是其早先曾经追随过木曾义仲，并且又是信浓国的有力源氏武士，再加上信浓源氏与甲斐源氏本来也有着紧密的联系，因此源赖朝才将此人诛杀，削弱木曾义仲残党以及甲斐源氏的势力。

经过源赖朝对源氏一族的残酷清洗以后，源赖朝在清和源氏内部建立起了绝对优势的地位，连上野国的源义家之孙新田义重都吓得瑟瑟发抖，不敢妄动。

五月二十一日，源赖朝向朝廷提出了任命源氏一门为国司的请求，随后在六月朝廷便任命源范赖出任三河守、源广纲（源赖政之子）出任骏河守、平贺义信（源义光之孙）出任武藏守。这些分国实际上全都变成了源赖朝一人的知行国，与从平家没收的领地一同成为镰仓幕府的经济基础。六月五日，源赖朝又保举妹夫一条能保出任赞岐守。值得注意的是，这次的任官推举中并没有源义经的分，此时的源赖朝已经对源义经产生了相当大的不满了。

另外值得关注的就是，六月四日，河内源氏出身的石川义资抵达镰仓，向源赖朝提出请求以兵卫尉的身份向朝廷奉公的许可，实际上表示着清和源氏河内源氏同族的石川义资也愿意成为源赖朝的家臣。

通过一系列的肃反以及任官推举，源赖朝成了位于清和源氏一族最高顶点的那个人，与平家将分国国司都收进自家人口袋里不同，源赖朝保举源氏一族、家臣、公卿代替平家出任国司，足以见得此人的政治手段十分高明，其政治魅力自然也导致更多的人甘愿服从于源赖朝的镰仓政权。

源义经与武藏坊弁庆像

七月三日，源赖朝再度向后白河法皇进言说任命源义经担任讨伐平家的大将。这其实是源赖朝的一种政治宣告，虽然源赖朝的请求与后白河法皇的命令相同，都是任命源义经作为大将，但是其政治意义却不一样，源赖朝的言下之意是告诉后白河法皇，自己才是源义经的主君，而源义经作为镰仓的代官，只有自己才能指挥。

后白河法皇当然能够了解源赖朝的意思，但是源义经却没意识到源赖朝对自己产生的警戒心——与通说里不同的是，源义经最终的悲剧结局，其实都是因为自己的野心导致的，并非源赖朝的刻薄。

不过不管怎么说，此时平家还未讨平，源赖朝在巩固了自己的地位以后，首要的目标还是先将平家彻底讨平，至于和源义经的矛盾，只得先暂时放一放了。

第七节　征讨平家的准备

寿永三年（元历元年，1184）四月二十九日，源赖朝让向镰仓进发的中原亲能返回平安京，同时带去了命令土肥实平、梶原景时招募兵船的命令。土肥实平在石桥山合战以后曾经为源赖朝募集过渡海的船只，有一定的经验，受命招募水军的土肥实平也是后来战国时代濑户内海水军众之一的小早川氏的始祖。

平家虽然在福原战败，但是西国仍然是平家的根据地，以海上贸易闻名的平家手上掌握着一支强大的水军，牢牢控制着濑户内海的制海权。五月十一日，坂垣信兼侵入了备前国，遭到平家的抵抗败退。六月，平家进军至室泊，在此地纵火。八月一日，土肥实平在安艺国与平家交战，不敌败北。

对于源赖朝来说，要想彻底击败平家，就必须保证濑户内海的制海权，准备更多水军，加强源氏的海上力量。正因如此，八月八日，源赖朝再度派出了源范赖率领军队从镰仓出发，而后又派出了足利义兼、武田有义、北条义时、千叶常胤、三浦义澄、八田知家、葛西清重等人率军上洛支援。

值得关注的是，在众多御家人、一门众接受源赖朝命令出阵讨伐平家的时候，源义经却没有在这些人的行列当中。按照通说来看的话，此时的源赖朝与源义经的关系已经产生了裂痕，因此才故意忽略了源义经，不想再让其立下战功。

确实，八月六日源义经私自接受了后白河法皇的左卫门少尉、检非违使的任官，从这点来看源义经的做法确实会遭到源赖朝的记恨。只是，源义经任官的这天距离镰仓势出阵的那天相隔仅仅只有两天，在通信并不发达的源平时代，源赖朝未必能及时收到这则消息。因为源义经亲近后白河法皇的院厅，背叛了镰仓与御家人的利益，源赖朝理所应当地会猜忌他，但是实际上源赖朝却有另外一项任务交给源义经。其实，在这年的七月，源赖朝派遣大内惟义前往伊贺国维持当地治安，却遭到了伊势国武士的袭击。北伊势、北伊贺的武士们以平贞能之兄平田家继为盟主，开始抵抗源氏的进犯。伊势国的平家武士平信兼也率军在铃鹿关布阵，阻挡源氏军队的道路，摆出了抵抗的姿势。

这些武士在当初源义经率军讨伐木曾义仲时大都加入过源义经的镰仓势力，但是也只不过是以同盟的关系讨伐共同敌人木曾义仲罢了。在木曾义仲败亡以后，这些平家的旧日家臣为了抵抗镰仓势力侵入平家的老根据地伊势国、伊贺国，纷纷起兵反抗源赖朝。

七月十九日，源氏军队在近江国大原庄与平田家继交战，虽然最终镇压了平田家继的势力，并斩杀了首恶平田家继，但是源氏军队也伤亡惨重，连老将佐佐木秀义都战死在此战当中。

眼见京畿的平家残党不断掀起反乱，源赖朝在八月三日对源义经下令，命其率军搜捕京畿平家武士平信兼。源义经上洛时曾途经伊势国、伊贺国，并在此地招募了许多武士讨伐木曾义仲，对源义经来说，自己在这两个分国还是有一定的影响力的，此时源赖朝并未完全对源义经失去信赖，这才会命

铃鹿关位置图

令源义经前往伊势国搜捕平家残党。

八月十日，源义经顺利地完成了源赖朝的任务，他将平信兼的三个儿子囚禁在了自己家里，用来拷问平信兼的下落，拷问后，三人被源义经杀害。八月十二日，平信兼在伊势国饭高郡泷野城战死，伊势国的叛乱也被平定。

源义经从后白河法皇处受封左卫门少尉、检非违使，并接受院厅讨伐伊势国、伊贺国叛党的时间是八月六日，是在源赖朝下发命令后，这可能也仅仅是院厅配合源赖朝命令的一种行为而已。不过，源义经的任官却不是经过源赖朝推举的，因此，后来源义经才会遭到源赖朝的猜疑。

源赖朝得知源义经私自接受院厅的任官以后非常生气，但是此时的大敌仍然是平家，因此并未深究源义经。八月二十七日，源范赖率军进入平安京，二十九日获得了讨伐平家的太政官官符，九月一日出征前往西国讨伐平家。九月九日，源赖朝命令在平安京的源义经处置捕获的平家家臣，随后又在九月十四日命令御家人河越重赖将女儿嫁给源义经并即日上洛，这个行为的真正用意是为了监视源义经的动向。此时的源赖朝仍然在努力地保持着兄弟间的关系，不想这么快就破裂。

为了讨伐在屋岛据守的平家，九月十九日，源赖朝向赞岐国的家臣发去了书信，命令他们参加讨伐平家的行动。在《吾妻镜》当中，这些响应的武士大多数都是赞岐国中部和西部的武士，其中也不乏平家曾经的郎从。

与此同时，梶原景时也在西国为讨伐平家的战前准备忙碌着。早在五月的时候，在梶原景时的调略下，石见国的武士益田兼高就加入了源氏一方。十月，梶原景时侵入了淡路国的广田庄，试图控制当地的水军，补充源氏水军的战力。对于源义经与源范赖来说，想要完成讨伐平家的任务，就必须保证己方的水军不输给平家。武藏国的御家人丰岛有经是掌控江户湾沿岸水军的武士，因为这层关系，他获得了纪伊国的兵粮调集以及士兵征召的权力，有的史料里称他出任纪伊国守护，不过在这个时间点守护制度尚未成立，所以应该只是其行使的权力类型大致相同而已。

不过，镰仓在西国并没有水军的基础，要想建成强大的水军，不是一天两天就能完成的，掌握了濑户内海制海权的平家，随时有可能像当初一样卷土重来。为了不给平家喘息之机，源范赖只得先行进军，讨伐平家。

第八节　藤户合战

源范赖在十月率军抵达安艺国以后，十一月就出现了军粮告急的情况，平行盛率领着平家水军断了源氏的海上补给线，使得源范赖军士气低落，大

藤户合战

部分士兵都想放弃这次西征。切断源氏的补给线之后，十二月七日，平行盛率领五百余士兵在备前国的儿岛修筑了防御工事。此时源范赖正在向九州岛进军，平家在位于山阳道的儿岛修筑据点，使得本就士气低落的源范赖军更加寸步难行。为了拔掉平家安插进西国的钉子，源赖朝下令必须要攻下儿岛。然而，儿岛与海岸之间隔着一道海峡，没有水军的帮助，源氏的军队要想渡过海峡简直是天方夜谭。

源范赖麾下的大将佐佐木盛纲也没有办法渡过海峡。但他左思右想，心生一计。他找来了一个当地人，赐予其直垂[①]与小袖[②]，当地人非常感激，在谈话间给佐佐木指出了一处儿岛与陆地之间的浅滩。佐佐木盛纲得知这个浅滩之后，便率领麾下七骑郎党骑马渡海。源范赖、土肥实平见佐佐木盛纲竟然找到了浅滩，便也率军紧随其后攻往儿岛。没了大海作为天险的平行盛在遭到源氏大军的侵袭以后不敌败走，退往屋岛。在此次“藤户合战”中立下大功的佐佐木盛纲后来也被赐予儿岛作为封地。

在《吾妻镜》当中，佐佐木盛纲在此战中的身姿异常武勇——可以说能

① 直垂是日本镰仓幕府的盛装之一，是一种上衣下裙式服装。

② 小袖衣装被看作现代和服的原型，称为“小袖”。

够攻灭平家在儿岛的据点，完全是依赖他的智谋。然而，在《觉一本平家物语》中记载，佐佐木盛纲在向当地人询问出渡海地点之后，为了防止此人将渡海地点再告诉给其他源氏军队中的武将，他便趁这个人不注意时，拔刀将其杀害。

元历二年（1185，这年八月改元文治）正月六日，源范赖再度向源赖朝发去书信，请求输送军粮以供战事。源赖朝在收到信以后，立即对东国下令征收粮草运往西国，同时还命令源范赖动员九州岛的武士参阵，共同讨伐平家。可惜的是，此时源范赖无法到达九州岛——他在长门国彦岛陷入了与平知盛的苦战。正月十二日，源范赖在完全没有能力击破平知盛并渡海前往九州岛的情况下，不得不做出了据守长门国的准备，侍所别当和田义盛甚至向源范赖提出了撤军的请求。正月二十六日，镰仓的援军与粮草虽然没有到达，但是九州岛的武士却响应了源氏的征召，丰后国的国人绪方惟荣在之前便曾举兵反叛过平家，此时更是率领水军前来投靠源范赖，同时长门国的武士宇佐那木远隆也向源范赖军献上了粮食以供军需，暂时解了源范赖的燃眉之急。

在得到当地武士支援以后，源范赖率军渡海，终于成功地在丰后国登陆，并在二月一日，派遣下河边行平、涉谷重国等武士在韦屋浦击退了平家原田种直的进攻。二月二日，经过源赖朝的请求，后白河法皇的院厅下发了赏赐丰后国国人领主的文书。

虽然源范赖最终抵达了九州岛，但是狭长的后勤补给线却给镰仓造成了相当大的压力，二月十三日，源赖朝命令源范赖退出九州岛，直接攻打在四国屋岛的平家。二月十四日，源范赖率军撤离了九州岛，再度在长门国驻扎。另外一方面，此时源义经因为没有源赖朝的命令，只得在平安京留守。然而，源义经却丝毫不在意源赖朝的不满，三番五次地向后白河法皇提出，让院厅派遣自己前往西国讨伐平家。

源义经的举动无疑是在挑战以源赖朝为中心的镰仓势力的权威，之所以他敢与源赖朝对着干，其原因不过是因为之前讨伐木曾义仲时，源义经受到后白河法皇的信赖。不得不说，源义经这样的做法是很鲁莽的。后白河法皇知道源赖朝在平安京遍布眼线，面对不擅长政治斗争的源义经的请求，他只得以京畿治安混乱，需要源义经护卫京畿治安为理由，将源义经强留在平安京。奈何源义经的志向并不仅仅局限于维护治安，在他再三请求后，后白河法皇终于同意让其出阵西国。

二月十日，源义经率军离开平安京。

通常，在《平家物语》等书中都说，源义经此次出阵是因为源范赖在西国陷入苦战，战局僵持，源赖朝不得不再派出源义经作为主帅出阵讨伐平家。不过，从上文的叙述来看，源义经此次出阵并非是奉源赖朝的命令，而是以后白河法皇的院厅作为公权来源，率军讨伐平家，在这之后源义经在西国的身份发生了变化——他的势力不再属于镰仓系统，而是属于后白河法皇的院厅。

源赖朝得知源义经擅自从院厅请得出阵命令以后是又气又笑，气的是他知道这个弟弟再也不是自己在京畿的代官，不值得信赖了；笑的是此时源范赖等人在西国陷入苦战，源义经的出阵确实能够分担一些他们的压力。况且，此时平家未平，源赖朝若是将源义经赶回平安京的话，无疑就是在贬低后白河法皇院厅的公权并搞坏与院厅之间的关系。

为了渡海前往四国岛讨伐平家，源义经以院厅的公权动员了濑户内海沿岸的熊野水军、伊予水军等水军众，准备在摄津国的渡边津渡海前往四国岛。

四国的屋岛是平家最后的防御据点，只要攻下屋岛，平家就再也无处可逃了。

第九节　源义经渡海

从源义经决定进军屋岛的这个时间节点开始，接下去的合战实际上变成了院厅麾下的源义经与镰仓合作讨伐平家的一场战争，实际上屋岛合战也是源义经独自进行的一场军事行动。

《平家物语》中，在开战前，源义经与镰仓的诸将在渡边浦召开了军议，会上源赖朝的亲信梶原景时提出，战胜平家的水军不是一件容易的事，建议军船的前后都设置船橹，这样不管前进还是后退都比较方便。结果源义经以“大战在即，哪有武士在战前就考虑后撤之事”为由驳斥了梶原景时。实际上，这也是《平家物语》等军记物语的“自由发挥”，其目的就是为了用梶原景时的懦弱来突出源义经的武勇，实际上，如果从当时的环境来考虑，梶原景时的做法无疑是最合适的。

元历二年（1185）二月十六日深夜，源义经率领五艘军船以及五十名武士（另说一百五十名武士）趁着狂风暴雨从摄津国的渡边浦出发驶往阿波国。源义经认为直接抢滩登陆进攻屋岛是不明智的，因此决定采用迂回战术，奔袭平家屋岛防线的正后方。在《源平盛衰记》当中，源义经率领的武士当中有阿波国渡边党的武士，可以看出，此时源义经的军队中，已经有一部分非镰仓御家人的参与了。

二月十八日上午六时左右，源义经在阿波国的胜浦登陆，此时的阿波国仍然是平家稳固的后方，阿波国的一大势力阿波成良在当地拥有强大的水军。

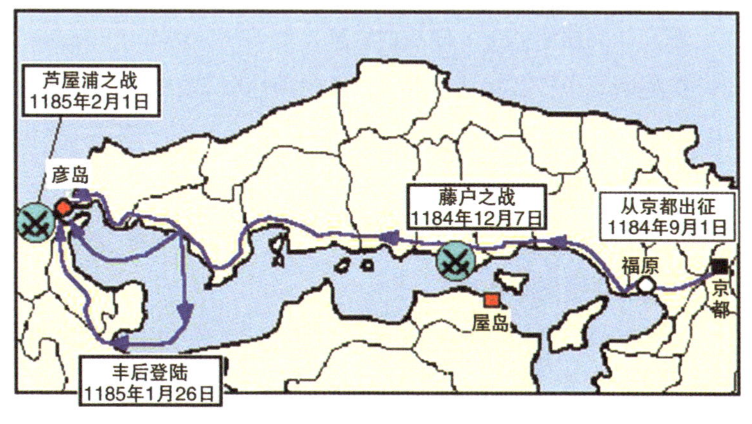

源氏西征

阿波成良一直都是平家的有力家臣，在“治承・寿永内乱”期间的南都烧讨、墨俣川合战、北陆道攻略都能见到他活跃的身影，因此深入敌后的源义经只能趁着敌人尚未发觉迅速展开作战计划。

不过，源义经的好运远不止穿过暴风雨在胜浦登陆这么简单，守备胜浦的近藤亲家投靠了源义经并出卖了平家的布防位置。近藤亲家是后白河法皇的旧日亲信藤原西光之子，藤原西光前几年因为密谋除掉平家而被斩首，因此近藤亲家会背叛平家转投源氏也不奇怪。近藤亲家在伊势义盛的引荐下见了源义经，并告诉源义经，平家在四国岛沿海岸线布置的防线非常漫长，兵力分散，再加上阿波成良之子田内教能带走了三千兵力去伊予国讨伐反平家的河野通信去了，平家此时的兵力可以说是捉襟见肘。

源义经得到了近藤亲家作为向导，便率领全军朝着屋岛前进，途中路过阿波成良的弟弟樱庭良远的樱庭城，还顺便将这座城攻下，赶跑了毫无防备的守将樱庭良远。二月十九日，他越过了阿波国与赞岐国的边境，很快行军抵达屋岛。

在《平家物语》当中，源义经在行军途中遇上了一名携带信件的平家信使，这名平家信使把源义经等人当成了赶往屋岛守卫的平家武士，他做梦也想不到，会在平家的大后方碰上源义经率领的敌方军队。

源义经问信使道：“你从何处来，要前往何处？”

信使回答说：“我从京都来，准备前往屋岛送信。”

源义经又问道：“这是谁的书信？”

信使没有回答源义经。

源义经连忙说道：“我是阿波国的国人，听说源义经准备攻击屋岛的陛下，所以准备前往屋岛防备源氏。”

信使回答说：“是六条摄政大人的夫人北政所寄给在屋岛的内府[①]的书信。”

① 此处指给予了平宗盛。

屋岛古战场

源义经问道："信里写了什么？"

信使回道："听说九郎判官已经从京都出发，他是一员智勇双全的猛将，像木曾义仲那样的武士都被九郎判官一战击溃，足以见得此人的可怕，希望内府大人能够修筑壁垒，召集士兵防御源义经。书信大概说的就是这样的内容，我从京都前来的时候，见到源氏大军兵多将广，您还是快快前去屋岛协助防备吧。"

源义经又问道："你是初次前往屋岛的吗？"

信使再答道："北政所是内府大人的妹妹，自从平家西奔以后，每次北政所向内府报告京都内的动向，都是以我为使者。"

源义经最后问道："不过你看屋岛的地势如何，我听说屋岛有个要害之处，是真的吗？"

使者摇了摇头："屋岛看似地势险峻，一旦涨潮，确实必须乘船前往，但是实际上退潮以后，屋岛与陆地之间的海峡的深度只能到马的腹部而已，若是从陆地进攻屋岛，根本不足为惧。"

源义经听了后哈哈大笑，命令手下将信使的书信夺走，准备留着日后交给源赖朝以显示自己的才能，随后又将信使绑在了树上，继续朝着屋岛进军。

第十节　屋岛合战

现如今的屋岛地形已经与源平合战时期的完全不同了，现在的屋岛早已同大陆连在了一起，但是在源平合战的年代，屋岛与大陆之间隔着一条狭窄的海峡。阿波成良认为屋岛是个十分便于防守的位置，再加上平家的水军强大，因此建议平宗盛在此地修筑城郭。而早在天智六年（667），因为白村江战败[①]的缘故，此地也曾修筑过一座屋岛城防备唐军侵入日本。从地图上可以看出，屋岛的位置离本州岛很近，是控制濑户内海航线的要道，只要掌握了此地，就掌握了整个濑户内海。

源义经在屋岛正对面的高松浦的民家放火，燃起的浓烟将源义经的军队完全地隐藏了起来，平家原本是朝着大海布阵，突然发现后方出现狼烟，军队中出现了源氏大军已经占领四国岛的错觉，士气大落。

屋岛与四国岛之间的海峡并不深，骑马即可渡过，源义经就这样率军冲向了海峡对岸的屋岛。平家在屋岛稍做抵抗以后，便放弃了屋岛的据点，带着安德天皇乘船从海路逃往平家最后的据点——长门国的彦岛。

不过在《平家物语》当中，平家曾逃往屋岛东边的志度浦并在志度浦与源义经军展开交战，最终失败。实际上，当无法判断源义经人数的平家认为遭到了源氏大军的袭击时，平宗盛便决定放弃屋岛的防线，逃到了海上，屋岛的沦陷，意味着平家失去了对濑户内海制海权的控制。虽然此战过程比较简单，也并没有许多源氏或者平家的武士战死，但是在《平家物语》当中却创造出了十分精彩的交战过程。例如，在交战的过程当中，平家的水军战船

① 白江口之战，亦称白村江之战，指的是663年8月27日至8月28日，唐朝、新罗联军与日本、百济联军于白江口（今韩国锦江入海口）发生的一次水战。

屋岛合战

中划来一只小船，船上站着一个年轻貌美的女官，将一把画有日轮的折扇插在船舷上，向源义经挥手示意。

“谁能将此扇射落？”源义经对着手下的武士们问道。畠山重忠回答说：“我推荐坂东下野国国人那须与一，此人射艺精湛，定可射落此扇。”那须与一听说源义经想要让自己上阵，连忙推辞说：“不行不行，责任重大，万一没有射落岂不是被两军取笑。”

源义经见那须与一如此推辞，责骂那须与一道：“我源义经从来是治军严明，说一不二，要是不从我号令，就滚回东国去。”

于是那须与一便上阵引弓搭箭，瞄着船上的扇子，此时海风甚大，船只在海中摇曳，没承想那须与一一箭发出，直接就将扇子给射断了，陆地上的源义经军以及海上的平家水军都纷纷为那须与一的射艺喝彩。

随后，平家武士冲上了岸，平景清搜寻源义经的身影想要与源义经肉搏，而平盛嗣则直接用长钩想钩住源义经，源义经挥刀防御，结果不小心将手上的弓给掉在了地上。源义经不顾平家武士的攻击，想要伸手去捡弓，左右武士连忙大喊："将军不要去捡那张弓！"最终源义经还是右手挥刀抵抗，左手将弓拾起。源义经的手下表示十分不理解，纷纷责备他道："纵使再珍贵的弓，也比不上将军的命重要啊。"

源义经将弓握好，对着众人不好意思地说道："这只是一张普通的弓，只是这是我源义经所持的弱弓，软得很，不像我伯父源为朝所持的那种要两三个人才能拉开的强弓。要是我的弓被敌人给捡走了，一定会笑话我源义经手无缚鸡之力的。"

源义经在军中故意穿着不显眼的铠甲，不让平家武士发现，而平家武士中的勇士平教经奉命搜寻源义经，接连用强弓硬弩射杀了许多源义经军中的武士，连从陆奥国一同南下的佐藤继信都因为保护源义经而被平教经射杀。

到了晚上，源义经在高松浦布阵，而平家守军则在屋岛城遗址布阵，次日天亮，源义经率领八十骑武士攻击平家营地，平家守军这才逃往了志度浦。源义经继续率军追击，平家不得不再度逃亡前往九州岛筑前国的箱崎，却遭到此地国人的袭击，只得流亡海上。在这之后，熊野别当湛增也率二百艘水军战船来投靠源义经，伊予国的河野通信也投入源义经麾下，源义经的实力大增。

二月二十二日，梶原景时才率领源氏的主力军登陆四国岛。梶原景时仍然是按照作战计划的预计时间进攻四国岛，可是此时源义经已经击退了平家，因此梶原景时并没有赶上屋岛合战。而源义经看到了梶原景时之后，嘲讽梶原景时是"六日的菖蒲"。因为五月初五端午节有挂菖蒲的习俗，而源义经说梶原景时是六日的菖蒲，意在嘲笑梶原景时迟到了，受到源义经嘲笑的梶原景时与源义经之间的关系自然便产生了裂痕。

第十一节 决战前夜

源义经与镰仓势相互配合，取得了屋岛合战的胜利，然而此时与屋岛的大胜相比，源范赖仍然陷在九州岛的战事之中。在《平家物语》当中，源范赖在西国陷入了与平知盛的持久战当中，源赖朝认为源范赖的能力不行，想用源义经代替源范赖，这其实有些冤枉源范赖了。实际上，造成源义经有着巨大战果而源范赖一事无成的错觉全是因为《平家物语》当中对二人有失公平的记录。在《平家物语》当中，源范赖的出场机会一直都非常少，而源义经似乎就是全书后半段的主角，带着各种光环活跃在战场上。不仅如此，《平家物语》的作者始终不愿意在源范赖极少的登场章节中放弃抹黑源范赖的机会——说源范赖在与平知盛的对峙途中，不想着扩大战果，而在军中召集游女享乐。实际上如前文所述，源范赖早就在源赖朝的指示下登陆了九州岛，并在丰后国武士的支持下取得了丰后国大部分国人的支持。丰后国是濑户内海航线的一处重要据点，源范赖掌控了丰后国，无疑就切断了平知盛所在的彦岛与平宗盛所在的屋岛之间的联系，并将平知盛等军队拖在了长门国，阻止他们前去支援平宗盛，这也等于间接帮助了源义经的奇袭作战。

值得注意的是，三月四日，九州岛北边的对马岛上，对马守藤原亲光为了躲避平家的袭击逃到了高丽国避难。藤原亲光是朝廷任命的对马岛的国司，通过对马岛与高丽展开贸易获得了巨大的财富。三月十三日，源赖朝命令源范赖将对马守藤原亲光从高丽叫回，直到六月十四日，藤原亲光才从高丽返回了日本。

源范赖与源义经对平家的进攻其实是同时进行的，虽然源范赖没有取得如同源义经那样的战果，但是他也不是一个无能之辈。导致源范赖现在名声不好的原因，主要还是因为《平家物语》这本书赋予源义经的“主角光环”。

源范赖像

元历二年（1185）三月十二日，源赖朝下令征集的粮草终于有了眉目，负责给身在西国的源范赖军输送粮草的三十二艘粮船在伊豆国的鲤名以及妻郎津集结。另一方面，受到源义经追击的平家逃离屋岛之后，又在长门国彦岛遭到由源范赖组织起来的九州武士的阻拦，无法进入九州岛，失去根据地的平家陷入了绝境。源平合战当中，源氏与平家的最后一战“坛之浦合战”正式开始，平家的灭亡进入了倒计时。

坛之浦合战的战场位于长门国与丰前国之间的海峡，源义经此时得到了梶原景时率领的镰仓水军、熊野别当湛增率领的熊野水军、河野通信等率领的伊予水军的增援，足够与平家一战。同时，镰仓还给予周防国国衙属下的船所里的衙役五郎正利御家人的身份，让熟悉水军的当地人来负责调配水军船只。

在《平家物语》当中有着熊野别当湛增在坛之浦合战前为了决定自己究竟是加入平家还是源氏，用红色的鸡与白色的鸡搏斗的故事，最终白鸡获胜，湛增因此决定支持源氏。虽然现在和歌山县田边町仍然有这个斗鸡神社，但是湛增加入源氏的原因如前文所述，实际上是熊野三山势力的内斗使然，因此斗鸡的故事当是《平家物语》的艺术创作。

为了打赢这场歼灭平家的海战，源范赖将三浦义澄派往了源义经军中，让其为源义经指示战场的地形与情况。平家方面也是将麾下所有能够战斗的士兵统统拉出，昔日在平安京权倾天下的平家武士，此时已经是秋后的蚂蚱，蹦跶不了几天了。

《吾妻镜》当中记载，三月二十三日，源义经率领着八百四十余艘战船抵达坛之浦的奥津，于三月二十四日前往丰前国的田之浦，而平家麾下则有五百余艘战船，于三月二十三日傍晚在田之浦附近的坛之浦集结。两军战船的数量在不同史料中有着不同的记载，例如《觉一本平家物语》中，源氏方有三千余艘战船，平家则有千余艘战船；《延庆本平家物语》中源氏方仍然是三千余艘战船，而平家仅有七百余艘；《源平盛衰记》中两军战船数量差距最小，源氏方有着七百余艘战船，平家则有五百余艘战船。

梶原景时像

在《平家物语》当中，坛之浦合战前夕，梶原景时与源义经之间因为争夺先锋之位发生了争吵。梶原景时因为没赶上屋岛合战，便想要在此战中立功，主动请求担任先锋，源义经则回答他道："如果我不在的话还好，我在的话先锋之位怎么可能给你呢？"

梶原景时回答说："你是大将军，怎么能和我们这些偏将争功呢？"

源义经驳斥道："我军的大将军是镰仓殿（源赖朝），我不过是军奉行而已，和你们没有什么区别。先前一之谷合战，我冒着鹎越之险，一瞬间就击垮了平家十万大军。在摄津国渡边浦时，诸将都畏惧暴风雨不敢出阵，我亲自率领五艘战船奔袭屋岛，顷刻之间就攻破了屋岛防线。如今敌人如同风中残烛一般，怎么可能让你当先锋呢？我应当在诸将之前先与敌军决战，报效镰仓殿。"

梶原景时听了小声嘟囔道："此人绝非将帅之才。"没想到，梶原景时的抱怨被源义经给听到了，他愤怒地拔出刀想要砍梶原景时，三浦义澄、土肥实平连忙挡在了二人中间，制止二人发生冲突。

不过先前已经考证过了，一之谷合战的奇袭绝非源义经所为，那么《平家物语》里的这则逸话就是创作出来的东西了，至于两人是否因此产生冲突，就不得而知了。

第十二节 坛之浦合战

三月二十四日上午，平家拼死一搏的“坛之浦合战”爆发。

因为洋流是从日本海通过海峡流向濑户内海，因此顺流而进的平家水军占据了战场优势，源义经军则是逆流进军，十分被动。好在虽然在海上不便，但是岸上仍然有许多当地的武士团以及镰仓势麾下的御家人军队沿着海岸支援源义经。

到了下午，海洋的洋流出现了变化，海流变成了由源氏水军流向平家水军，战场形势开始对源氏有利起来。此时源义经开始命令麾下的善射箭的武士射杀平家水军的水手，导致平家的战船失去控制，变成源氏水军的活靶子。

《平家物语》里提到镰仓势麾下的和田义盛素来善射，他丢弃船只，骑马上岸，引弓搭箭向平家水军射去。此箭他用尽全力，可以说是生平射得最远的一次了，射毕他扬扬得意地朝着平家武士们喊道：“若是有能耐的，就将此箭射回！”

平知盛见和田义盛如此嚣张，便派遣手下的伊予国国人任井亲清将此箭射回，任井亲清得命后，亲自携箭来到战船的船头，引弓搭箭，又将此箭射回，结果，这支箭不但射了回去，还越过了和田义盛，射中他身后离他很远的一名武士的手。和田义盛本来想在两军阵前摆摆威风，结果却事与愿违丢了面子。源氏武士们纷纷讥笑和田义盛：“这小子以为自己射术天下第一，结果射出的箭反被人射了回来……”

和田义盛被打脸之后，气急败坏地跳上了一艘小船，向平家水军冲去，途中连射数箭，每一箭都能命中平家的武士，终于赢得了喝彩。

两军杀得有来有回，然而从属平家参战的阿波成良阵前倒戈，直接导致了平家在傍晚时的大败。

阿波成良之子田内教能曾被源氏俘虏，后来源义经让田内教能写信给阿波成良，成功策反了此人，而平家却不知道阿波成良已经变成了源氏的内应。

在《平家物语》当中，源平两军开战之前，平家的大将平知盛就站在船头激励士气，麾下的平家武士都热血沸腾，要与源氏决一死战，只有阿波成良面色凝重，一言不发。

平知盛瞄到了阿波成良的表情，便偷偷跑去见平宗盛，对他说："今日鼓舞士气，全军只有阿波成良一言不发，恐怕他已经变心了，我看，不如趁早将此人除掉。"

平宗盛听了此事连忙否决说："不可不可，你说阿波成良变心，但是没有证据。他向来对平家忠心耿耿，如果我们阵前斩杀忠于平家的大将，势必会影响士气。"不过，为了保险起见，平宗盛表示："我现在就招呼阿波成良过来，他如果叛意已决，就一定不会来见我的，那到时候你再杀他不迟。"

坛之浦合战

阿波成良听闻平宗盛召见，连忙前来觐见。平宗盛面带得意地看了一眼平知盛，随后又对阿波成良说道：“你向来忠心耿耿，今日的行为举措却和往日不同？该不会是变心了吧？还不快快去号令你手下的阿波郎党，今日必定要舍命奋战，一举击败源氏。”

阿波成良听了平宗盛的话，不敢抬头，低头回道：“是，我一定会遵守大人的命令，今日绝不退缩半步。”

平知盛看着满头大汗的阿波成良，心中断定此人已经心怀二志，用手握住太刀的刀柄，不断地朝平宗盛使眼神，想要斩杀阿波成良，而平宗盛却执意放走了阿波成良。

结果到了傍晚，阿波成良派出使者将平家的策略统统告诉给了源义经，平家在通常由天皇或者贵族乘坐的大船“唐船”上布置了大量的杂兵，而将

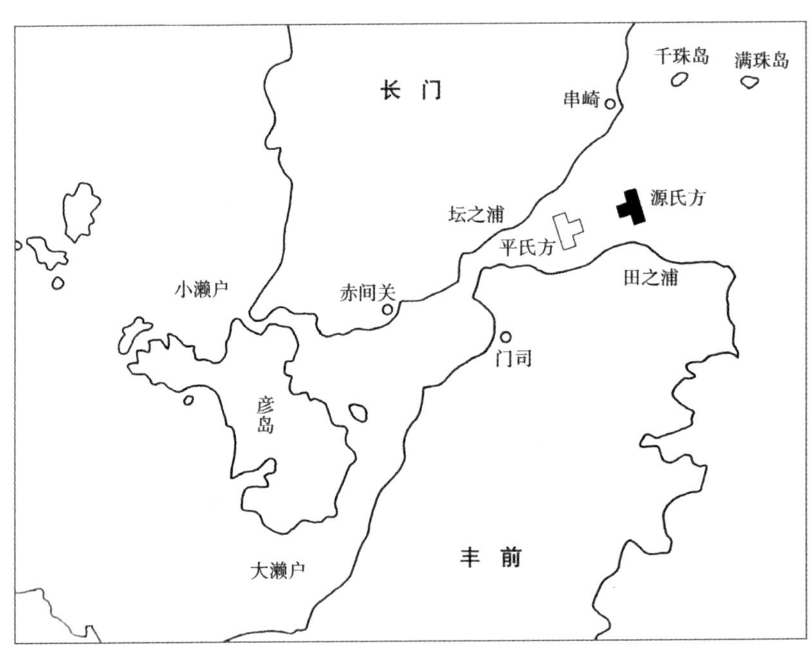

坛之浦合战布阵图

天皇移到了小船上，目的就是在源氏的水军去包围这些唐船“护驾”时，再利用小船反包围源氏水军，来个里应外合。得到了阿波成良透露的消息之后，平家最后的计策也被源氏给破解了，此时距离平家的灭亡只是时间问题了。

在《延庆本平家物语》当中记载，源义经特意安排了九州岛的豪强绪方氏率领水军堵住了前往中原的航路。前文有提到，之前对马守藤原亲光就曾经为了躲避平家的攻击而逃到了高丽去避难，源义经此举也是担心平宗盛在最后的关头，会孤注一掷带着平家一门以及安德天皇逃往大陆投靠高丽或者宋朝，这并非没有可能的。不过，平家一门终于在坛之浦海战战败之时，拿出了自己身为武士的勇气，杀身成仁。

第十三节　平家灭亡

平知盛见战局已经不可逆转，于是乘小船上到了安德天皇所在的御船上，悲痛地对天皇说道:“我军大势已去……”船上的女眷们询问平知盛战事如何。平知盛摇了摇头说道：“没必要问这么多了，他们马上就会杀过来了，你们很快就可以见到骁勇的坂东武士了。”

女眷们纷纷掩面哭泣：“事已至此，中纳言大人何必还要开这种玩笑？”

平清盛的妻子平时子已经有了必死的决心了，她把从京都带出来的象征天皇权威的三件神器中的八尺琼勾玉夹在了腋下，又将另一神器天丛云剑插在腰间，对着众人说道：“我们女流之辈，无法左右战局，但也绝不愿意落入敌手受辱，忠于陛下的，就随我前去。”说着，平时子走到了船边。

幼小的安德天皇看着海面大浪滔天，连忙问外祖母要去哪儿。平时子抱着安德天皇，轻言安慰道：“陛下不要害怕，我们接下来要去极乐净土、海底的京城。”言罢，平时子抱着年仅八岁的安德天皇跃入海中。平清盛的女儿——也就是安德天皇的母亲平德子，看见母亲和儿子都跃入海中，随即也投身跳海，却被源氏武士抛出的挠抓钩住了头发，捞上了船。在得知此人是高仓天皇的中宫、安德天皇的母亲后，源义经急忙令人将平德子送上安德天皇的御船看管，不敢怠慢。

平时子的弟弟平时忠抱着装有八咫镜的柜子准备跳海自杀，却不小心勾到了船舷，摔倒在船上，立马就被一群源氏武士给摁在了甲板上。源氏的武士们想要用刀剑劈开柜子，平时忠连忙大喊道："此柜之中放着的是三神器中的八咫镜，岂是你们这样的凡夫俗子可以偷看的！"源氏武士们听闻平时忠所言，连忙将柜子收好，上交给了源义经。

平清盛的弟弟平教盛、平经盛两兄弟，平清盛的孙子平资盛、平有盛、平行盛三人等一同沉入了海中自尽。不过前文有提过，另一种说法是，平资盛并没有跟随平家一门战死，而是早就脱离了平宗盛自谋生路去了。

平清盛的侄子平教经勇猛善战，坂东的武士素闻平教经的武名，纷纷想要与之一战，平教经站在船头，但凡有人近身他就拔出太刀将那人砍翻下海，要是有人在远处朝他射箭他就拔箭反射回去，待弓矢用尽，平教经拔出一把大太刀，接连斩杀了数名敌军武士。

平知盛派人通知平教经道："大势已去，你找个机会逃走吧，没必要再在战场上厮杀了，这些都是小卒，不值得白费力气。"

平教经却不愿离开，他回答平知盛的使者道："那我就先去砍了源义经。"说罢，就跳上了源氏水军的船只，在接连跳上了数艘源氏的战船之后，竟然阴差阳错地真跳上了源义经的战船。

源义经看到平教经来势汹汹，连忙也跳到另一艘船上，平教经随即跟来，源义经刚准备喘一口气，发现煞星也跳上了船，只得接着再逃，连着跳了有七八艘战船之后，平教经才因为苦战多时，体力不济没有跟上去。

平教经此时精疲力竭，已经有了必死的决心，他对着源氏水军大吼一声："你们谁有能耐，快来与我一战，我平教经一定将你们生擒，送去镰仓交给源赖朝当见面礼！"

土佐国的国人安艺实康的儿子安艺实光乃是著名的大力士，见到平教经后，找来了他的弟弟安艺次郎以及一名郎党。安艺实光的弟弟安艺次郎亦是力大无比，除了弟弟以外，安艺实光手下的那名郎党也力大无比。安艺实光朝着平教经喊道：“无论你再怎么凶悍，我等三人动手，就算是十丈高的恶鬼，也必定会束手就擒！”言罢，安艺实光带着弟弟和郎党乘小船划向了平教经所在的战船，待靠近后，三人大喝一声，拔出太刀，一齐跳上了平教经所在的战船。

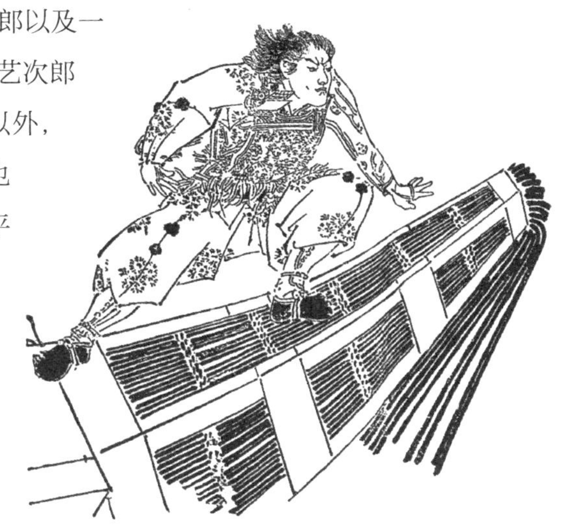

平教经

平教经见到三人前来，也不言语，一脚就先将冲在最前头的安艺实光手下的郎党给踹下了海，接着平教经左手夹着安艺实光，右手夹着安艺实光的弟弟安艺次郎，大笑着对这哥俩说道：“我等就共赴黄泉吧！”言罢，平教经抱着这两名武士跳入海中，与敌人同归于尽，时年二十六岁。

平知盛目睹了平家的灭亡，在一众一门纷纷自尽之后，也在身上穿上了两件大铠，与乳兄弟平家长一同跳进了海里。

在源平合战的那个年代，武士们的交战是不会伤害女性以及小孩的性命的，更何况这小孩和女眷还是安德天皇以及服侍天皇的女官们。平家并非不知道此事，但是他们仍然在战败之后自杀，那是因为他们对未来感到绝望，因此女眷们带着天皇一同自尽。不过在平家携带的皇族与女眷当中也并非没有幸存者——安德天皇的弟弟守贞亲王就活了下来，并且他的儿子在后来镰仓幕府掀起的承久之乱后当上了天皇，而他则以亲王之位被拥立为“治天之君”，开设院厅，称为“后高仓院”。

平家亡灵

平家一门的总领平宗盛以及平宗盛之子平清宗在跳海之后被源氏的水军给捞上了战船，同平时忠一起，于四月二十六日被凯旋的源氏军队带回了平安京。

历来坛之浦合战的胜败因素都有着许多说法，有人认为是洋流的改变决定了胜败；而有的人认为是两军战船的速度导致了胜败，与洋流无关。究竟事实如何，我们也无法判断，不过平家在开战前就已经陷入了绝境，兵员过少，士气低落，再加上洋流方向改变，本就有数量优势的源义经军由守转攻，更使平家陷入了极度的劣势，在阿波成良临阵倒戈之后，平家大军的士气彻底崩溃，坛之浦海战以平家的战败而结束。

第八章

／奥州征伐

DI--BA--ZHANG

AOZHOU ZHENGFA

YUAN PING
HE ZHAN

| 源平合战 |

——日本武士的崛起

第一节　战后处置

2012 年日本 NHK[①] 大河剧《平清盛》第一集的第一幕里，源赖朝与一群武士在为源义朝的菩提寺举行立柱仪式，而就在这个时候，北条政子突然骑马奔来，向源赖朝报告了平家在坛之浦灭亡的消息。在场的御家人武士嘲讽道："愚蠢的平家啊，区区一介武士，却过着贵族一样的生活，报应啊！"另一名不知名御家人喊道："平清盛那厮，现在也在那个世界（阴间）为自己的愚蠢而后悔吧。"御家人们纷纷大笑起来。

听到御家人们嘲笑平清盛以后，源赖朝突然对着众人大叫了一声："闭嘴！"随后，源赖朝开口继续说道："要是没有平清盛，武士的时代就不会到来。"

这一幕并非是大河剧编剧的原创，《吾妻镜》里记载，四月十一日源赖朝收到了平家灭亡的消息时，他正巧在胜长寿院举行立柱仪式。在得到报告之后，源赖朝立在原地，闭目沉思。源赖朝在想什么？是终于消灭了宿敌平家，还是因为即将取得天下？抑或是，思考该如何处置背叛自己的源义经？

我们不得而知。

离西国更近的朝廷早在四月三日就收到了平家在坛之浦合战中灭亡的消息，只是后白河法皇并不表现得那么高兴。后白河法皇一心想要夺回被平家

① 日本放送协会（NHK）是日本的公共媒体机构，其英文缩写来自日语罗马字转写"Nippon hoso kyoukai"的首字母。

带走的三件神器，而在坛之浦海战中，除了八咫镜在落水前被源氏救下以外，平清盛的妻子平时子将天丛云剑插在腰间，一手抱着安德天皇一手抱着放着八尺琼勾玉的箱子跳进了海里。八尺琼勾玉后来因为木头箱子的浮力浮上了水面，被源氏军队捞回，但天丛云剑却怎么找也找不到了。

三件神器

源赖朝决定处置在坛之浦合战以后被镰仓占领的九州岛，元历二年（1185，是年八月改元文治）四月十二日，镰仓召开了九州领地分配的军议。随后的四月十四日，后白河法皇派出高阶泰经作为使者抵达镰仓，对讨伐平家有功的源赖朝进行封赏。五月五日，镰仓决定将九州岛平家的家臣原田种直的领地没收，封赏给立下战功的御家人。五月八日镰仓再度召开军议，并命令和田义盛登记西国御家人的名簿。七月二十八日，后白河法皇的院厅下发了承认源赖朝对九州岛武士的御家人化的权限认可的檄文，此时除了东北的陆奥国与出羽国以外，全日本都在源赖朝的掌控之中了。

狭义的源平合战在坛之浦合战平家灭亡时就宣告结束，然而，在坛之浦合战以后源义经与源赖朝的动向，却成了“治承・寿永内乱”的最终章。

四月十五日，源赖朝对与源义经一同没有经过自己的允许就接受任官的二十四名御家人发去命令——如果不想就这么返回镰仓被斩首或者没收领地的话，就继续在京都负责维持治安。源赖朝并不允许东国的御家人有自己以外的主公，但是此时他与朝廷的关系并未破裂，因此也不得不承认这些在公卿的指挥下活动的御家人们的权利。不过，随着源义经与后白河法皇的院厅以及北面武士越走越远，双方的矛盾逐渐激化。

四月二十一日，源赖朝的亲信梶原景时给镰仓送去了告状信，告发在屋岛合战、坛之浦合战时源义经不顾镰仓军的动向独断专行，身为一军的大将如此冒险，险些将战局拖向了不利。此时的源赖朝正需要梶原景时这样的借口，四月二十九日，源赖朝立即给身在西国的田代信纲送去了书信，命令关东的武士不得继续追随源义经。田代信纲出身伊豆国，算是源赖朝起兵时的老部下了，但是在讨伐平家的过程中，他一直奉源赖朝之命跟随着源义经作战，一方面是协助源义经，一方面则是监视源义经。

源赖朝担心这些关东武士和源义经的战友关系会导致他们抱成一团，对自己构成威胁，因此才给御家人们发去了这个命令。不过此时的源赖朝虽然猜疑源义经，但是却还没有将矛盾公开化。

五月七日，得知自己激怒了源赖朝的源义经向镰仓派出了龟井六郎作为使者，向源赖朝递交了并没有想反抗源赖朝意愿的宣誓书。不过，随着西国负责监视战局的御家人们不断发来告发源义经独断专行的书信，同老老实实按照镰仓指示作战的源范赖相比，源义经无疑已经引起了源赖朝非常大的不快了。

第二节 《腰越状》

五月十五日，源义经带着在坛之浦合战中俘虏的平宗盛、平清宗父子前往镰仓，在相模国酒匂驿受到了北条时政的迎接，不过北条时政的女婿源赖朝却并不允许源义经进入镰仓，仅仅要求北条时政将平宗盛父子拿下。

被源赖朝拦在镰仓门口的源义经在镰仓西边的腰越驿给源赖朝的侧近大江广元写了一封表明自己心意的书信，即赫赫有名的《腰越状》，在《吾妻镜》《平家物语》《义经记》等书中均有收录。

源义经在《腰越状》中写道，自己身为源赖朝的代官，又奉了天皇的命令讨伐朝敌，是为了向天下展示源氏的武威，并为了报平治之乱之仇。源赖

北条时政像

朝之所以会厌恶自己，全是因为听信梶原景时的谗言。同时，他还写道，在父亲源义朝战死之后，自己和母亲常盘御前老老实实，逃往大和国宇多郡的龙门牧藏匿，长大后又在各国流浪，直到兄长起兵才前来投靠，不顾危险屡立战功，最终补任检非违使等官职，为源氏争光。在书信的最后，源义经写下了希望大江广元能够做中间人调解兄弟二人的关系，让源赖朝原谅自己。

源义经的前半生是如同谜一般的存在，《吾妻镜》中初次登场也是在治承四年（1180）的黄濑川会面，不过《腰越状》里却写下了源义经少年时经历的珍贵记录。源义经在平治之乱后被母亲抱着逃往了大和国，大和国历来佛教势力众多，而源义经也应该就是在这个时候同僧人们建立了良好的关系，并最终出现了像武藏坊弁庆这样的僧兵家臣。

可惜的是，源义经所写的《腰越状》并没有被源赖朝看到，而是被大江广元给扣下，留中不发了。没有得到进入镰仓的许可的源义经，带着平宗盛、平清宗父子返回了平安京。

在《吾妻镜》当中，大江广元是个足智多谋又相当冷血的人，尤其是《腰越状》事件，使得大江广元几乎与梶原景时一样被民间视为挑拨源赖朝、源义经兄弟关系的罪魁祸首。然而实际上，近年来对大江广元的评价却渐渐出现了改变。

大江广元是个聪明人，他看出了梶原景时的告状信不过是源赖朝处置源义经的一个借口而已。源赖朝虽然不喜欢不顾大局、独断专行的武将，但是却也不至于同源义经的关系变得如此之差，真正让源赖朝感到愤怒的事情，还是因为源义经在京畿没有通报源赖朝而私自接受了朝廷的任官。而源义经却并不明白这深层的政治寓意，单纯地以为源赖朝只是因为梶原景时的挑拨而疏远自己，还在《腰越状》中写下自己出任检非违使是“源氏的荣耀”，并在书信的署名里还写下了从后白河法皇院厅接受的官职“左卫门少尉源义经”。

源义经并不清楚源赖朝厌恶自己的各种原因，而大江广元却看得清清楚楚，他深知这封信一旦交到了源赖朝的手上，无疑会激怒源赖朝，更加恶化兄弟间的关系，夸张一点来说，源义经说不定连返回京都的机会都没有。从这点来看，大江广元并未将《腰越状》交给源赖朝，对源义经来说说不定是件好事。

不过，尽管如此，源赖朝仍然只是猜忌自己的兄弟，二者之间的关系并未到不可调和的地步，只是政治庸才源义经不知死活，将自己一步一步推向了源赖朝的对立面。在《吾妻镜》当中，离开腰越驿的源义经竟然开始埋怨源赖朝，并放言说：“怨恨镰仓的人全都到我的身边来吧！”要是《吾妻镜》记载的此事并非虚言的话，那么源义经与源赖朝的对立在这个时候就已经不可避免了。

六月二十一日，平宗盛、平清宗父子在近江国筱原宿被处刑，六月二十三日在京都六条河原枭首示众。而曾经奉命进行过“南都烧讨”的平重衡，则在僧人们的要求下于六月二十二日被送往了东大寺，二十三日在木津川被处刑，并在奈良坂枭首。

到此，平家的所有“后事”都已处理完毕，而在这个时候，消失了许久的源行家却受到了源义经的影响突然冒了出来，并有与源赖朝敌对的倾向。对此，八月四日，源赖朝派出了佐佐木定纲率领御家人，组成讨伐源行家的军队前往征伐。再后来，为了防止源义经与源行家勾结，源赖朝派出了梶原景时之子梶原景季上洛，监视源义经与源行家的动向。

第三节　讨伐源赖朝的院宣

十月六日，梶原景季对源赖朝密报说源义经装病拒绝讨伐源行家，这最终决定了源赖朝想要讨伐源义经的决心。而另一方面，源义经得知，不仅仅是源行家，连自己也被源赖朝定为讨伐对象以后，于十月十三日向后白河法皇请求下发讨伐源赖朝的命令。

按照以往《吾妻镜》《平家物语》的通说来说，源赖朝为了降低行动成本，派出了土佐房昌俊上洛，并在十月十七日于六条室町袭击了源义经，最终暗杀失败，不知所踪。而在这之后的十月二十六日，有人在鞍马山发现了土佐房昌俊的尸体。历来的通说都是说，源赖朝派土佐房昌俊暗杀源义经，成功的话就降低了讨伐成本，即使失败，也可以逼迫源义经举兵反抗自己，这样自己则有了大义名分可以讨伐这个不服从自己的弟弟。不过近年来，随着菱沼一宪等学者的研究，这件事是否存在尚存疑，并且从时间上来看，此时的源义经已经对源赖朝抱着敌对的决心了。

十月十八日，后白河法皇终于响应源义经、源行家的要求，下发了讨伐源赖朝的院宣。后白河法皇其实也挺惨的，他担心源义经与源行家狗急跳墙，不得不暂时同意他们的要求发下院宣，待日后再与源赖朝解释。结果源赖朝得知此事之后，立即做出了超乎意料的巨大反应，于十月二十九日亲自率军从镰仓出发，要与后白河法皇的院厅以及得到讨伐自己的院宣的源义经、源行家对决。

十一月一日，源赖朝抵达黄濑川，而平安京在得到源赖朝率军上洛的消息之后，也是满城风雨。后白河法皇虽然很希望源赖朝上洛，可是期待的却不是他带着这样一支大军上洛找自己算账，吓得后白河法皇不知所措，生怕源赖朝会一怒之下剁了自己。

源义经与源行家此时并没有动员起京畿武士的能力，为了躲避源赖朝的

黄濑川

进攻，他决定前往源赖朝势力薄弱的西国筹集兵马。八月二十九日，源义经曾经从朝廷补任了伊予守，在十一月二日源义经又从后白河法皇处获得了西海道（四国）、山阳道等地的庄园、公领的年贡征收权。在《吾妻镜》当中，后白河法皇下发了封源义经为“九州地头”、封源行家为“四国地头”的院宣。

获得了朝廷公权的源义经与源行家在十一月三日离开平安京，准备前往西国。然而，在这个时间点，源义经等人却在淀川的河口附近受到了摄津国武士多田行纲的袭击。多田行纲一直都是一支游离于平家、源赖朝、源义经之间的势力，此时也看出了天下大势，为了向源赖朝表忠心而痛打落水狗，袭击源义经一行人，却遭到挫败。

十一月六日，源义经与源行家在摄津国的大物浜出航，源义经准备前往九州岛，《吾妻镜》当中记录，此时源义经的身边除了源行家以外，还有伊势义盛、源有纲、平时实、一条良成、佐藤忠信、武藏坊弁庆、片冈弘经等。伊势义盛、佐藤忠信等人是源义经的郎党；源有纲是源赖政的孙子、源义经的女婿；平时实是平时忠的儿子，在坛之浦合战后，平时忠因为保护了八咫镜而得到赦免，在这之后平时忠将自己的女儿嫁给了源义经，结成了亲家，平时实也成了源义经的小舅子；一条良成则是源义经的异父兄弟。此时源义经身边的人们，除了与自己有着亲戚关系的以外，就剩下一些死党了。

不过，源义经与源行家等人出海的船只却遇上了风暴，这一次源义经没有那么好运了，船只沉没的源义经一行人只得返回京畿躲藏。

源义经的叔叔源行家逃回了和泉国躲藏，次年即文治二年（1186）五月十二日被常陆房昌明发现并遭到讨伐。源行家的一生志大才疏，早年以帮助以仁王将“以仁王的令旨”传遍诸国而出名，但是其作为武士领兵打仗的能力却十分欠缺，在“治承·寿永内乱”期间，源行家几乎可以说是百战百败，最终也这样惨兮兮地死在了镰仓的刀下。

静御前像

源义经在船沉后似乎失去了消息。有人说在大和国见到过源义经和源有纲、武藏坊弁庆、静御前等人，又有人说源义经已经平安抵达了九州岛，在当地密谋起事反抗镰仓。然而，这年七月，源赖朝派出了中原久经、近藤国平作为自己的代官，替代源范赖接管了九州岛，并在此地维持治安，将庄园的年贡还给原本的主人，并阻止武士在当地对寺社、公卿领地的劫掠。这时源赖朝的势力已经完全可以抵达九州岛了，镰仓对九州岛的支配力也不是源义经可以比拟的，即便源义经此时在九州岛，只怕也是掀不起什么风浪了。

文治元年（1185）十一月八日，在黄濑川着阵嚷嚷着要上洛的源赖朝率军返回了镰仓，不过他的这次武力威胁着实吓了后白河法皇一大跳。源赖朝若真带着坂东武士上洛，只怕这群武士的粗暴与无礼程度和平清盛、木曾义仲比起来只会更胜一筹。

源赖朝也知道自己对后白河法皇的恐吓起到了作用，他决定乘胜追击。

十一月十一日，院厅下发了讨伐源义经的院宣，此时镰仓和朝廷都不知道源义经的去向，只得在各地搜捕源义经一党。十二月十二日，源赖朝命人杀害了源义经的老丈人河越重赖，并没收了河越重赖的领地，防止他与源义经勾结。

十二月二十八日，虽然源赖朝得到了源义经一行人曾在大和国的吉野山、多武峰滞留，此后行踪不明的报告，但是他仍然让北条时政作为自己的代官，向后白河法皇表示不知道乱党源义经的去向。同时，为了便于搜捕源义经一党，源赖朝向后白河法皇奏请在日本各地设置“国地头”，这就是后来守护制度的由来。

镰仓幕府“守护地头制”的建立意义非凡，在“治承·寿永内乱”的早期，源赖朝曾经在东国没收敌人的领地庄园，以及在公领庄园里设置地头职。这个“地头”的任命与朝廷无关，纯粹是源赖朝私自任命武士为领地的地主“地头”，他通过这层关系与地主们结成了主从关系，这些“地头”便是被称为御家人的武士。在一个领国设置一个信赖的家臣作为代官，负责统率一国的武士打仗，省去许多麻烦，这样高效的制度自然也被源赖朝给学走了。不过值得注意的是，源赖朝的“地头”制度只是在东国有效地推行而已，在讨伐平家的过程中，西国除了有由东国御家人担任的“地头”以外，还有与“地头”职权一样的“沙汰人”职、“下司”职等各种各样的职役。这些地主有的并非是源赖朝任命的，源赖朝向朝廷上奏请求将“守护地头”制度化，无疑是想将这些职役统一，只留下“地头”职役。而掌握“地头”任免权的源赖朝自然就和“地头”们结成了主从关系，将他们御家人化，再通过这层关系来掌控各地的武士与领国。虽然源赖朝此时仍然没有就任征夷大将军，但是镰仓幕府的机构以及制度在这一年，也就是文治元年年末，就已经基本确立了。

第四节　黄金之都

文治二年（1186）到文治三年（1187）期间，失踪已久的源义经突然出现在了陆奥国的平泉。平泉是雄踞日本东北部四代的奥州藤原氏的根据地，此时奥州藤原氏的家主是第三代的藤原秀衡，也是本书后三年之役章节里出现的藤原（清原）清衡的孙子、前九年之役中藤原经清的曾孙。

后三年之役后，河内源氏并没有因为这场战争获得什么有效的封赏，战争的胜利果实最终都被藤原清衡给独占了。在源义家以后，源义纲就任了陆奥守，河内源氏从前九年之役对日本东北的影响力开始衰退，东北逐渐成为奥州藤原氏的独大之地。

与引起前九年之役的安倍氏相比，同样流有安倍氏血统，占据安倍氏、清原氏领地的奥州藤原氏除在扩大原安倍氏的领地奥六郡以外，还从不间断与朝廷的联系，在不分裂日本的前提下成为日本东北的霸主。藤原清衡统治日本东北时代的资料并不多，《吾妻镜》里，奥州藤原氏灭亡之后的文治五年（1189）九月二十三日，原藤原秀衡的侧近丰前介实俊在向源赖朝介绍奥州藤原氏时曾说道：“藤原清衡在继父清原武贞去世以后，继承了奥六郡的领地。在康保年间，（藤原清衡）将居馆从江刺郡丰田关迁到了岩井郡平泉关，三十三年后死去。”

《吾妻镜》的记载有几处误记——首先岩井郡在丰田关的北面，但是平泉关却在丰田关的南面，应当是将“磐井郡”给误记成“岩井郡”了。而康保年间则是村上天皇与冷泉天皇在位期间的年号（964—968），此时前九年之役都还没发生呢，何来藤原清衡迁馆之事？按现代的学者斋藤利男的推测，《吾妻镜》误将读音相近的“嘉保”年间（1094—1096）给记成了“康保”年间，从时间顺序来看，在后三年之役后的嘉保年间的确有可能是藤原清衡迁移根据地的时间点。

藤原清衡像

不过，藤原清衡之所以将据点从丰田关移到平泉关，则是有更深层的原因的。此时这里的地理位置分布为：丰田关的西面是陆奥镇守府的所在地胆泽城，西南部则是清原真衡的白鸟关，白鸟关的西南部、胆泽城的南部又是原安倍氏的据点衣川关。衣川关则是进出奥六郡的出入口，无论是白鸟关、丰田关还是胆泽城，都得依靠衣川关与外界联系。藤原清衡选择的平泉关并不在衣川关的北面，而是在这个出入口的南方，其目的就在于将藤原氏与安倍氏、清原氏区分开来，将平泉关作为日本东北部与外界联系的中转站，同时平泉关离陆奥国的国府不远，对出羽国的控制也十分方便，这也表现了藤原清衡想成为朝廷在日本东北任命的合法统治者。

在河内源氏的势力从陆奥国退出后，藤原清衡很聪明地同摄关家积极联系，并在宽治五年（1091）向当时的关白藤原师实进贡了马匹。奥州素来是日本的良马出产地，平安京的贵族们都对奥州产的马匹垂涎三尺，而藤原清衡通过给摄关家上贡这珍贵的马匹来换取摄关家作为自己的后盾。

值得注意的是，在《中右记》中，次年即宽治六年（1092）六月三日条目里记录在源义家之后就任陆奥守的藤原基家向朝廷报告说，藤原清衡似乎有合战的企图。这件事的起因、经过、结果以及合战对象并不明确，但是也有可能是藤原清衡想在安倍氏、清原氏都灭亡以后对陆奥国势力进行重新编制而遭到抵抗导致的也说不定。随着源义纲补任了陆奥守，这件事也渐渐平息了下来。

河内源氏在这之后就慢慢地淡出了朝廷，不再担任重要的官职了，而摄津源氏、伊势平氏等家族则逐渐占据了京都的政治舞台。藤原清衡能够获得东北的统治权，很大一部分是因为源义家力排众议，坚持打了后三年之役，将继安倍氏之后的霸主清原氏给打成了一盘散沙的缘故。

好在藤原清衡很明白自己要做什么，他从不卷入朝廷的斗争，什么河内源氏伊势平氏，藤原清衡专心经营藤原氏的据点平泉，在他的努力下，平泉关逐渐繁荣起来。藤原氏统治下的平泉，因为盛产黄金，贸易繁荣，被当时的人们称为“陆奥的京都”“黄金之都”“北之平安京”。近年来，对陆奥国平泉关的发掘，使得这个自藤原清衡以来建立的都市的完整面貌渐渐展现给了世人。平泉关的构成，大体上是由藤原氏三代人的居馆来区分的，初代藤原清衡的居馆以中尊寺为中心；二代藤原基衡的居馆则是以毛越寺、观自在王院附近作为中心；三代藤原秀衡的居馆范围比较广，被称为柳之御所，实际上是由平泉关、伽罗御所、无量光院等组成，包含了居住与行政等功能。

作为一个都市，平泉也是一步一步发展起来的，早先在藤原清衡时代，平泉自然是以藤原清衡所在的中尊寺为中心展开，中尊寺位于衣川关以南，藤原清衡虽然将据点迁到了平泉，但是仍然不想完全放弃衣川关以北的白鸟关、丰田关等故土，因此才将居住地设置在了衣川栅南边的中尊寺。不过近年来在藤原秀衡的柳之御所里也发掘出了藤原清衡时代的物品，说明实际上后来平泉的拓展方向很可能是当时藤原清衡就已经制定好了的。

横挡在中尊寺与衣川关之间的衣川，因为与北上川有交汇处，使得这里成了南北贸易的重要据点。不过到了藤原基衡时代，藤原基衡将居馆搬到了平泉南边入口的毛越寺一带，毛越寺位于圣山金鸡山的山脚下，其目的是控制联系日本东北与日本关东之间的陆路“奥大道”。与中尊寺相比，藤原基衡将根据地迁到了毛越寺附近控制陆路交通，一方面可能是为了防卫南边国府的势力，另一方面毛越寺附近有着观自在王院等重要的宗教据点，便于控制平泉。

藤原秀衡时代与祖辈不同，祖父藤原清衡以中尊寺控制的衣川关为中心地域，父亲藤原基衡则以毛越寺控制南北的陆路交通，藤原秀衡却将居住地柳之御所搬到了毛越寺的东边、北上川的边上。平泉是一个内陆都市，但是与平泉相邻的北上川却与大海相连，藤原秀衡想通过北上川，将平泉与海路贸易给联系起来，这大概也是日本那个时代都市的一种特色吧，例如平清盛、源赖朝也是十分中意同大海相邻的福原与镰仓。

从藤原清衡的居馆中尊寺，藤原基衡的居馆毛越寺、观自在王院，藤原秀衡的无量光院来看，平泉是以宗教设施为中心扩展的，同佛教信仰密不可分，这从某种程度上也说明了日本平安时代的一些都市也是在宗教设施的基

毛越寺庭院

础上建立政治据点而已。

现在通常认为，平泉的范围是自北部的衣川到南部的祇园，这两个地方对平泉来说都是不可或缺的地点。在衣川沿岸，有着“六日市场”“七日市场”之称的贸易市场，又有“濑原河原宿”“下宿”等住宿设施，作为可以经过北上川连接海路的贸易要地，衣川北边的白鸟关、南边的平泉，都将商品聚集在这个地方，输往远处贸易。而南边的祇园就更为厉害了，祇园社附近也聚集了许多商业设施，本地的沙金以及通过海路从宋朝、高丽运输而来的贸易品都在此地汇集。可以说是藤原氏对这一南一北两大贸易据点的有效经营，才使得平泉从东北的蛮荒之地摇身一变成为日本东北的“黄金之都”。

第五节　奥州藤原氏

继承了安倍氏血统的藤原清衡得到了日本东北部的领地，不过，因为有被当时的朝廷称为“东夷”“俘囚”的虾夷人，藤原氏对本地的统治也并不容易。

藤原清衡为了将自己的立场与东北当地的百姓同化，经常自称“东夷酋长”或者“俘囚上司”，在《陆奥话记》里，当年安倍氏也曾经自称过“俘囚长”，藤原清衡想将自己与安倍氏、清原氏同化，安抚在地势力，使得自己在东北的统治更加稳固。

前文说过，藤原清衡时代的居馆是以中尊寺为中心建立的，这座寺庙在《吾妻镜》里被夸张地称为“寺塔四十余宇、禅房三百余宇”。中尊寺建于嘉祥三年（850），在藤原清衡时代得到了藤原氏的支持再兴，并成为历代奥州藤原氏的伽蓝圣地。藤原清衡选择中尊寺作为居馆，除了上文提到的种种原因，只怕也是因为担心自己这个外来户不一定能够镇得住奥羽的少数民族吧。

在平安时代，日本朝廷对于日本东北部领地的认同感是相当低的，认为这是蛮荒之地，住民也都是一些东夷与俘囚，衣川栅仿佛是文明世界与蛮荒世界的边界一般，藤原清衡既不想朝廷染指奥六郡，又想能够通过朝廷的威望来统治东北，衣川栅自然就成了必须牢牢控制住的地方。

为了能够巩固势力，藤原清衡不断地与朝廷联系，取得支持，在《供养愿文》的末尾，署名为“正六位上藤原朝臣清衡”，藤原清衡获得的“正六位上”位阶无疑是在宣示自己在当地统治的正统性。同时，藤原清衡还从朝廷获得了陆奥国、出羽国两国押领使的官职，虽然后人有将藤原清衡误记为“镇守府将军”或者“陆奥守”，但是实际上藤原清衡并没有就任这两个官职。藤原清衡的努力使得奥州藤原氏虽然在东北有着一定的独立性，但是又不完全与朝廷隔绝，藤原氏这才在东北立足。

大治三年（1128）七月，藤原清衡去世，享年七十三岁，第二代奥州藤原氏家主藤原基衡登场。同父亲藤原清衡比起来，藤原基衡实际上要强势得多，在《长秋记》大治四年八月二十一日条目中记载，藤原清衡死后，藤原基衡与异母哥哥藤原惟常之间因为争夺奥州藤原氏的家督之位产生了冲突，双方经过几次交战后，落下风的藤原惟常带着子女以及随从逃往了越后国，但是仍然被藤原基衡派出的追兵杀害。

藤原基衡像

另外，在《古事谈》《十训抄》里，还记着这样一件事：

在藤原基衡当政时期，朝廷下放了藤原师纲作为陆奥守前往陆奥国。藤原师纲新官上任三把火，开始整备公田，结果却在信夫郡遇到了阻碍。因为之前的几任国司都没有进入过信夫郡，于是藤原基衡便同信夫郡的郡司佐藤季春商议，以武力阻止国司的使者进入信夫郡，最终闹出了人命。

藤原师纲将这件事上报给了朝廷，说“在国司”藤原基衡违背敕旨，准备治藤原基衡的罪。这时候藤原基衡才开始感到害怕，连忙同佐藤季春商量该怎么办，佐藤季春倒是果断，直接和藤原基衡说：“我早就料到会这样了，不过御馆（藤原基衡）的命令我也不好违抗，所以才会兴兵。这样吧，御馆就假装不知道这件事，把罪责都推给我们吧。”

藤原基衡听后非常感动，便将佐藤季春捆了交付国司处，不过他也十分看重佐藤季春忠于自己的品格，花了非常多的金钱想要将佐藤季春给赎回来。可惜的是，藤原师纲并不吃这一套，在他的命令下，最终佐藤季春还是被斩首了。

其实从这件事中可以看出，藤原基衡此时在陆奥国的位置，更接近于朝廷与当地势力的中间人，佐藤季春作为信夫郡的在地郡司，与藤原基衡关系匪浅，而藤原基衡则作为朝廷的代官坐镇陆奥国。藤原师纲称藤原基衡为“在国司”，这并非是说藤原基衡是在地国司，而是一种类似于“权介”“权守”这样的代理官职。“在国司”一职通常是代替不在分国的国司行使职权，由当地官人担任，而藤原基衡作为陆奥国的押领使，势力庞大，自然就当仁不让地坐上了这个位置。从藤原清衡以来，奥州藤原氏一直被当时东北的国人们称为“御馆”，这是类似于源赖朝的“镰仓殿”一样的称呼。这并非正式的官职或者称号，只是一种私称而已，这体现了奥州藤原氏在东北的地位，以及当地的以奥州藤原氏为中心的秩序体系。也正是因此，藤原基衡才会担任“在国司”这种非正式的准官职——虽然没有实名，但是却有着一定的国司实权。不要小看这些官职名称，奥州藤原氏的初代当主藤原清衡不过是一个“陆奥、出羽押领使”，除此之外再无任何官职。而到了第二代藤原基衡时期，除了“陆奥、出羽押领使”外，藤原基衡还多了个“在国司”这样的准官职，具有一定的国司实权。三代藤原秀衡时期是奥州藤原氏最显赫的时期，藤原秀衡除了原本相传的押领使外，还补任了真正的国司陆奥守以及镇守府将军。当然，这种史无前例的任官也有一部分是平家在诸国源氏反叛以后采取的一种应急措施，希望奥州藤原氏能够整合东北的国人与国衙，率领军队南下支援平家。不过从侧面也可以看出，在藤原秀衡时期，奥州藤原氏已经成为朝廷中的一股不可忽视的力量。在《吾妻镜》当中，四代藤原泰衡则又回到了“陆奥、出羽押领使”的起点，这一方面是因为平家灭亡的因素，另一方面也是源赖朝有意打压奥州藤原氏。

值得一提的是，通过两代人的积累，藤原基衡时期的奥州藤原氏非常有钱，上文中的佐藤季春在被国衙扣押以后，藤原基衡就曾想以马匹、黄金、鹫羽、绢布等赎买佐藤季春的性命，虽然没有成功，但是也足以看到藤原基衡的财力雄厚以及东北贸易产品的充足。对于朝廷来说，日本的东北部则是摄关家的重要经济来源之一，五摄家在东北多多少少都有一些庄园，在藤原赖长的日记《台记》里也有提到，委任藤原基衡管理的庄园之中，年贡包含黄金、马匹、布匹等重要财物。

藤原基衡在修筑他的“政治中心”毛越寺的时候，也曾经与京畿文化接触。在《吾妻镜》当中就有提到，藤原基衡建立的毛越寺当中的佛像就是找南都的铸佛师制造的，历时三年才铸造完毕，事后藤原基衡给铸佛师送去了“圆金百两、鹫羽百尻、水豹皮六十余枚、安达绢千匹、希妇细布二千端、骏马五十匹、白布三千端、信夫毛地摺千端”等礼品。这尊佛像之精美，连鸟羽法皇见了都下令不许将佛像送出京都以外，好在藤原基衡多方运作，最终通过关白藤原忠通才成功

藤原秀衡像

地将佛像运回平泉。

藤原基衡曾与藤原师纲产生不快，为了使自己的势力有更好的盟友，他十分注重同朝廷、国司的往来。陆奥守兼镇守府将军藤原基成卸任时，他还将自己的女儿嫁给了藤原基衡的儿子藤原秀衡。

第六节　平泉与源义经

藤原基衡去世的具体年份不详，后世如《平泉杂记》等书中大多说是在保元二年到三年去世。在保元元年（1156）发生的保元之乱中死去的藤原赖长曾在自己的日记里称藤原基衡为“匈奴”，匈奴是中国古代北方的游牧民族，在当时被中原人视为“蛮族”，而藤原赖长等身在朝廷的高级公卿将藤原基衡等比作是“匈奴”，可以看出，摄关家虽然要仰赖奥州藤原氏，但是仍然瞧不起他们。

奥州藤原氏的三代当主藤原秀衡所执政的时期，是奥州藤原氏势力最为鼎盛的时期，藤原秀衡的妻子是前陆奥守藤原基成的女儿，因为这层关系，他等于在京都有了自己人，而藤原秀衡之子藤原泰衡则成了京都藤原氏与奥州藤原氏之间的“混血儿”。藤原泰衡的外公也就是藤原秀衡的岳父藤原基成的妹妹是关白藤原基实的妻子、后来的摄政藤原基通的母亲，他的异母弟弟就更加有名了，是掀起平治之乱的藤原信赖。藤原秀衡有了藤原基成作为中介，得以在朝廷攀上关系，而藤原基成也在康治二年（1143）重任陆奥守与镇守府将军，再后来就定居在了陆奥国，居住在衣川关中。

藤原基成之后的陆奥守则分别是藤原基成的侄子以及藤原基成的叔父，藤原基成一家几乎垄断了陆奥守一职，在陆奥的藤原基成自然也就成了藤原秀衡的座上宾。藤原秀衡一方面利用藤原基成与京都藤原氏拉上关系，一边又收留源义经，希望以源义经为中介，与河内源氏也拉上关系。

在源赖义、源义家父子之后，河内源氏与关东结下了不解之缘，而藤原秀衡时期，河内源氏也在关东与各地的武士结交，例如常陆平氏与佐竹氏、前文提到过的下野国藤原秀乡流藤原氏（足利氏）与新田义重、足利义康兄弟、源义朝与上总平氏、源义贤与秩父平氏等，均与其有联姻或者结成主从郎党。

正是因为河内源氏与关东的关系匪浅，奥州藤原氏与源义经之间的就类似于上述的关系了。

九条兼实在日记《玉叶》嘉应二年五月二十七日条目中写道："奥州藤原秀衡就任镇守府将军，乱世就要到来了。"嘉应二年（1170）时，平清盛还没有出任太政大臣，而藤原秀衡就破天荒地担任了镇守府将军，这其中的主要推手就是平清盛。平清盛之所以要推举奥州藤原氏，是因为奥州藤原氏给平家送上了不少沙金，同时还与平家贸易，平家得以用这些沙金和货物与宋朝进行贸易，进而进一步积累自己的财富。

藤原秀衡之所以想要得到陆奥镇守府将军是有原因的。陆奥镇守府的职责是抵御入侵边境以及镇压拒绝服从王命的虾夷人，一直以来，奥州藤原氏都因为地处东北被视为蛮夷，出任陆奥镇守府将军，无疑是宣告在"承平·天庆之乱"立下大功的藤原秀乡的后裔重新回归到军事贵族的行列之中。尽管曾经的清原氏也在前九年之役中受封镇守府将军，但是这很大一部分原因是因为在当时的战争环境下，朝廷需要清原氏的协助，这才以官职收买清原氏。

奥州藤原氏一直都未参与除了奥羽以外的战事，但是治承四年（1180）以仁王举兵以后，"治承·寿永内乱"爆发，虽然奥州藤原氏无意参与内乱，但是仍然被拖入了内乱的旋涡中，被紧邻奥羽的源赖朝视为潜在的敌人。

治承五年（1181，七月改元养和元年）三月一日，九条兼实在日记《玉叶》里写下藤原秀衡奉了平清盛之命，准备进军攻打源赖朝的文字。在八月六日的条目中又写下了平家邀请越后国的城氏一族以及奥羽的藤原氏，与京畿的平家组成对源赖朝、武田信义的包围网的信息。虽然藤原秀衡并没有所谓的军事行动，这些写下的字句也大多是远离东北的平安京里的谣传，但是仍然在源赖朝那里留下了非常不好的印象。对于源赖朝来说，奥州藤原氏既

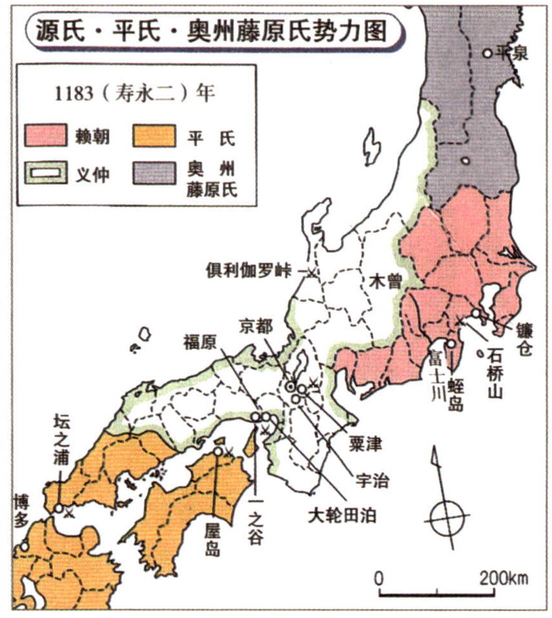

源平合战势力图

然没有对自己表现出敌对态势，不如就放他们作壁上观，自己则先收拾不服从镰仓政权的诸多河内源氏同族与平家。

不过，在元历二年（1185）的坛之浦合战中，平家被源赖朝讨伐，陆奥、出羽以东均被源赖朝的镰仓政权平定。在这之后，源赖朝的弟弟——曾经受到奥州藤原氏庇护的源义经又与兄长对立，在西逃失败后就躲在了大和国的山中，但是仍然受到镰仓御家人的搜捕，最终不得不丢下小妾静御前，仅仅带着妻子河越氏以及武藏坊弁庆等家臣逃亡奥州。源义经逃亡奥州，使得奥州藤原氏与源赖朝之间从潜在的敌对关系转变为公开敌对的状态。

奥州的平泉是曾经收留少年源义经的地方，也是源义经最后生活的地方，东北的霸主藤原秀衡也非常乐意将源义经作为东北自治的筹码安置在平泉。源义经从奥州起家，先是投靠了镰仓的源赖朝，在讨伐木曾义仲以后又进入了后白河法皇的院厅，没想到最后这一切如黄粱一梦，走了一遭，自己又回到了平泉。

第七节　源义经之死

源赖朝得知源义经身在奥州，十分担忧，奥州藤原氏在内乱期间并没有卷入战争中，实力保存完好，若是奥州藤原氏与源义经结成利益共同体，对镰仓来说将会非常头疼。源赖朝本身在关东立足靠的就是坂东平氏的支持，他非常担心藤原秀乡流出身的藤原秀衡会推举源义经为主，便多次向朝廷请求颁布敕旨，命令藤原秀衡杀死源义经。

藤原秀衡是经历过平清盛、源赖朝等人之间斗争的人，虽然奥羽身处东北，被平安时代的朝廷视为边境，但是藤原秀衡的妻子却是京都贵族藤原基成的女儿，奥州藤原氏并非是一个独立的势力。与朝廷的公卿们打交道多年的藤原秀衡深知自己的大本营天高皇帝远，只要不得罪朝廷，按时向朝廷公卿送礼送钱，朝廷也乐得让藤原氏代替天皇管理这偏远山区。因此，藤原秀衡对朝廷的敕旨一直是置之不理，逼得急了，就上书解释说源义经并不在平泉。

然而，源赖朝似乎生来就注定要完成统一日本的大业，在文治三年（1187）十月左右，藤原秀衡突然得了急病死去。临死前，藤原秀衡找来了继承人藤原泰衡，告诉藤原泰衡要拥戴源义经为大将军，将奥羽的大权交给他，只有这样才能保住奥州藤原氏的统治。在《玉叶》中的记录则是，藤原秀衡要庶长子藤原国衡与继承人藤原泰衡团结一致，拥戴源义经为主君，以抵御源赖朝的侵袭。

藤原秀衡深知此时的日本除了奥羽已无源赖朝的对手了，奥州藤原氏与镰仓的对立是不可避免的，这时候平泉三代人积累的财富与军力以及源义经的武略都可以派上用场了。

然而，在藤原秀衡死后，一切却都发生了变化。

在院厅与朝廷数次下发宣旨之后，藤原泰衡终于在源赖朝与后白河法皇的威逼利诱下妥协，在文治五年（1189）闰四月率军袭击了源义经所在的衣川关。源义经的家臣鹫尾经春、武藏坊弁庆等人力战而死，源义经在绝望之中杀死了妻子河越氏以及女儿，随后自杀。

五月二十二日，藤原泰衡向镰仓汇报了已经杀死源义经的消息，随后在镰仓的要求下，六月十三日，源义经的首级被浸在酒坛子里送到了镰仓。

不过，值得关注的是，此时距离源义经死后已经过了近两个月，藤原泰衡从诛杀源义经到送上首级之间为什么会花费如此之多的时间呢？通常的猜测是，源义经与藤原泰衡的弟弟藤原忠衡等人相交甚好，在藤原秀衡死后奥州藤原氏内部发生对立，分裂成了支持藤原泰衡以及支持源义经两股势力。藤原泰衡之所以杀死源义经正是包含了担心源义经会喧宾夺主的顾虑，在杀死源义经之后，六月藤原泰衡又诛杀了三弟藤原忠衡。然而，实际上事情并没有这么复杂。杀死源义经与藤原忠衡，都是藤原泰衡为了保证奥州藤原氏的存续而做出的最后挣扎。藤原忠衡与源义经走得很近，为了消除源赖朝的

源义经战死之地

顾虑，藤原泰衡才不得不对亲弟弟下狠手，将其杀死。源赖朝原本担心进入奥州的源义经会与奥州藤原氏合伙作乱，这才想出了这个“借刀杀人”的计策，结果没想到藤原泰衡不仅仅杀死了源义经，还举一反三，将弟弟藤原忠衡也给杀了，搞得奥州藤原氏一族分崩离析，人心惶惶。那么，既然“借刀杀人”变成了“一石二鸟”，讨伐日渐衰弱的奥州藤原氏的计划自然也上了源赖朝的日程表了。

在《吾妻镜》当中，六月六日北条时政建成祈祷平定奥州的愿成就院，随后镰仓又相继在六月九日在镰仓鹤冈八幡宫举行供养仪式，六月二十八日举办放生会，六月二十九日向武藏慈光山进纳爱染王像，这一切都是为了战事而举办的佛事。

六月二十七日，在藤原泰衡诛杀弟弟藤原忠衡的次日，镰仓召开了征伐奥州藤原氏的军议，同时向后白河法皇申请讨伐奥州藤原氏的院宣，这说明无论藤原泰衡再怎么示好，征伐奥州都是镰仓为了统一日本制定的既定路线。

然而，后白河法皇的院厅以源义经已经伏诛，藤原泰衡并无谋反行迹为由，迟迟不下发征伐奥州藤原氏的院宣，源赖朝不得不再找来各位家臣，召开军议。

在军议上，大庭景能向源赖朝提出了自己的看法，他对源赖朝以及同僚们说：“军中从来都是只听将令，不听天子之诏。如今事态紧急，来不及等待朝廷下发的诏书。况且奥州藤原氏当初是靠着源赖朝的先祖源义家才得以立足奥州，算来他们也是河内源氏的世代家臣，主人惩治家臣是很平常的事，无须请示朝廷。兵贵神速，应当尽早召集军队北上。”

与源义家发起的后三年之役相同，此时的朝廷也无意在东北掀起战乱，后白河法皇派人向源赖朝传达了自己希望终结战事，休养生息的意思。可是，源赖朝已经决定要讨伐奥州藤原氏了，在这样的情况下，大庭景能的每一句话都说到了源赖朝的心窝子里，源赖朝当即决定采用大庭景能的建议，掀起新的一波奥州合战。

第八节　奥州合战

文治五年秋天，“治承·寿永内乱”后的最后一幕“奥州征伐”正式上演，镰仓与平泉这两股原本互不统属、互不干涉的势力开始全面冲突。同“前九年、后三年之役”相同，源赖朝发起的“奥州征伐”同样也可以按照《吾妻镜》分为三个阶段：

第一阶段是从源赖朝率领的镰仓军队越过白河关，侵入奥羽开始算起。

七月十九日，镰仓兵分三路，一路是由千叶常胤、八田知家等率领的以常陆、上总、下总武士团为核心的从东海道进军的军团；一路是由比企能员、宇佐美实政率领的上野、下野武士团为核心的从北陆道进军的军团；最后一路便是由源赖朝率领的，以畠山重忠为先锋，由平贺义信、安田义定、三浦义澄、梶原景时等将领组成的中央军团。

在镰仓军进军途中，宇都宫、佐竹等势力纷纷前来参阵，连之前从属平家的越后城氏也率军前来合流，希望立功赎罪。七月十九日，朝廷下发讨伐藤原泰衡的宣旨，此时镰仓军已经出发，朝廷在这时追认源赖朝讨伐奥州藤原氏的大义名分，不过是在源赖朝不服从自己命令的情况下为了挽回朝廷颜面而做出的一点补救而已。

八月八日，镰仓军的中央军团抵达伊达郡的阿津贺志山，而镰仓军对面的则是在阿津贺志山到阿武隈川布阵的由藤原泰衡之兄藤原国衡打前锋的两万奥州军。藤原泰衡则在国分原、鞭楯布下本阵，让军队沿着名取川、广濑川与镰仓军对峙，想以天险阻拦镰仓军的进攻。

八月八日，阿津贺志山合战爆发。阿津贺志山是奥羽通往东山道的交通要道，十分关键，也恰好挡在了源赖朝率领的中央军团跟前。奥州军在此地修筑了许多防御工事，想阻挡源赖朝的进攻，而熟悉地理环境的奥州军确实达到了阻挡源赖朝的目的。

在《吾妻镜》当中，一个叫作安藤次的人的出现改变了战局。

安藤次的实名不详，是陆奥国出身的在地居民，根据推测，安藤次很可能是以前陆奥国的大族安藤氏一族的族人。在安藤次的带领下，结城朝光、宇都宫朝纲主从七骑从藤田宿进入了土汤方向的山中，越过山后绕到了奥州军的背后，对藤原国衡率领的奥州军发起了进攻。藤原国衡在阿津贺志山防线的据点设置在了苅田郡，而结城朝光等人偷袭的正是苅田郡的根无藤、四方坂的位置。奥州军并不知晓后方究竟有多少人，顿时阵脚大乱，自相残杀无数，阿津贺志山的防线被镰仓的中央军团击破，主将藤原国衡兵败而逃。

奥州征伐路线图

藤原国衡在逃亡途中遇上了镰仓军的骁将和田义盛，和田义盛立即引弓搭箭，一箭射中了藤原国衡的胳膊，在这之后，藤原国衡因为重伤被畠山重忠的部下大串次郎讨取了首级。次日，源赖朝就斩杀藤原国衡之事召开了军议，和田义盛认为是因为自己射中了藤原国衡，藤原国衡才会重伤无法逃走，而大串次郎只是捡了个人头而已。源赖朝看着和田义盛与畠山重忠，不知道该听信谁的，便命人找来了藤原国衡的铠甲，一看果然有被和田义盛射中之后洞穿的大洞，于是便将此功记在了和田义盛的账上。同时，阿津贺志山合战中也出现了很多原本是源赖朝的敌人的身影，比如相模国河村庄的河村千鹤丸秀清，早年曾经跟随兄长河村义秀从属平家攻打过源赖朝，此时也在镰仓军中立功赎罪。除此之外，佐竹秀义、城助职等人也都前来参阵，以挽回

自己在镰仓的地位，希望能够在源赖朝领导的镰仓政权下继续存活。《吾妻镜》当中记载奥州合战时期镰仓军队人数达到前所未有的二十八万人，虽然人数有些夸张，但是奥州合战是内乱的最后一战，是各地武士向源赖朝展现忠诚的最后机会，因此镰仓军的人数想必是不会太少的。

八月十三日，源赖朝的中央军团进入陆奥国的国府多贺，与千叶常胤率领的东海道军团会合，随后朝着平泉进攻，奥州征伐的第二阶段正式开始。身在玉造郡多加波波城防守的藤原泰衡，眼看着镰仓军朝着自己开来，不得不弃城而逃。

藤原泰衡原本的计划是在北上川与江合川合流的地点防御，但是镰仓军的迅速进军使得他来不及布置完整的防线。八月二十日，镰仓军相继击破了在栗原、三迫的一些奥州军的零散防线，于二十一日抵达津久毛桥，出现在了平泉的大门口。津久毛桥附近的营冈是前九年之役时清原军与源赖义会合的地方，此地据说也是第一代征夷大将军坂上田村麻吕当年讨伐虾夷人时的驻军之地，是陆奥国与出羽国道路交会的交通要道。源赖朝料想奥州藤原氏在此地经营了百年，势力根深蒂固，特意向手下诸军颁布了军令——禁止有人私自带着一两千人冒进，一定要和大军一同行动，一口气击溃奥州军。

在源赖朝进入多贺国府时，比企能员率领的北陆道军团也击溃了藤原泰衡的郎党田川行文以及秋田致文，这两人分别是以出羽国田川郡、秋田郡为根据地的豪族，与继承了清原氏衣钵的奥州藤原氏关系匪浅。然而，源赖朝明显是高估了藤原泰衡的能力，藤原泰衡一直认为自己只要服软源赖朝就会放过自己，压根儿就没有做好防御镰仓军进攻的准备。源赖朝基本没有遇上什么大的抵抗，就率领着大军进入了奥州藤原氏的根据地平泉，此时平泉大部分地方已经被藤原泰衡放火烧毁，镰仓军抵达以后，藤原泰衡的外祖父藤原基成等人投降于源赖朝。

藤原泰衡丢下平泉逃亡即是奥州征伐的第三阶段，源赖朝追击北逃的藤原泰衡，仿佛前九年之役中源赖义追击安倍贞任的重现一般。在北逃期间，藤原泰衡写了一封信给驻扎在平泉的源赖朝，主要内容大致有如下几点：

1. 收留谋反之徒源义经是父亲藤原秀衡的意思，与自己无关。

2. 父亲死后，自己按照源赖朝的意思杀死了反贼源义经，应当是对镰仓有功，不应当被讨伐。

3. 自己愿意放弃奥羽的领地，将奥羽交由源赖朝统治，希望能免死并以御家人身份流放远方。

藤原泰衡到这个时候还是没有搞清楚源赖朝为何要征伐奥羽，也难怪明明在奥州经营百年的奥州藤原氏会在源赖朝进攻时兵败如山倒。至于最后位列御家人并流放的提议，源赖朝更是不可能接受这种结果，对源赖朝来说，这次奥州征伐相当于祖先当年打的前九年之役，一定要将藤原泰衡诛杀。同时，源赖朝也知道这次征伐的目的并不是侵扰掠夺，而是占领，他严厉禁止镰仓军的士卒抢掠烧杀，命关东各国供给粮草，有个士卒侵犯了平泉的寺院，被源赖朝得知后立即将其斩首示众。

九月二日，源赖朝朝着厨川栅进发，藤原泰衡只得继续北逃，九月三日途经肥内郡赘栅之时，被郎从河田次郎杀害。九月四日，源赖朝抵达志波郡，攻略了藤原泰衡的叔父比爪俊衡的比爪馆，随后在比爪馆北面数里地之外的

奥州合战

紫波郡阵冈的蜂杜布阵。阵冈是当年源赖义攻略厨川栅时的据点，位于比爪馆与厨川栅之间，同营冈一样也是连接陆奥国与出羽国的要道。同一天，比企能员、宇佐美实政率领的北陆道军团在压制了出羽国的奥州军后，也前来阵冈参阵。

第九节　天下统一

文治五年（1189）九月六日，河田次郎带着主公藤原泰衡的首级得意扬扬地前来讨赏，结果源赖朝以河田次郎“不顾奥州藤原氏的世代恩情，杀害主公”的理由将其斩首。前九年之役结束后，源赖义曾经命人给安倍贞任的首级钉上长为八寸的铁钉，此时源赖朝也找来当时钉钉子在场的诸将后裔前来围观，也给藤原泰衡的首级钉上了钉子，模仿了一把祖先的所为。

在奥州征伐的战斗中，北陆道军团的大将宇佐美实政生擒了藤原泰衡手下的勇将由利维平，可是不久，由利维平却被天野则景夺走邀功，二人争相争吵，源赖朝便让梶原景时亲自去问由利维平究竟是谁捕获了他。

梶原景时十分傲慢地问由利维平说：“我问你，活捉你的人穿着什么样的铠甲？”

由利维平见梶原景时如此傲慢，怒骂道：“你不过是兵卫佐殿下的家臣而已，讲话竟然如此傲慢。已故的御馆是镇守府将军（藤原秀衡）的嫡子，你的主公尚且不能直呼其名，你和我们一样不过是家臣而已竟敢如此狂妄？即便是勇士，势穷被擒也是常事，我不会回答你的问题的。”

梶原景时见由利维平竟敢顶撞自己，便向源赖朝报告说，由利维平一直在谩骂，不予回复。源赖朝猜想是梶原景时无礼才会这样，便让畠山重忠前去询问。

畠山重忠去见了由利维平，亲自为其设座，并安慰由利维平道：“身为武士被俘虏是自古以来就经常发生的事，不必以此为耻。你看我这样的，曾经也被平家羞辱过，不过现在一旦崛起，就跟着镰仓殿东征西讨，一统天下。阁下现在虽然被俘，但是日后不一定就不会再兴家族。阁下的勇名名冠奥六郡，我军将士都以生擒您为殊荣，因此出现争执。他们谁对谁错，全在阁下一言之中，究竟擒获您的人穿着什么样的铠甲，能否告诉我呢？”

由利维平见镰仓军中有大将如此礼遇自己，感动地回答道：“阁下莫非就是畠山重忠殿下吗？如此礼遇我，我也不得不告诉您啦，活捉我的是一个穿着黑丝甲、骑着鹿毛马的家伙，在这之后许多人一拥而上，我也分不清谁是谁了。”

畠山重忠得报之后，便汇报给了源赖朝，源赖朝也通过由利维平的描述知道活捉他的是宇佐美实政，便一边赏赐宇佐美实政，一边命人将由利维平带到自己面前，他想亲自见见这个脾气耿直的家伙。

由利维平被带到源赖朝跟前以后，源赖朝问他道：“你的主公藤原泰衡的威势遍及陆奥国、出羽国，可是却用人不当，被郎党河田次郎杀死了。身为奥羽的管领，统率十七万甲士，连百日都支撑不了，在二十日之内就被我击破了，难道不是无能吗？”

由利维平也不卑不亢地回答道：“那是因为御馆将有力家臣派往各地防御您了。镰仓殿的生父右马头（源义朝）大人，身为东海道十五国管领，在平治之乱时也仅仅一天就被击败，身为数万骑武士的大将，不是也被长田庄的一个庄司

畠山重忠像

杀害了吗？互相比较，御馆大人身为奥羽管领，统率二州武士抵抗镰仓殿来势汹汹的大军数十日，已经是很不错的了。”

由利维平的话让源赖朝听了十分舒服，由利维平不断挽回主公藤原泰衡的面子，证明此人忠君爱主。另一方面，他拍马屁说源义朝是“东海道十五国管领”，也说到了源赖朝的心坎上。源义朝的东海道十五国管领自然不是朝廷颁布的正式官职，只是身为源氏栋梁统率东海道十五国的郎党而已。文治二年（1186）四月时，源赖朝在写信给藤原秀衡时也是自称“御馆是奥六郡之主，而我是东海道的总官”。当然，自从寿永二年（1183）的十月宣旨以及文治元年（1185）的守护补任权下放，源赖朝已经不仅仅是东海道总官了，但是他仍然喜欢以源义朝的“东海道十五国管领”的继承人自居。

源赖朝十分满意由利维平的回复，命令赦免了由利维平的罪过，让他前往畠山重忠帐下效力。随后，他留下了葛西清重担任陆奥国的检非违使别当，于十月率军返回镰仓。镰仓在陆奥、出羽两国的代官想要检地，清查隐田，也被源赖朝阻止，源赖朝下令说：“陆奥、出羽乃是蛮夷之地，风俗有异。之前颁布的新制度，均不要包括这两个地方，一切都从旧事即可。”奥羽两国的“地头”得知了源赖朝的命令之后，十分感动，人心全都归附了镰仓。

奥州合战结束的次年，建久元年（1190）十一月七日的下午，持续了数日的阴雨天气终于结束，天气放晴以后，有一队武士以三骑并行的队形进入了平安京，这便是统一天下的源赖朝和他的御家人。这支军队有千余人，前锋由畠山重忠率领，后阵则是千叶常胤殿军，“镰仓殿”源赖朝骑着黑马，走在这支队伍的中央。自从永历元年（1160）被流放伊豆国以来，时隔三十年，源赖朝终于再一次回到了平安京，如今的源赖朝不再是那个十四岁的翩翩少年，而是个鬓角略微发白的大将军。

源赖朝的军队吓破了贵族们的胆子，九条兼实在日记里有些不满地写道：“大白天的骑马进京，不知道是什么意思。”

上洛后的源赖朝在两天后与后白河法皇会面，按《愚管抄》的说法，二者的谈话内容是关于源赖朝肃清上总广常之事。上总广常是源赖朝起兵时的重臣，但是却轻视朝廷的权威，反对上洛，一心想建立独立的关东王国，最终被源赖朝暗杀。在源义经起兵时，后白河法皇的院厅曾下发院宣讨伐源赖朝，惹得源赖朝怒骂后白河法皇是“日本第一的大天狗”，源赖朝的这次会面正是向后白河法皇表示自己绝无叛心，缓和从那时候开始的紧张关系。为此，《愚管抄》的作者慈元甚至夸赞源赖朝是“王家的宝物”。

然而，此时的源赖朝也并非是完全在向后白河法皇谄媚，在平家、木曾义仲、奥州藤原氏等家族相继灭亡后，源赖朝已经成为支持后白河法皇院厅的唯一武士团。在这次上洛与九条兼实会面时，源赖朝甚至自称是“朝廷的大将军”，来夸耀自己现在是朝廷唯一可以依赖的“官军”。

源赖朝在京畿滞留了一个月左右，在参拜了对河内源氏有着非凡意义的石清水八幡宫以及南都的东大寺等地后，源赖朝就返回了镰仓。这次上洛，朝廷想晋升源赖朝为“权大纳言”，但是源赖朝却拒绝了任职。

建久三年（1192）三月十四日，六十六岁的后白河法皇去世，当时的后鸟羽天皇年仅十三岁，朝政的实权便由源赖朝在朝中的盟友——关白九条兼实掌控。

六月，在日本中世纪十分活跃的幕府职役“守护”正式登上了历史舞台，与后来第二个幕府——室町幕府的“守护”不同，镰仓幕府的“守护”脱胎于“总追捕使”与“国地头”，仅仅只有“大犯三条”的权限，即对谋反、杀人犯的抓捕权、审判权以及督促各国武士奉公的权力。因为守护的登场，镰仓幕府才算是正式成立，从此以后，日本各国的军事权、警察权就都掌控在了幕府的手上。

到了七月以后，源赖朝向朝廷提出了自己想要正式出任“大将军”的意愿，朝廷给了他“总官”“征夷大将军”“征东大将军”“上将军”等等令外的官职供他选择。源赖朝认为，“总官”是平宗盛出任过的官职，“征东大将军”则是木曾义仲出任过的官职，这两人最后都没有好下场，因此非常不吉利。“上

源氏家纹笹龙胆

将军”是中国的称呼，在日本并没有先例，因而最后经过排除法，源赖朝选择了坂上田村麻吕曾经出任过的“征夷大将军”。不过，也正是因为“征夷大将军”是经过排除法选择出的官职，所以源赖朝在建久五年（1194）辞去了大将军之职，改由自己的嫡子源赖家出任，将“征夷大将军”正式确立为镰仓幕府最高长官出任的官职。

建久四年（1193）四月，源赖朝开始在下野国的那须野、信浓国的三原野、骏河国的富士野举办大规模的狩猎活动。当时朝廷的贵族们之间也流行“鹰狩”，即驱使老鹰、猎犬抓捕野鸡，而源赖朝举办的狩猎活动，则是捕杀野猪与鹿等会危害农作物的大型野兽，同时武士们也会骑马射杀猎物，有利于锻炼武艺。

然而，在骏河国的富士野狩猎时，却发生了“曾我兄弟复仇事件”，在这次事件后，于“治承・寿永内乱”期间有着巨大功劳的源范赖也遭到了源赖朝的处分。

曾我兄弟分别名为曾我祐成、曾我时致，乃是伊东祐亲的孙子，其父祖反抗源赖朝被处死后，母亲改嫁入曾我氏，二人便以曾我为苗字。但是曾我兄弟却时刻没有忘记杀父之仇，便在源赖朝率领御家人夜宿富士野期间杀死了仇人工藤佑经，受到当夜暴雨的影响，御家人们敌我难辨，乱成一团，自相残杀，死了不少人。混乱中，曾我祐成杀死了另一个御家人仁田忠常，曾我时致则潜入了源赖朝的居馆，最后被大友能直逮捕。

因为曾我时致与北条时政是“乌帽子亲”的关系，因而有人认为“曾我兄弟复仇事件”其实是北条时政指挥的暗杀源赖朝的计划。然而此时的北条时政并没有暗杀源赖朝的动机，在这之后，源赖朝与北条时政的关系依然很好，没有出现裂痕。《吾妻镜》的记载中，暗指曾我兄弟事件的幕后主使乃是源赖朝的弟弟源范赖。八月二日时，源赖朝怀疑弟弟源范赖谋反，源范赖便递交了起请文，表示自己绝无二心。根据《保历兼记》的记载，则是因为“曾我兄弟复仇事件”后幕府内部混乱，全无源赖朝的音讯，这时候源范赖却对慌张的嫂子北条政子说，只要有自己在，会保证幕府的安泰，从而遭到源赖朝的猜忌。

总之，“曾我兄弟复仇事件”以后，源范赖就被流放出了幕府，淡出了历史舞台，他的结局也有被源赖朝暗杀与隐居两种说法，而源范赖的一些党羽、郎从，也都遭到了幕府的处分。

建久九年（1198）十二月二十七日，源赖朝的连襟、御家人稻毛重成修复了破损了的相模川桥，源赖朝也受邀来参加了供养典礼。但是源赖朝在过桥的时候，在水下看到了志太义广、源义经、源行家等源氏一门以及安德天皇与平家一门的亡灵，从而吓得跌落马下受了重伤。当然，源赖朝看到亡灵落马仅仅是故事而已，根据推测，五十三岁的源赖朝有可能是得了中风等疾病，病发落马的。

次年正月十一日，源赖朝出家，两天后就去世了，享年五十三岁。源赖朝死后，镰仓幕府一度陷入了内乱，二代将军源赖家被御家人们废黜，遭到暗杀，三代将军源实朝被源赖朝的遗孤源公晓暗杀，源氏幕府将军三代绝嗣。

在源平合战中大放光彩的河内源氏义朝流与伊势平氏的平家都退出了历史舞台，镰仓幕府从此开始由将军政治转向了由御家人主政的执权政治。在幕府执权北条氏的率领下，镰仓幕府在承久之乱中击败了朝廷，使得朝廷颜面尽失，而在日本延续了近七百年的幕府时代，至此，也正式到来。

后记 Postscript

我是从高中时代阅读的一本国内翻译出版的《平家物语》中了解到了“源平合战”，当时看完书后，整个人脑子里就只剩下了一个字——乱。

“源平合战”的历史线并不复杂，但书中“平X盛”“源义X”这些看起来是一辈人实际上却跨越好几代人的名字就足以劝退一些初对日本历史感兴趣的读者了。

早些年我曾经写过一本关于镰仓幕府的书，其中大半篇幅都在描写精彩的“源平合战”，但是因创作环境以及自身水平的限制，书中的一些观点比较陈旧，留有遗憾。这是我一直想要脱离“源平对立史观”，重新梳理这段历史的初衷。

创作本书的过程中，我参考了日本史学界的最新研究成果，以及《玉叶》《山槐记》等公卿日记、书信，对军记物语中描写的一些史实谬误加以拨正。因为本书的历史观点、论述与其他同类书籍大相径庭，所以一度有些担心读者能否接受。不过，既然是一本科普“源平合战”历史的著作，我必须在传奇性与可信性之间做出取舍，这样虽然与大家认知的“源平合战”故事有些不同，但是却能让大家了解到真正的“治承·寿永内乱”。

总之，希望这本书能对读者朋友们了解“源平合战”这段历史有些许的帮助和启发。感谢《战争特典》的主编宋毅先生给了我这个创作机会，也感谢小松、叶子、肾哥、碧哥、二十、左府、海马等朋友在我创作本书期间一直给予我支持。